ARZAK
recetas

Primera edición: Abril 2004
Segunda edición: Septiembre 2004
Tercera edición: Diciembre 2004
Cuarta edición: Marzo 2005
Quinta edición: Noviembre 2005
Sexta edición: Diciembre 2006

Edición: Bainet Media S.A.
Texto: Juan Mari Arzak
Fotografías: Mikel Alonso
Cubierta y diseño interior: RTO publicidad S.L.
Fotocomposición: RTO publicidad S.L.
Fotomecánica: GRAFO S.A.

Uribitarte, 18, 6° – 48001 Bilbao

I.S.B.N.: 84-96177-07-6
Depósito legal: BI-3479-06
Impreso y encuadernado en GRAFO S.A.
Impreso en España *(Printed in Spain)*

Prólogo

Siempre es ilusionante para un cocinero dar a luz un nuevo libro de cocina. Por una parte, por lo que tiene de realización personal sobre un tema al que ha dedicado –y en mi caso aún lo sigo haciendo– toda la vida, pero sobre todo, y más cuando se trata de un recetario, por poder comunicar a otros sus experiencias e inquietudes y rompiendo así de paso con los viejos hábitos de guardar celosamente las fórmulas culinarias como "secretos de Estado". Todo ello en beneficio de la necesaria evolución gastronómica. Tal vez por ello la cocina de hoy día se muestra más dinámica y abierta que nunca y no como una mera colección de rígidas normas.

En este caso no estamos ante un catálogo de recetas, de alta cocina o creativas invenciones de mi restaurante, sino que más bien se trata de fórmulas pensadas *ex profeso* para transmitir una culinaria simple, aunque no simplona, realizable, pero con toques originales, sencilla, pero sensible, y sobre todo versátil para nuestros potenciales lectores: amas y amos de casa, cocineros aficionados que salsean en sociedades o clubes, oficiando *gratis et amore* para sus amigos, jóvenes con incipientes inquietudes culinarias o para todas aquellas personas que se inician en los fogones con ilusión, pero que ya se manejan con cierta soltura entre perolas. Es decir, recetas para los que hacen sus pinitos culinarios pero que ya saben "freír un huevo". Si bien es cierto que esta misma operación de fritura aparentemente sencilla no es ni muchos menos "pan comido", ya que para su perfección hay que dominar muchas cosas a la vez, y que, como reza el proverbio escocés: "Para cocinar un huevo hay que tener cabeza."

Lo que he intentado en este modesto libro es ofrecer recetas con chispa, con toques de gracia en sus elaboraciones o en los ingredientes –exóticos o cercanos–, pero en todo caso singulares, o mostrando combinaciones divertidas, muy actuales y con cierta dosis de atrevimiento. Aunque tampoco he querido complicar en exceso las compras de los lectores y para ello, además de los ingredientes genuinos de la receta, he facilitado en cada una de ellas oportunos sustitutivos (bajo el epígrafe "Si no encuentras"), géneros de uso corriente que siempre tenemos en la despensa de casa o están accesibles en el mercado diario. Además de aportar en las distintas recetas toda una suerte de trucos o consejos para su feliz elaboración.

Tampoco debe pensar el lector que se va a encontrar sólo con un recetario de cocina vasca, ya que los elementos de fusión y cierto mestizaje son importantes, como lo son cada día más en la sociedad actual.

Quiero resaltar algo al presentar esta nueva obra: es, como pasa en mi restaurante, fruto de un trabajo colectivo. Se ha dicho acertadamente que el éxito estriba en saberse rodear de las personas adecuadas. Tan importante es la simpatía y el buen hacer de una camarera como el gusto que pone el último pinche en la elaboración de una vinagreta. Además, creo en la emergente cocina de los jóvenes, que, como mi hija Elena, es el futuro y también el presente.

Por ello quiero agradecer a todo el personal del restaurante Arzak, y especialmente al equipo de investigación de mi casa, por la contribución de estas especiales recetas desarrolladas por ellos para este libro, en las personas de: Xabier Gutiérrez y su directo colaborador Igor Zalakain. Por supuesto, un recuerdo destacado a mi "ángel de la guarda" literario: Mikel Corcuera. Por no hablar de las excelentes fotografías que son la exaltación de la visualidad de nuestras recetas, obra de otro gran amigo y magnífico profesional como es Mikel Alonso.

Ojalá que con este recetario me haya acercado un poco a lo que tan acertadamente señalaba, como aspiración de un tratado culinario, el llorado escritor y gastrónomo Manuel Vázquez Montalbán: "El arte de ligar la cocina con la vida real."

Juan Mari Arzak Arratibel

Sumario

Entradas

Pescados y mariscos

Aves, caza y carnes

Postres

Entradas

Tomate relleno de queso ahumado y vinagreta de nuez con cecina crujiente

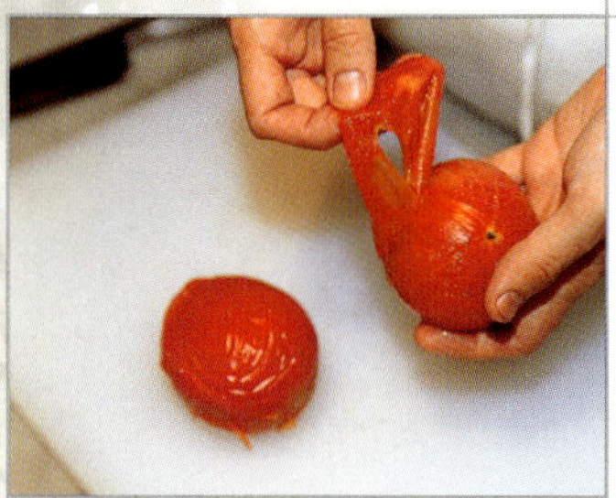

Pelando el tomate

Salteando las verduras

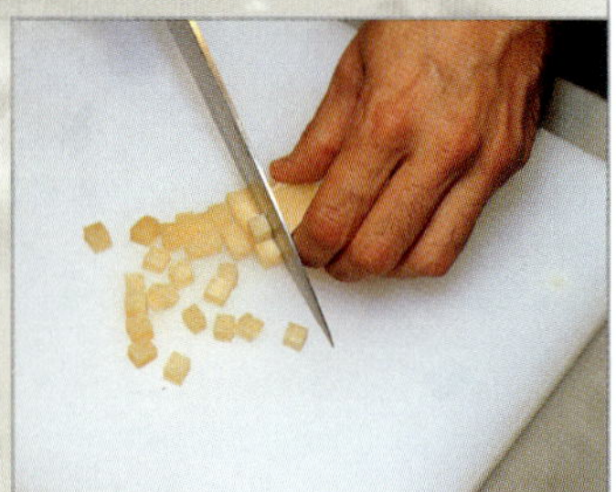

Cortando el queso

Haciendo la cecina

Ingredientes para 4 personas

Para el tomate relleno

4 tomates medianos, 100 g de judías verdes (cocidas al dente), medio calabacín en tacos, 5 espárragos verdes fileteados, 50 g de queso ahumado, 20 g de jamón serrano picado, 4 cucharadas de aceite de oliva, 3 cucharadas de jugo de carne, agua, sal y una pizca de orégano

Para la vinagreta

6 cucharadas de aceite de nuez, 2 cucharaditas de vinagre de sidra, 1 cucharadita de zumo de limón, el cuarto de una manzana granny smith rallada, 4 nueces peladas y troceadas y sal

Para la cecina crujiente

4 lonchas de cecina ahumada y unas gotas de aceite de semillas

Elaboración

Para el tomate relleno

Pon un cazo con agua al fuego, lleva a ebullición y escalda los tomates en el agua durante unos instantes; saca y, cuando estén aún tibios, pélalos con sumo cuidado para no romperlos. Corta el tomate por la base y vacía parcialmente su interior, dejando las paredes suficientemente consistentes. Reserva, conservando parte de la pulpa retirada sin pepitas y colada. En una sartén con el aceite correspondiente fríe el jamón ya picado, añadiendo a continuación las verduras; saltéalas durante un par de minutos a fuego vivo y deja hacer un minuto más a fuego medio, añadiendo entonces el jugo de carne, el orégano y la pulpa de tomate reservada. Por otra parte, corta el queso en lascas finas y añádelo al salteado de verduras unos instantes, dándole el punto de sal. Cuando esté tibio, rellena el tomate y mantenlo en un sitio cálido.

Para la vinagreta

Mezcla y bate ligeramente el aceite, el zumo de limón y el vinagre, añade la manzana rallada, sazona y, por último, las nueces picadas. Deja reposar un rato.

Para la cecina crujiente

Pon en una plancha caliente las lonchas de cecina con unas gotas de aceite, haciéndolas por ambos lados hasta que queden crujientes.

Final y presentación

Recorta las lonchas de cecina para adaptarlas a la forma del tomate, que estará aún tibio, tapando el hueco del mismo tras su rellenado. Da la vuelta al tomate y colócalo sobre el plato. Salsea con la vinagreta por encima.

SI NO ENCUENTRAS

Espárragos verdes, puedes sustituirlos por puerros jóvenes
Queso ahumado, puedes utilizar en su lugar un queso con carácter, tipo manchego, muy curado
Aceite de nuez, puedes emplear un aceite neutro: maíz, cacahuete, girasol
Manzana granny smith, puedes utilizar en su lugar una manzana reineta
La cecina se puede suplir por un tocino con veta o tocineta
Jugo de carne, emplea agua
Orégano, usa pimienta

MIS TRUCOS

No es conveniente vaciar los tomates con una cuchara ni tampoco con un cuchillo, ya que el cuchillo no se adapta bien a la redondez del tomate y la cuchara no tiene suficiente filo para retirar bien la pulpa. Lo ideal es afilar uno de los bordes de una cuchara, y de esta forma conseguimos la doble función de cuchara y cuchillo a la vez. En este caso, la cuchara deberá guardarse separada del resto para utilizarla en otras ocasiones.

Para conservar la forma del tomate sin tener que darle la vuelta, cuando se realice el corte para proceder luego al relleno debe conservarse esta parte cortada que posteriormente utilizaremos como tapadera del tomate relleno.

Es importante que el tomate, una vez vaciado, se sazone en su interior y se deje reposar boca abajo en una rejilla para que saque todo el agua que contiene.

Brocheta de pavo y tomatitos al cilantro con sopa de yogur y pepino

Preparando el aguacate

Untando el pavo con el adobo

Ensartando las brochetas

Retirando la carne y las verduras de la brocheta

Ingredientes para 4 personas

Para las brochetas al cilantro

300 g de carne de pavo (pechuga o muslo deshuesado), 12 tomatitos cereza, 2 aguacates y adobo de cilantro (1 diente de ajo, 1 cucharadita de pimentón dulce, unos granos de pimienta rosa, 1 cucharadita de cilantro, 1 cucharada de vinagre de jerez, sal y 4 cucharadas de aceite de oliva)

Para la salsa de yogur y pepino

1 yogur cremoso tipo griego, 1 pepino pequeño, 1 dl de leche evaporada, 2 cucharadas de aceite de girasol y sal

Además

Unas ramitas de hinojo fresco

Elaboración

Para las brochetas al cilantro

Corta el pavo en pequeños tacos regulares, lava los tomates y sécalos. Pela el aguacate y corta la pulpa en pequeños tacos regulares similares a los trozos del pavo. Prepara el adobo de la siguiente forma: machaca en un mortero los granos de pimienta y el cilantro. Añade el ajo y la sal; cuando estén bien triturados, añade el pimentón y mézclalo bien; agrega el aceite poco a poco sin dejar de remover hasta que quede una pasta cremosa, por último, agrega el vinagre.

Unta con este adobo los tacos de pavo, los de aguacate y los tomatitos.

Ensarta en una brocheta de forma alternativa los trozos de carne y de verduras.

Para la salsa de yogur y pepino

Saltea con el aceite el pepino, previamente troceado, durante tres o cuatro minutos. Tritura, añade la leche y, por último, el yogur, sazona y bate todo perfectamente.

Final y presentación

Asa las brochetas, bien a la brasa o en una sartén antiadherente, por ambos lados durante un par de minutos, hasta que el pavo coja color. Saca del fuego y retira la carne y las verduras de la brocheta donde están engarzados. Colócalos sobre el plato y a su lado dispón una pincelada de la salsa. Decora con la hierba aromática.

SI NO ENCUENTRAS

Pavo, puedes sustituirlo por lomo de conejo o pechuga de pollo
Tomatitos cereza, puedes emplear en su lugar taquitos de tomate
Pimienta rosa, se puede sustituir por pimienta negra
Cilantro o hinojo, emplea perejil en su lugar
Leche evaporada, emplea leche fresca entera

MIS TRUCOS

Los elementos necesarios para elaborar el yogur casero son la leche, los fermentos lácticos y un lugar cálido y resguardado (a temperatura constante).

Conviene hervir la leche previamente (parar evitar que otros bacilos ajenos a los del propio yogur la dañen). Después se calienta, a no más de 40°, para hacer el yogur, añadiendo los fermentos lácticos o cultivos.

Los fermentos lácticos se pueden comprar en la farmacia o, más sencillo: utiliza (como madre) un yogur anterior (siempre que no sea ni aromatizado ni azucarado).

Se puede elaborar en una yogurtera (de las que hay distintos modelos) o en un sencillo aparato que se puede hacer en casa, por ejemplo, una simple caja de madera con puerta. Eso sí, que se cierre perfectamente. Se hace un orificio para introducir dentro un cable conectándolo a una bombilla de al menos 60 vatios. Ésa será la fuente de calor constante, unos 38° grados.

También se puede elaborar en una olla a presión con agua precalentada, sin fuego y cerrada herméticamente unas 4 a 5 horas, o en un horno apagado, pero con una bombilla de mayor potencia que las que traen de fabrica.

Ensalada de pulpo con patata confitada al alioli ligero de frutas y pimentón dulce

Mostrando el pulpo

Ingredientes para 4 personas

Para el pulpo

1 pulpo de 1 kg, 2 o 3 litros de agua, aceite de oliva virgen extra, y sal gris de Gueránde

Para las patatas

400 g de patatas, 1 dl de aceite de oliva, 300 g de grasa de oca, 5 dientes de ajo con su piel, 1 litro de agua y sal

Para el alioli

5 dientes de ajo confitados (aprovecha los ya cocidos), 2 yemas de huevo, 1 pera pelada sin rabo ni pepitas, 100 g de uvas blancas sin piel ni pepitas, el zumo de media naranja, un cuarto de litro de aceite de oliva y sal

Además

Una cucharada de pimentón dulce y aceitunas negras muy picaditas

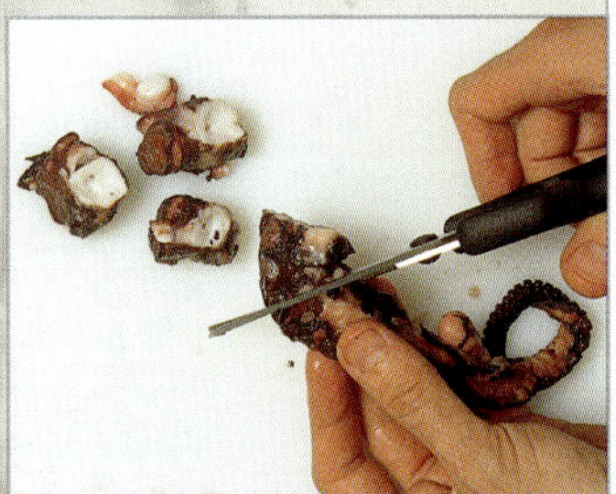

Cortando el pulpo con tijeras

Elaboración

Para el pulpo

Pon abundante agua a hervir en una olla. Cuando esté en ebullición, introduce el pulpo. La cocción oscilará entre 15 y 20 minutos, teniendo en cuenta el peso de la pieza. Cuando el pulpo esté en su punto, se saca de la olla y se sitúa boca abajo sobre un taza grande para que escurra bien. Una vez bien escurrido, lo cortas en rodajas con las tijeras y lo aliñas con la sal gris y el aceite de oliva virgen.

Para las patatas

Pela las patatas y cuécelas en una cazuela en abundante agua con sal durante unos diez minutos. Pasado este tiempo, sácalas y tornéalas (mejor de forma tubular). Cuécelas de nuevo, lentamente, en una sartén en la grasa (mezclando el aceite y la grasa de oca), junto con los dientes de ajo con su piel. Hazlo todo a fuego mínimo.

Confitando la patata

Para el alioli

Maja en un mortero los ajos confitados hasta formar una pasta densa. Después, añade a la pasta el aceite, poco a poco, sin dejar de remover con el brazo del mortero hasta que se emulsione bien. Agrega las yemas y la sal y sigue removiendo. Cuece las frutas con el zumo de naranja hasta que estén blandas. Tritúralas. Por último, añade al alioli las frutas trituradas y cohesiónalo todo perfectamente.

Final y presentación

Pon los trozos de pulpo en el plato alternándolos con las patatas torneadas y sobre éstas añade la aceituna picada. Alrededor del conjunto dispón una cucharada del alioli. Espolvorea el pimentón por encima.

SI NO ENCUENTRAS

Aceite de oliva virgen extra, emplea aceite de oliva
Sal gris de Gueránde, utiliza cualquier tipo de sal, mejor gorda
Grasa de oca, usa sólo aceite de oliva
Pimentón dulce, se puede utilizar pimentón picante

Montando el alioli

MIS TRUCOS

Los pulpos frescos (no así los desecados) deberán golpearse antes de cocerlos para que se ablanden. Otra posibilidad, quizá la más adecuada, es introducirlos dos días en el congelador.

Es conveniente que antes de la cocción del pulpo éste se sumerja y se saque rápida y repetidamente en el agua en ebullición (al menos tres veces) para que no pierda las ventosas ni la piel. Hay que cocerlos siempre en agua sin sal y después, una vez cocidos, se añade la sal, mejor gorda.

Las patatas confitadas en grasa deben quedar blandas pero enteras, que no se deshagan.

Si usamos pimentón picante, debemos utilizarlo en menor cantidad que si es dulce; en todo caso, hay que guardar el pimentón en un lugar seco y cerrado herméticamente para evitar que se apelmace y forme grumos, muy desagradables al paladar.

También debe preservarse de la luz, ya que sino pierde mucho color con el paso del tiempo y pierde calidad.

Para lograr que el alioli se emulsione perfectamente es preciso que todos sus ingredientes estén a temperatura ambiente, incluso el almirez o mortero donde se maja el ajo. Si está frío, hay que calentarlo en el horno unos instantes.

Ensalada templada de sesos con avellanas y cigalitas a la vinagreta de salmón ahumado y mostaza

Sesos rebozados con las avellanas

Mostrando las cigalitas para saltear

Preparando el ficoide glacial

Preparando la vinagreta de salmón y mostaza

Ingredientes para 4 personas

Para los sesos

2 sesos de cordero, medio litro de agua, 1 cucharada de vinagre, 4 cucharadas de aceite de oliva virgen extra de la D.O. Monterrubio, 50 g de avellanas muy picadas, media clara de huevo batida y sal

Para las cigalitas

300 g de cigalitas, 2 cucharadas de aceite, medio diente de ajo, un cuarto de limón y sal

Para la vinagreta de salmón y mostaza

6 cucharadas de aceite de oliva virgen extra de Monterrubio, 1 cucharada de vinagre de jerez, 40 g de salmón de Noruega ahumado, 1 cucharadita de mostaza "a la antigua", 1 cucharadita de alcaparras picadas y sal

Además

Unas hojas de ficoide glacial

Elaboración

Para los sesos

Limpia bien los sesos de cordero y cuécelos en agua con sal y vinagre durante unos 4 minutos. Cuando se enfríen, se cortan en láminas, se pasan por la clara batida y se rebozan con las avellanas picadas. Se pasan por la sartén con el aceite correspondiente justo antes de emplatar.

Para las cigalitas

Pela las cigalas y saltéalas en el último momento a fuego vivo con los ingredientes correspondientes.

Para la vinagreta de salmón y mostaza

Mezcla el aceite con el vinagre, añade la mostaza y monta ligeramente. Por último, añade las alcaparras y el salmón, ambos picados. Comprueba el punto de sal y rectifica si es preciso.

Final y presentación

Limpia las hojas de ficoide glacial con cuidado, secándolas perfectamente y aliñándolas con la vinagreta. Dispón en un lado del plato los sesos ya salteados y a su lado las cigalitas, también salteadas y aún calientes. Intercala las hojas de ficoide glacial aliñadas y dibuja unas rayas con la vinagreta en un lado del plato.

SI NO ENCUENTRAS

Aceite de oliva virgen, utiliza aceite de oliva
Vinagre de jerez, sustitúyelo por otro tipo de vinagre
Mostaza a la antigua, emplea otra mostaza
Ficoide glacial, se pueden usar otras hojas de ensalada

MIS TRUCOS

Si está fresca, la cigala debe tener los ojos bien negros y el caparazón rosa brillante. Un problema que se puede encontrar en las cigalas pequeñas es que, de vez en cuando, y no por falta de frescura, sale alguna blanda; comprueba su textura antes de servir presionando su carne con el dedo y desechando la blanda.

No compres pescados ahumados demasiado aceitosos ni excesivamente secos y que tengan los bordes oscuros.

El salmón ahumado noruego debe presentar resistencia firme al tacto, translúcido, y piel firme y brillante, lisa y sin arrugas.

Si en el envase del salmón ahumado aparece la palabra *troll*, es una identificación de calidad, ya que se ha pescado a caña.

Lava con mucho cuidado el ficoide glacial; debe aliñarse en el último momento, justo antes de servir, sino sus hojas perderán la textura crujiente que les caracteriza, amustiándose, y perdiendo el color y su brillo, similar al rocío, que le es propio y tan peculiar.

Ensalada de pochas y codornices con guindillas dulces

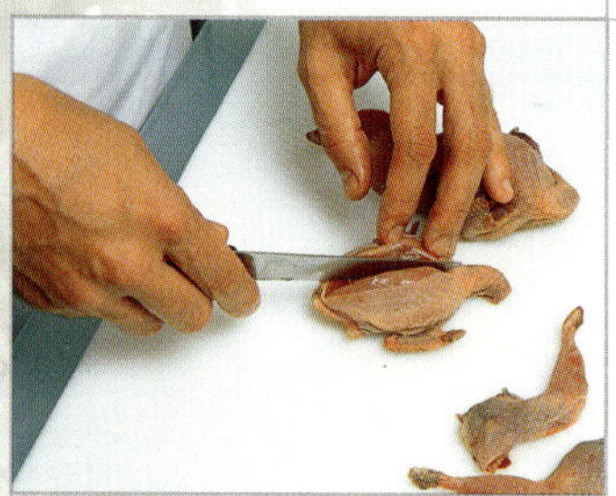

Separando muslos y pechugas

Ingredientes para 4 personas

Para las pochas

400 g de pochas blancas, 2 puerros, 1 cebolla, 2 pimientos verdes, 1 tomate maduro, 1 diente de ajo, 3 cucharadas de aceite de oliva, 3 cucharadas de aceite de nuez, una cucharada de vinagre de jerez viejo, 1 litro y medio de agua, sal

Para las codornices

8 codornices de tiro, 8 lonchas de tocino fresco, 3 cucharadas de aceite de oliva, 1 copa de vino dulce, 1 cucharada de vinagre de jerez, sal de Maldon, perejil picado y pimienta

Además

Cebolletas tiernas hechas a la plancha y guindillas verdes dulces fritas (o pimientos verdes pequeños)

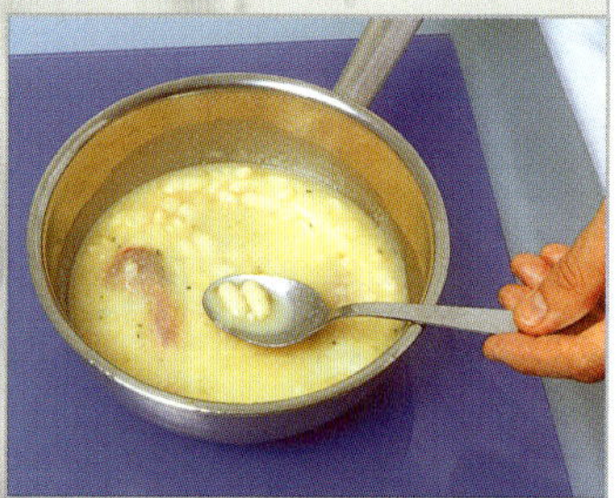

Guisando las pochas

Elaboración

Para las pochas

Pon en una cazuela las pochas cubiertas de agua fresca con las verduras troceadas (el tomate, entero) y el aceite de oliva. Pon a fuego muy suave y deja que se haga lentamente (espumar). Si se consume el agua, se va añadiendo más, poca cantidad. Cuando estén casi hechas se saca el tomate, se tritura y se añade al caldo. Se da punto de sal y se deja cocer hasta que estén hechas las pochas. Rectifica de sal y retira del fuego, añadiendo, cuando estén tibias, el aceite crudo y el vinagre. Remueve ligeramente.

Para las codornices

Despluma, vacía y limpia las codornices, sacando los muslos y las pechugas (se puede pedir al carnicero que lo haga). Albarda las pechugas y si se quiere también los muslitos con las lonchas de tocino. Saltea las pechugas y muslos con el aceite en una sartén hasta que cojan color. Una vez dorados, ponlos en el horno, asándolos a 180° durante 5 minutos más. Salpimenta. Desglasa la tartera para sacar los jugos con el vino y el vinagre. Reserva este jugo caliente parar salsear después. Espolvorea el perejil picado por encima.

Salteando las pechugas

Final y presentación

Coloca en un costado las pechugas y muslos de codorniz (salseadas con su jugo). Alineadas con las mismas sitúa las pochas aliñadas y, paralelamente a éstas, pon las guindillas fritas y las cebolletas a la plancha.

SI NO ENCUENTRAS

Pochas blancas, utiliza alubias blancas secas (previamente puestas en remojo)
Aceite de nuez, sustitúyelo por aceite de girasol
Vinagre de jerez, emplea otro tipo de vinagre
Codornices de tiro, se pueden conseguir fácilmente codornices de granja
Sal de Maldon, usa en su lugar sal gorda

Preparando las verduras

MIS TRUCOS

Nunca hay que olvidar, cuando se compran aves de tiro (no con las de granja) en el mercado, que se desconoce el tiempo que llevan abatidas, y que las codornices (y otras aves pequeñas) no necesitan casi asentamiento, debiendo consumirse cuanto antes, casi lo que se llama "a pie de fusil".

A la hora de elegir un tipo de pochas, tengo predilección por las de los caseríos de mi entorno, que producen una alubia de grano blanco verdoso, poco harinosa y más digestiva de lo habitual. Y además, como la compro muy fresca, va casi de la huerta al plato. También son fantásticas las pochas navarras, tanto las de "bolo" de Sangüesa, de finísima piel, o las "arriñonadas" de la Rochapea pamplonesa, o las provenientes de esa excepcional huerta que es la Mejana de Tudela. Si son secas (ya no son pochas) son muy buenas las alubias leonesas o las abulenses, y dentro de León destacan unas alubias con la garantía de la denominación de origen, las "judías de la Bañeza".

Ensalada de pato confitado con puerros y mostaza a la antigua

Mostrando los puerros confitados

Preparando las hojas invernales y la lechuga

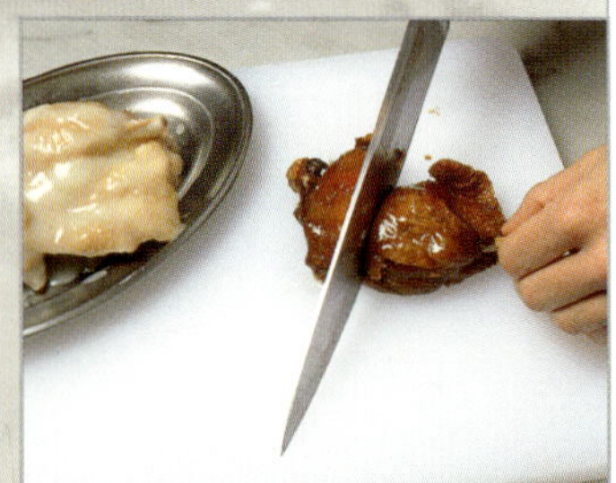

Preparando el confit

Preparando la mostaza y el aceite de nuez

Ingredientes para 4 personas

Para la ensalada de pato

2 muslos de pato cebado confitado (confit), unas hojas invernales (escarola, canónigos, hoja de roble, achicoria de Treviso) y unas hojas de lechuga, 2 cucharaditas de mostaza a la antigua, 2 tomates pequeños, (sin piel ni pepitas) cortados en daditos, 4 cucharadas de aceite de nuez

Para la vinagreta

6 cucharadas de aceite de oliva, 1 chalota picada muy fina, 2 cucharadas de vinagre de jerez, sal y pimienta

Además

Puerros confitados en grasa de oca o aceite de oliva (cocidos a fuego lento)

Elaboración

Para la ensalada de pato

Se asan los confits de pato en el horno a 200° durante unos minutos (debe quedar la piel crujiente). Mientras se asa el confit, limpia bien las verduras, deshojándolas y cortándolas en trozos pequeños.

Se saca el pato confitado del horno. Se corta en láminas, eliminando los huesos. Coloca en una fuente de horno el confit laminado. Bate en un bol la mostaza y el aceite de nuez, y cuando la mezcla esté uniforme, añade los taquitos de tomate. Con una cuchara deposita sobre las láminas de confit el contenido del bol. Introduce esta fuente en el horno y calienta unos instantes bajo la gratinadora.

Para la vinagreta

Mezclar todos los ingredientes, batiéndolos un poco, sin que lleguen a emulsionar.

Final y presentación

Aliña las hojas y lechugas con la vinagreta. Escurre bien de aceite los puerros confitados y colócalos en la base del plato. Pon sobre ellos la lechuga y las hojas aliñadas, en un montoncito, y sobre ellas las láminas de confit calientes.

SI NO ENCUENTRAS

Muslos de pato, puedes reemplazarlos con alas de pato confitadas
Alguna de las hojas invernales, puedes emplear sólo lechuga o escarola
Mostaza a la antigua o de grano entero, usa otro tipo de mostaza (no muy fuerte)
Aceite de nuez, utiliza un aceite de girasol
Chalota (escalonia), usa en su lugar puerro o cebolleta
Vinagre de jerez, se puede sustituir por otro tipo de vinagre

MIS TRUCOS

Es muy importante que al confit de pato se le dé un buen horneado antes de presentarlo, mejor en la salamandra o gratinadora, de tal forma que parte de la grasa se deshaga y su piel (que nunca debe retirarse) quede muy crujiente y por dentro la carne jugosa, en ningún caso fibrosa, que será síntoma de sobrecocción

Los confits de pato se comercializan en envases de vidrio o enlatados en envases de buena calidad, y no sólo los del otro lado de los Pirineos, ya que hay por todo el país prestigiosas casas (en Vizcaya, Navarra, Palencia, Cataluña, etc.) que nos ofrecen los múltiples derivados del pato (foie gras, magret, jamón de pato y, por supuesto, los hogareños confits).

Las partes más idóneas del pato cebado para confitar son los muslos, alas, alerones, mollejas y cuellos y en menor medida la pechuga (magret), que al ser una carne menos grasa es mejor utilizarla para hacerla en crudo (frita, asada o emparrillada).

Ensalada de lengua de cerdo ibérico con langostinos a la vinagreta balsámica

Rehogando la verdura con la lengua

Fileteando la lengua

Ensartando el langostino en el palillo

Aliñando las verduras

Ingredientes para 4 personas

Para la lengua

2 lenguas de cerdo ibérico, 1 cebolla en juliana, 1 puerro en juliana, medio dl de aceite de oliva, 1 zanahoria en rodajas, 2 ajos frescos, un litro y medio de caldo de carne, 1 vaso de vino blanco seco, 1 clavo de olor, pimienta en grano, 2 litros de agua y sal

Para las verduras

40 gramos de judías verdes, 60 g de calabacín, una cucharadita de ajo muy picado, 1 dl de aceite de oliva, 4 hojas de lechuga, un puñado de canónigos o de berros, un cuarto de escarola, 3 cucharadas de vinagre balsámico y sal

Para los langostinos salteados

8 langostinos frescos y hermosos, una cucharadita de ajo picado, una cucharada de perejil picado, 4 cucharadas de aceite de oliva y sal

Además

Unas ramitas de perifollo o, en su defecto, de perejil

Elaboración

Para la lengua

Pon a hervir el agua con sal. Cuando empiece a borbotear, escalda las lenguas durante 8 o 10 minutos. Quítales la piel. Pon una fuente de horno a fuego vivo directo con el aceite y rehoga las lenguas. Añade las verduras y especias. Pon esta fuente al horno a 180° durante unos 30 minutos. Pasa a continuación el contenido de la fuente a una cazuela grande. Pon al fuego (mejor en una olla a presión ultrarrápida) y añade el vino blanco y el caldo, tapando la cazuela y dejando que hierva a fuego lento 2 horas (alrededor de media hora en la olla a presión). Filetea la lengua (cuando esté tibia). Poco antes de montar el plato calienta de nuevo con un poco de caldo de cocción.

Para las verduras

Corta las judías verdes, el calabacín y las verduras en tiras finas. Saltéalos en cinco cucharadas de aceite de oliva y el ajo picado. Sazónalos, saca y escurre bien.
Elabora una vinagreta con el resto del aceite, el vinagre balsámico y la sal.
Aliña las distintas hojas de lechugas y escarola troceadas con la vinagreta y junta con las verduras salteadas.

Para los langostinos salteados

Sazona los langostinos cuando estén pelados. Ensártalos en una minibrocheta de madera y saltéalos en aceite a fuego vivo con el ajo y perejil correspondiente.

Final y presentación

Coloca un montoncito de verduras salteadas y hojas ya aliñadas. A su lado deposita la parte correspondiente de la lengua fileteada y, apoyándose en ella, los langostinos (retirando previamente el palito donde están ensartados). Napa ligeramente con la vinagreta sobrante. Decora con el perifollo deshojado.

SI NO ENCUENTRAS

Lengua de cerdo ibérico, emplea lengua de cerdo, de ternera (o cómprala precocida)
Caldo de carne, usa agua o cubitos de caldo
Clavo de olor, utiliza sólo pimienta
Canónigos o berros, sustitúyelos por lechuga

MIS TRUCOS

Al comprar marisco lo principal es que esté bien fresco. Debe tener el caparazón brillante, resistente y crujiente. No elijas langostinos que tengan ennegrecida la parte donde se junta la cabeza con el cuerpo. Rechaza siempre los langostinos que estén blandos y los que tengan olor a amoníaco, aunque sea mínimo.

Si compras langostinos congelados, debes asegurarte de que la cadena de frío no se haya roto. Antes de cocinarlos se deben lavar (es mejor dejarlos a remojo en agua con sal unos diez minutos). La mayoría de los conservantes y otros productos poco recomendables están en la cabeza, así que es mejor no chuparla. Es conveniente retirar la venilla negra que recorre sus lomos ya que es algo amarga.

Antes de cocinar la lengua es preciso lavarla bien y golpearla contra la mesa para facilitar su pelado una vez escaldada.

Cuajado de espárragos y gambas con bacalao ahumado y vinagreta de pasas y jengibre

Preparando la mezcla de huevos y nata

Ingredientes para 6 personas

Para el cuajado o pastel

350 g de espárragos (de la denominación específica: Espárrago de Navarra) (un bote de cristal o una lata), 200 g de nata líquida, 250 g de gambas, 2 cucharadas de pan rallado, 4 huevos enteros, 90 g de mantequilla, 6 cucharadas de aceite de oliva, media cebolla, 1 puerro, 1 zanahoria, 1 pimiento del piquillo de Lodosa, medio diente de ajo picado, sal y pimienta

Para la vinagreta

1 pimiento del piquillo de Lodosa, 1 dl de aceite de semillas (girasol), 3 cucharadas de vinagre de jerez, 30 g de jengibre, 40 g de uvas pasas, perejil picado y sal

Además

4 láminas de bacalao ahumado, aceite aromatizado al tomillo y unas ramitas de tomillo

Preparando los espárragos para hornear

Elaboración

Para el cuajado o pastel

Corta los espárragos en láminas verticales y pela las gambas. En una sartén saltea con un poco de aceite y el ajo picado las gambas salpimentadas y reserva. En una cazuela, con el resto del aceite y 60 g de mantequilla, rehoga las verduras frescas (picadas finamente). Por último, añade el pimiento picado. Deja hacer suavemente hasta que estén blandas. Añade en ese momento las gambas para que se hagan unos instantes. Rectifica de sal y pimienta. En un recipiente amplio se baten los huevos, se añade la nata y se mezcla con suavidad, agregando sobre ellos, cuando esté tibia, la preparación previa. Mezcla bien. Pon los espárragos en la base de un molde rectangular de horno, que previamente habremos untado con el resto de mantequilla y espolvorea con el pan rallado. Vierte sobre ellos la preparación anterior.

Se pone este molde al horno a 225° al baño maría durante dos horas (aproximadamente). Comprueba el punto con una aguja y, cuando esté hecho, sácalo del horno. Deja enfriar y a continuación saca del molde.

Preparando el jengibre

Para la vinagreta

Trocea finamente el pimiento. Pela el jengibre y pícalo muy menudo Pon en un bol el aceite y el vinagre batiéndolos ligeramente. Añade el jengibre y el pimiento picado. Deja diez minutos en infusión; por último, agrega las pasas y el perejil picado y dale el punto de sal.

Final y presentación

Pinta las láminas de bacalao ahumado con el aceite aromatizado al tomillo.

Forma raciones en trozos rectangulares del pastel (aún tibio). Coloca un par de ellas en cada plato y sobre cada una de las mismas media lámina de bacalao. Salsea alrededor, formando rayas, con la vinagreta. Pon unas ramitas muy pequeñas de tomillo en cada plato.

Pintando el bacalao

SI NO ENCUENTRAS

Jengibre, usa cualquier tipo de pimienta

Vinagre de jerez, utiliza cualquier tipo de vinagre

Tomillo, emplea en su lugar perejil

Bacalao ahumado, se puede suplir por cualquier tipo de pescado ahumado (sal-

MIS TRUCOS

Hay que tener cuidado al hacer este tipo de pasteles o pudines en el horno al baño maría, controlando que la temperatura no sea excesiva y evitando que el agua hierva, ya que, al cuajar, al pastel le salen unos agujeros poco estéticos que afean su presencia.
En estos pasteles no hay que añadir más cantidad de la señalada del producto principal (setas, verduras, marisco, pescados, etc.) ya que el pudín se apelmaza y pierde su mejor virtud, es decir, la jugosidad.
No es necesario al hornear este tipo de pasteles utilizar mantequilla u otra grasa para engrasar las paredes del molde si los que usamos son los llamados Flexipan (hechos de goma especial resistente a las altas temperaturas de un horno y también apropiados para congelación), a los que sólo hay que volcar para que salga con facilidad, una vez cocida, la preparación elegida.
El jengibre puede encontrarse fresco, seco, encurtido, conservado en jarabe y en envase de cristal. En la cocina china prefieren el fresco al seco, tanto por el sabor como por su textura.

Cuajada de foie gras con mango y maíces crujientes

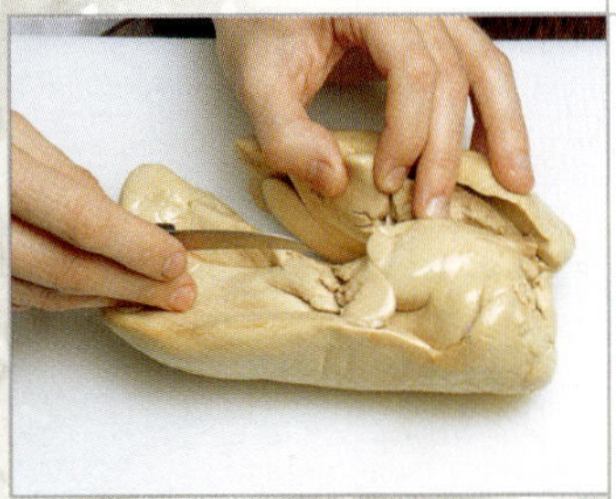

Limpiando el hígado

Fundiendo el foie gras

Añadiendo las gotas de cuajo

Haciendo los taquitos de mango

Ingredientes para 4 personas

200 g de foie gras natural, 1 cucharadita de azúcar, media copa de jerez oloroso dulce, tres cuartos de litro de leche de oveja, cuajo líquido artificial (unas gotas según las instrucciones que señale el fabricante de cada producto), pimienta, sal gruesa y sal fina

Además

Maíces cocidos y después fritos y taquitos de mango fresco (que esté maduro)

Elaboración

Quita perfectamente con ayuda de una puntilla las venas del hígado. Trocea el foie gras y ponlo al fuego en un cazo, añadiéndole el azúcar, el jerez dulce y una pizca de sal gorda.

Haz a fuego lento unos minutos, hasta que se funda. Pasa por un colador fino y bátelo hasta que esté cremoso, mejor en una batidora-calentadora.

Hierve la leche en una cazuela y deja enfriar la leche hasta que esté a 34°-36°.

Añade las gotas correspondientes de cuajo y, a continuación, agrega el puré de foie gras. Salpimenta, removiendo perfectamente. Rellena las copas o recipientes donde se vaya a servir. Deja reposar en sitio fresco hasta que esté la leche cuajada. Después reserva en frío. Decora con la guarnición de los maíces fritos (deben quedar muy crujientes) y los taquitos de mango en el momento de servir.

SI NO ENCUENTRAS

Foie gras, se puede suplir por una mousse o paté de ave

Jerez dulce, emplea un vino blanco dulce, por ejemplo, moscatel

Leche de oveja, utiliza leche de vaca

Mango fresco, puedes sustituirlo por melocotón enlatado o, mejor aún, orejones cocidos

Maíces, puedes suplirlos por cacahuetes picados

MIS TRUCOS

Si la cuajada se hace con leche más fría y con menos cuajo, incluso del indicado en las instrucciones, aunque el cuajado sea mucho más lento, la cuajada queda más fina y delicada.

El foie gras puede ser de oca o de pato. Este último se usa más para elaboraciones en caliente; sin embargo, el de oca, que es más untuoso y delicado, es muy idóneo para elaborar terrinas u otras preparaciones para consumir en frío.

Para facilitar la limpieza del foie gras fresco hay que dejarlo antes, alrededor de dos horas, en remojo con el agua a temperatura ambiente.

Si siempre hay que salar el foie gras, la función del azúcar que se utiliza al cocerlo para hacer terrinas, cremas, mousses o cualquier otra elaboración similar, es simplemente la de evitar que se ennegrezca y conserve su color "masilla" original.

Tortillitas de patata con cebolla sobre chips y tomate al orégano

Pochando la patata con el pimiento verde y la cebolla

Ingredientes para 4 personas

Para las tortillitas

8 huevos, 220 g de patata kennebec, 1 cebolla grande, 1 cebolla roja pequeña, 1 pimiento verde, 2 yemas, medio litro de aceite de oliva y sal

Para los chips

1 patata grande (kennebec) , 1 dl de aceite de oliva , sal de apio

Además

Unas cucharadas de fritada de tomate aromatizado al orégano fresco

Haciendo la tortilla

Elaboración

Para las tortillitas

Pela las patatas y lávalas bien. Escurre y córtalas en lascas finas. Limpia las verduras. Pica el pimiento en trocitos muy pequeños. Pela la capa exterior de la cebolla y córtala en láminas muy finas y cortas. Sazona levemente las patatas. Fríe en una sartén, con el aceite correspondiente, todos los ingredientes ya cortados. Haz a fuego lento, removiendo y aplastando un poco las patatas con una espumadera. Cuando estén las patatas reblandecidas y un poco doradas, así como la cebolla y el pimiento muy pochados, saca el conjunto y escurre bien. Bate los huevos en un bol hermoso. Añade las patatas y el resto de verduras ya pochadas y escurridas. Da el punto de sal. Remueve bien todo. Semicuájalo en la sartén por ambas partes con un poco del aceite sobrante. Tritura la tortilla semicuajada. Pon la crema resultante en una batidora-calentadora (Thermomix o similar). Añade las yemas y monta a temperatura baja, más bien tibia, durante un par de minutos. A continuación, haz a la plancha esta crema resultante en pequeñas porciones, dorándola por ambos lados.

Triturando en la batidora

Para los chips

Una vez pelada la patata, córtala con una mandolina (o con un cortafiambres) en láminas finas. Pon el aceite en una sartén y cuando esté bien caliente fríe poco a poco las patatas a fuego vivo y en poca cantidad hasta que queden doradas y crujientes; escúrrelas sobre un papel absorbente y sazónalas con la sal de apio.

Final y presentación

Pon en la base de cada plato un par de patatas chips ya sazonadas y dispón sobre cada una de ellas una tortillita recién hecha. Decora alrededor con una raya de salsa de tomate al orégano. Así en los cuatro platos.

SI NO ENCUENTRAS

Patata kennebec, sustitúyela por algún otro tipo de patata que sea buena para freír y que se encuentre en estas fechas en el mercado

Cebolla roja, utiliza la cebolla blanca para todo

Orégano fresco, utiliza un majado de pimienta blanca con perejil

Sal de apio, puedes utilizar sal gorda o fina y un poquito de ajo picado

Una batidora-calentadora (Thermomix), puedes suplirla por una batidora de brazo, manteniendo el preparado al baño maría

Haciendo a la plancha las tortillitas

MIS TRUCOS

Si al comprar las patatas no conocemos su tipo y, por tanto, no sabemos si son adecuadas para freírlas, hay un truco muy simple para saber si es la adecuada para la fritura: diluye un par de cucharadas de sal gorda en medio litro de agua y echa una patata: cuanto más deprisa suba a la superficie, mejor será la patata para freír.

Para conseguir una perfecta fritura de las patatas chips es mejor hacerlo en dos fases: primero, fríelas a fuego medio (como máximo a 140° de temperatura), escúrrelas y fríelas de nuevo a fuego vivo hasta que queden muy crujientes.

Al cocer patatas es mejor hacerlo al vapor o, en todo caso, con poca agua, para pelarlas sin que apenas desaprovechemos carne.

Carpaccio de ternera con crema de membrillo y vinagreta agridulce

Enseñando las láminas de carne cruda

Mezclando el membrillo y la patata (la crema)

Preparando la vinagreta

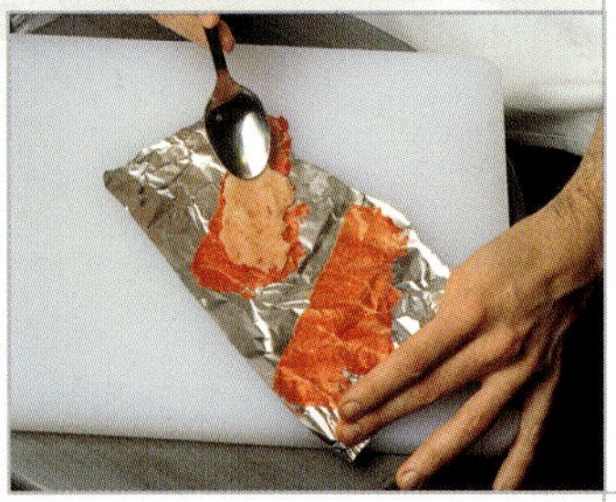

Dando forma al carpaccio

Ingredientes para 4 personas

Para el carpaccio y la crema de membrillo

300 g de contratapa de ternera (o lomo, solomillo, etc.) cortada en lonchas casi transparentes, 150 g de dulce de membrillo, 4 cucharadas de crema de leche, 1 patata cocida, 2 cucharadas de compota de manzana (sin azúcar), 1 cucharadita de pimienta, agua y sal.

Para la vinagreta agridulce

6 cucharadas de aceite de nuez, 2 copas de vino dulce moscatel, 1 cucharada de vinagre de vino blanco, 1 cucharadita de pimienta rosa, 3 pepinillos picados finamente, 20 g de aceitunas negras picadas y sal

Además

Unas lascas muy finas de queso Idiazábal o manchego (bastante curado) y sal de Maldon.

Elaboración

Para el carpaccio y la crema de membrillo

Mezcla el membrillo con la crema de leche, la patata (cocida y triturada) y la compota de manzana. Calienta el conjunto y bátelo hasta que la mezcla sea homogénea. Añade la pimienta y la sal. Cuando la mezcla esté tibia, extiéndela sobre las láminas de carne cruda y enróllalas como un canutillo. Reserva en un sitio tibio.

Para la vinagreta agridulce

Bate ligeramente el aceite con el vino y el vinagre. Añade la pimienta rosa, así como los pepinillos y aceitunas. Dale el punto de sal y reserva.

Final y presentación

Coloca los rollitos de carpaccio de forma caprichosa. Alíñalos con la vinagreta y salsea con la misma alrededor de la carne. Dispón por encima las lascas de queso y la sal de Maldon.

SI NO ENCUENTRAS

Cortafiambres, es mejor que corten la carne en la carnicería que hacerlo con un cuchillo

Crema de leche, utiliza leche, reduciéndola al fuego

Aceite de nuez, emplea cualquier aceite de semillas lo más neutro posible

Moscatel, puedes suplirlo por otro vino dulce

Pimienta rosa, usa otro tipo de pimienta

Sal de Maldon, puedes utilizar sal gorda

MIS TRUCOS

Para poder hacer las laminas del carpaccio lo más finas posibles hay que congelar durante un par de horas la pieza de carne y después realizar la operación sin que la carne se desgarre o deshaga.

Aunque los carpaccios sean una carne cruda, no hay que tomarla fría. Por eso debe atemperarse en un sitio cálido (la cocina) si ha estado antes en el frigorífico, al menos media hora antes, de servirlo

En este caso, no es una sugerencia propia sino ajena. En concreto, de Francis Paniego, el joven *chef* riojano del emblemático restaurante Echaurren de Ezcaray (hijo de una mítica cocinera, Marisa Sánchez), que nos ha dado la idea de aunar el carpaccio de carne cruda (en su caso de cordero lechal) con el membrillo, así como guarniciones y salsas amargas y dulces (reducción de vino y fruta de la pasión y pimientos del piquillo confitados, así como polen de miel). Una gran idea...

Pastel de kabrarroca con pasta crujiente y vinagreta de sésamo

Preparando los ingredientes

Cortando la pasta brick

Vertiendo la preparación en el molde

Montando el pincho

Ingredientes para 4 personas

Para el pastel

Medio kg de kabrarroka cruda y sin cabeza, 8 huevos, un cuarto de litro de nata líquida, un cuarto de litro de salsa de tomate, 1 zanahoria, 1 puerro, una pizca de mantequilla, pan rallado, sal, agua y pimienta

Para la pasta crujiente

Dos hojas de pasta brick y 1 dl de aceite de nuez

Para la vinagreta

Medio dl de aceite de oliva, 2 cucharadas de salsa de soja china, 3 cucharadas de vinagre de jerez, el zumo de media naranja, 20 g de sésamo negro, perejil picado y sal

Elaboración

Para el pastel

Se cuece la kabrarroka con el puerro, la zanahoria y la sal. Cuando esté suficientemente cocida, se le quitan las espinas y la piel, se desmenuza y se desmiga. Aparte, se montan los huevos a punto de tortilla e inmediatamente se añade la nata, la salsa de tomate, el pescado que hemos reservado y se da punto de pimienta. Se vierte en un molde de litro y medio, rectangular, previamente untado con mantequilla y pan rallado. Se cuece al baño maría en el horno a 225° durante una hora y cuarto. Una vez frío, se desmolda y se corta en trozos rectangulares pequeños y estrechos.

Para la pasta crujiente

Corta la pasta brick en pequeños rectángulos. Pon el aceite en una freidora o sartén a 180°. Fríe allí muy brevemente los rectángulos de pasta. Escurre perfectamente.

Para la vinagreta

Mezcla bien todos los ingredientes, salvo el sésamo, que echaremos al final, batiendo la vinagreta con una varilla, montándola ligeramente.

Final y presentación

Coloca en un plato o en una rabanera los trocitos de pastel sujetos por los costados con las hojas crujientes. Salsea con la vinagreta de sésamo.

SI NO ENCUENTRAS

Kabrarroka, utiliza merluza u otro pescado
Pasta brick, puedes sustituirla con rebanadas finas de pan de molde horneado
Aceite de nuez, emplea aceite de girasol
Salsa de soja china, se puede prescindir de ella
Vinagre de jerez, usa en su lugar otro tipo de vinagre
Sésamo negro, sustitúyelo por almendra muy picada

MIS TRUCOS

Al hacer el pudín en el horno al baño maría hay que procurar que la temperatura no sea excesiva, evitando que el agua hierva, ya que al pastel, al cuajar, le salen unos agujeros poco estéticos que afean su presentación.

En esto pudines y pasteles no hay que añadir más cantidad de la señalada del producto principal (setas, pescado, etc.) ya que el pudín se apelmaza y pierde su mejor virtud, que no es otra que la jugosidad.

Si se utiliza un molde plastificado y antiadherente no es preciso untarlo de mantequilla y pan rallado.

Originalmente, este pudín se servía acompañado de una salsa mahonesa, pero puedes hacerlo con otro tipo de salsas, tanto frías como tibias e incluso calientes: salsa rosa, vinagretas variadas, salsa de tomate a la albahaca, etc.

Este pudín nos puede servir de farsa o relleno de verduras, sobre todo pimientos rojos, tanto en frío como en caliente.

Ostras con cardo rebozado en pistachos y crudo

Abriendo las ostras

Escalfándolas

Para el rebozo del cardo

Refrescando los filamentos de cardo (en agua con cubitos de hielo)

Ingredientes para 4 personas

Para el cardo

Tres cuartos de kilo de cardo en crudo, 6 cucharadas de aceite de oliva, unas gotas de zumo de limón, una cucharadita de harina, abundante agua y sal

Para las ostras escalfadas

16 ostras con el agua de su interior

Para el cardo crudo

200 g de cardo limpio, 6 cucharadas de aceite de oliva, 2 cucharadas de vinagre balsámico, un diente de ajo muy picado, 2 cucharadas del caldo de cocción del cardo y sal

Además

50 g de pistachos ya pelados y muy picados, así como un poco de perejil picado

Elaboración

Para el cardo

Una vez que el cardo esté limpio, coloca los trozos en una olla con agua fría que debe cubrir totalmente las pencas de cardo. Da el punto de sal. Añade unas gotas de zumo de limón y disuelve en el agua una cucharada de harina. Cuécelo durante hora y media aproximadamente. En el caso de utilizar olla a presión, el tiempo de cocción será de unos 35 minutos. Reserva algo del caldo que resulta de la cocción. Escurre las pencas de cardo.

Para las ostras escalfadas

Abre al momento las ostras y saca la carne de las valvas sin romperlas. Pon las ostras en un cazo con su propia agua, previamente colada en una estameña o en un colador con un paño limpio encima. Pon el cazo al fuego y, justo antes de que rompa a hervir, sácalo. Reserva en sitio cálido.

Para el cardo crudo

Corta las pencas de cardo en tiritas muy finas (lo mejor es con una cortadora eléctrica). Colócalas en agua con hielo y mantenla así un buen rato. Monta la vinagreta con los ingredientes líquidos. Aliña los filamentos de cardo crudo.

Final y presentación

Reboza las pencas de cardo (ya cocidas y aún ligeramente húmedas y calientes) en el pistacho triturado.

Coloca en un costado del plato las ostras recién escalfadas y con su propio jugo por encima. Dispón alrededor de las mismas las pencas de cardo rebozadas y coloca encima de las ostras y el cardo cocido los filamentos de cardo ya aliñados. Espolvorea perejil por encima de todo el plato.

SI NO ENCUENTRAS

Cardo, puedes emplear pencas de acelga

Ostras, se sustituyen por almejas (salteadas con ajo picado y perejil)

Vinagre balsámico, se sustituye por vinagre

Pistachos, utiliza otro fruto seco (avellanas, almendras o nueces)

MIS TRUCOS

Hay que comprar las ostras siempre vivas, que las valvas estén cerradas o que se cierren nada más tocarlas. Es importante abrir la ostra en el momento en el que se va a consumir. Siempre debemos conservar el agua que contienen dentro, tanto si las comemos crudas o ligeramente escalfadas. Hay que tener en cuenta que, si se cocina la ostra, el tiempo de cocción debe ser mínimo, ya que sino se endurece.

Para limpiar el cardo hay que quitar primero las pencas exteriores y cortar los bordes secos. Aprovecha las pencas internas y su corazón (elimina en este último los dos extremos). Pela las pencas con mucho cuidado, raspando enérgicamente y sacando con un cuchillo los filamentos o hilos. Corta en trozos de 8 a 10 cm, poniéndolos en agua fría hasta el momento de su cocción. Para el cardo en crudo, tras pelarlo, y si no puedes laminarlo muy fino, lo mejor es darle a cada trozo de penca un corte a lo largo en horizontal, por la mitad, sin llegar a cortarlo del todo; a esas dos medias pencas unidas se le dan tres cortes en cruz. Es muy importante remojarlo en agua bien fría durante al menos una hora, para que se rice y quede crujiente y comestible.

Milhojas de atún y piquillos con calabacín, tomate y vinagreta ligera de cerezas

Cortando el atún crudo

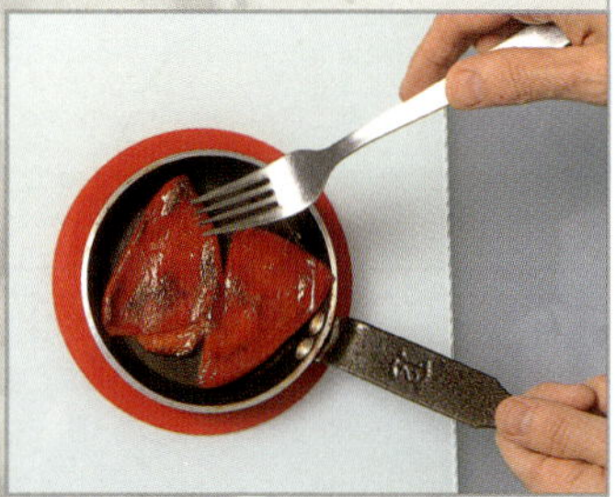

Confitando los pimientos

Fileteando el calabacín

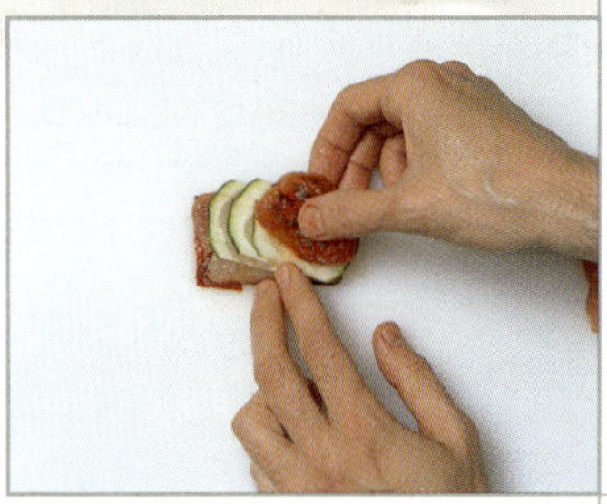

Montando el milhojas

Ingredientes para 4 personas

Para el milhojas

500 g de atún rojo (en lomo), y para su adobo:1 dl de aceite de oliva virgen, 1 cucharada de sal gorda, 1 copa de jerez oloroso, 1 diente de ajo picado, 1 cebolleta picada, 1 clavo, 1 cucharadita de pimienta verde, 1 guindilla no picante picada. También: 1 calabacín, 1 tomate grande, 8 pimientos del piquillo de Lodosa –asados y envasados–, 1 cucharadita de azúcar, medio dl de aceite de oliva extra más, 2 cucharadas de vinagre de jerez y sal

Para la vinagreta

9 cucharadas de aceite de oliva extra virgen, 1 diente de ajo, 1 cucharada de vinagre de jerez, 2 cucharadas de zumo de naranja , 50 g de cerezas maduras (u otra fruta roja), perejil picado y sal

Además

Cebollino picado

Elaboración

Para el milhojas

Un cuarto de hora antes de la presentación del plato, corta el lomo de atún en finos escalopes y sazona con la sal gorda. Junta el resto de los ingredientes para su maceración: aceite de oliva virgen (reservando 4 cucharadas), el jerez oloroso, el diente de ajo picado, la cebolleta, el clavo, la pimienta verde y la guindilla. Introduce allí los escalopes de atún y deja que maceren 7 minutos escasos. Por otra parte, fríe muy lentamente (más bien confita) en el aceite correspondiente (reservando 4 cucharadas) los pimientos del piquillo (unos diez minutos) sazonados y añade un poco de azúcar. Saltea también, con las 4 cucharadas de aceite de oliva restante, el calabacín, que habrás cortado en láminas muy finas y sazonado. Lamina finísimamente el tomate y alíñalo, en crudo, con sal, el vinagre de jerez y el aceite de oliva virgen restante.

Para la vinagreta

Pica el ajo finamente y deposítalo en un bol. Añade allí el vinagre, el zumo de naranja y el aceite. Bate todo ligeramente. Da el punto de sal; por último, agrega el perejil picado y las cerezas picadas (deja en maceración una media hora).

Final y presentación

Corta todos los ingredientes del milhojas en forma rectangular y móntalo por capas (calabacín, piquillo, tomate, atún) terminando por una de calabacín. Alrededor del milhojas deposita unas cucharadas de la vinagreta de cerezas y por encima agrega el cebollino picado.

SI NO ENCUENTRAS

Atún rojo, emplea bonito
Aceite de oliva virgen, utiliza aceite de oliva
Jerez oloroso, puedes usar un vino dulce
Clavo y pimienta verde, utiliza sólo pimienta
Vinagre de jerez, se sustituye por cualquier tipo de vinagre

MIS TRUCOS

La utilización de atún o de bonito del norte es una cuestión de gustos. Porque, en general, las recetas de uno valen perfectamente para las de otro.

Igual que ocurre con la carne de ternera o la de buey o vaca. La carne del cimarrón, por color, fuerza y textura, es equiparable en cierto modo a la de buey.

Es preferible en este tipo de pescados el corte paralelo a la espina dorsal y no el perpendicular, es decir, mejor en lomos y no en rodajas, ya que el corte en rodajas rompe la estructura natural de sus carnes dando como resultado, a la hora de cocinar, una mayor sequedad. La cocción, tanto del bonito como del atún, debe ser siempre mínima, mejor que quede casi crudo. De lo contrario, su carne se vuelve estropajosa. También las maceraciones deben de ser muy cortas por idénticos motivos.

Picando el salmón

Aderezando el salmón

Salteando los puerros

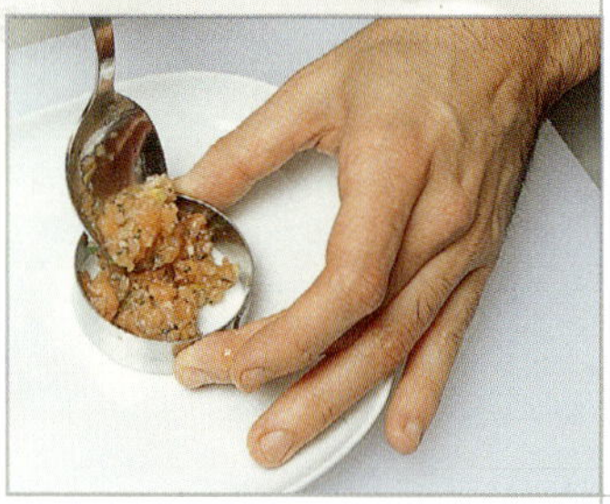

Montando el plato

Tartar de salmón fresco y ahumado con vichyssoise y espárragos verdes

Ingredientes para 4 personas

Para el tartar

350 g de salmón fresco (sin pieles ni espinas), 200 g de salmón ahumado, 1 cebolleta fresca, 2 yemas de huevo, 2 cucharadas de jerez seco, 2 cucharaditas de salsa de soja (china o japonesa), 3 cucharadas de aceite de oliva, 1 cucharadita de mostaza, 1 huevo duro, 1 cucharada de alcaparras, 3 pepinillos en vinagre, 1 rama de perejil, 1 rama de eneldo fresco, pimienta blanca molida y sal.

Para la vichyssoise

2 puerros, 2 patatas, 1 cebolleta fresca, 4 cucharadas de aceite de oliva, cuarto de litro de caldo de carne, 1 dl de leche, 1 dl de nata líquida, 2 cucharadas de cebollino fresco picado y sal

Además

Espárragos verdes y ajos frescos salteados

Elaboración

Para el tartar

Pica finamente con el cuchillo los dos tipos de salmón; pica de igual modo las alcaparras, los pepinillos y la cebolleta. En un bol grande mezcla bien la cebolleta picada, el aceite, el jerez, la salsa de soja, la mostaza, las yemas de huevo y una pizca de pimienta. Cinco minutos antes de servir agrega a esta mezcla el huevo duro picado, las alcaparras y pepinillos, así como las hierbas ya picadas. Por último, un par de minutos antes de servirlo, añade el pescado, también picado, y da el punto de sal.

Para la vichyssoise

En una cazuela a fuego lento calienta el aceite, dorando muy lentamente la cebolleta; una vez dorada, añade los puerros troceados y mezcla a fuego lento hasta que estén tiernos. Agrega las patatas peladas y en rodajas y rehoga. Añade el caldo y deja hacer unos 40 minutos a fuego lento. Tritura y cuela. Añade la leche y dale un hervor. Vuelve a pasar por la batidora y el chino. Agregar la nata y mezcla bien, da el punto de sal y deja enfriar en el frigorífico, añadiendo al final el cebollino picado.

Final y presentación

Coloca en un aro el tartar y deposítalo sobre el plato, retira el aro y alrededor del tartar dispón unas cucharadas de la vichyssoise. Decora con el ajo fresco y los espárragos, ambos salteados.

SI NO ENCUENTRAS

Salmón ahumado, puedes emplear cualquier otro pescado ahumado: trucha, bacalao, etc.

Alcaparras, puedes sustituirlas por aceitunas

Eneldo y cebollino, puedes emplear en su lugar perejil

Jerez seco, utiliza cualquier vino blanco seco

Salsa de soja, puedes prescindir de ella

Caldo de carne, puedes utilizar pastillas solubles de caldo de carne o pollo

MIS TRUCOS

Para realzar el sabor del tartar, además de la mezcla de pescado crudo y ahumado, puedes añadir un poco de huevas de salmón, de trucha o de otro pescado, siempre en pequeña cantidad.

Si no te apetece comer un pescado crudo como el salmón puedes someterlo a una ligera salazón previa como hacen en Noruega. Para ello, se limpia el salmón fresco, se hacen filetes, conservando la piel, y lo mezclas con sal y la mitad de azúcar cortando la parte carnosa del lomo. Añade también pimienta negra machacada y tenlo así durante 24 horas en el frigorífico, dándole la vuelta y manteniéndolo así otras 24 horas.

En un par de días estará listo para su consumo; aunque parezca crudo, la salazón ya lo ha "cocido" o macerado levemente.

Gazpacho de tomate asado con mejillones y verduras escabechados

Rehogando las verduras

Cociendo los mejillones

Preparando los tomates para asar

Triturando el gazpacho

Ingredientes para 4 personas

Para el escabechado de mejillones y verduras

400 g de mejillones de roca (pequeños), 150 g de brécol (en porciones muy pequeñas), 4 cucharadas de aceite de oliva, 4 cucharadas de vinagre de jerez, 1 puerro troceado, 4 dientes de ajo con su piel, 1 zanahoria en rodajas, una ramita de tomillo, un hoja de laurel y dos clavos de olor, pimienta negra en grano (media cucharadita), agua y sal

Para el gazpacho de tomate asado

1 kg de tomates, medio diente de ajo picado, 1 cucharadita de azúcar, 1 ramita de tomillo fresco, 4 cucharadas de aceite de oliva, 2 rodajas de calabacín, 1 cucharada de vinagre de sidra, unas hojas de albahaca picadas, unos cominos, unas rebanadas de pan seco (del día anterior), tres cuartos de litro de agua y sal

Además

Dos cucharadas de vinagre balsámico (reducido al fuego con una pizca de azúcar y una cucharada de agua) (opcional)

Elaboración

Para el escabechado de mejillones y verduras

Rehoga en una cazuela las verduras con el aceite. Agrega el vinagre y un dl de agua, así como las especias y hierbas. Dale el punto de sal y cuécelo a fuego lento unos 7 minutos. Mientras, cuece al vapor, justo hasta que se abran, los mejillones bien limpios, o en agua (poca cantidad) con sal. Después sácalos de sus valvas. Introduce la carne de los mejillones en la preparación anterior (con el fuego ya apagado), rectificando de sal. Mantenlos en la infusión del escabeche al menos dos horas.

Para el gazpacho de tomate asado

Asa los tomates (previamente aliñados con el ajo, azúcar, tomillo y sal) rociándolos antes con aceite en el horno a 100° durante al menos 2 horas. Transcurrido este tiempo, saca los tomates del horno, pélalos y tritúralos. Agrega el calabacín, el pan picado, el vinagre, la albahaca y los cominos, así como el agua. Deja en reposo y en un sitio frío durante un cuarto de hora. Tritura el conjunto y cuela, dándole el punto de sal.

Final y presentación

Pon en un plato hondo el gazpacho ya colado y sobre el mismo las verduras (brécol, zanahorias, ajos y puerro) y los mejillones escabechados. Dibuja unas líneas con el vinagre balsámico (con agua y azúcar) ya reducido.

SI NO ENCUENTRAS

Mejillones de roca, emplea otro tipo de mejillones
Vinagre de jerez o vinagre de sidra, se pueden suplir por otro tipo de vinagre
Tomillo, en su lugar utiliza perejil
Clavos de olor, agrega más cantidad de pimienta
Albahaca, prescinde de ella

MIS TRUCOS

El gazpacho y la mayor parte de las sopas frías andaluzas son los platos en los que más se notan las virtudes o defectos del agua, ya que ésta es un elemento cuantitativo muy importante en recetas de este estilo.

Si el agua que utilizamos es del grifo y tiene gusto a cloro o a flúor, podemos estropear nuestra sopa fría. Y es que este tipo de sopas no tienen defensa, no hay cocción para amortiguar los malos sabores. Por eso prefiero utilizar aguas envasadas, minerales o naturales, que no le aportan sabores extraños.

Si un mejillón crudo está abierto hay que rechazarlo porque es la mejor prueba de que está muerto.

Es muy importante limpiar bien los mejillones de todas las adherencias de sus conchas antes de su cocción, enjuagándolos con agua repetidas veces.

En cuanto se abra el mejillón, tras una breve cocción al vapor o en caldo corto, ya se puede consumir. Los que no se abran hay que eliminarlos. Un exceso de cocción estropeará totalmente sus virtudes, tanto nutricionales como gustativas.

Los ingredientes del gazpacho en remojo

Colando el gazpacho

Cortando el pan

Pelando las gambas

Gazpacho de sandía con gambas maceradas fritas y pan crujiente

Ingredientes para 4 personas

Para el gazpacho

3 tomates, 350 g de sandía, medio diente de ajo picado, 5 cucharadas de aceite de oliva, 2 cucharaditas de azúcar, medio calabacín, medio pepino, unas hojas de albahaca, una cucharada de mostaza, dos cucharadas de vinagre de jerez, agua y sal

Para las gambas maceradas y fritas

12 gambas o gambones frescos, una cucharada de yogur natural, una cucharada de aceite de sésamo, una cucharadita de chutney de mango, aceite para freír y sal de Maldon

Para el pan crujiente

80 g de pan, un diente de ajo, perejil picado

Además

Unas hojas de albahaca picada

Elaboración

Para el gazpacho

Pon en el horno a 100° durante una hora y tres cuartos los tomates con el ajo y la albahaca picados y una cucharada de aceite. Transcurrido ese tiempo, se saca del horno, se pelan y se trocean. Coloca la pulpa de estos tomates en un bol, añade el calabacín y el pepino picados, agregando también el vinagre, la mostaza, el resto del aceite y el azúcar, cubriendo con agua fría. Pela y despepita la sandía, pícala y añádela a la preparación anterior. Deja en reposo y en un sitio frío durante 10 minutos. Después tritura y cuela, añadiendo más agua fría si es preciso y dándole el punto de sal.

Para las gambas maceradas y fritas

Pela las gambas dejando únicamente sin pelar la punta de la cola. Macéralas en el aceite de sésamo, el yogur y el chutney durante una hora como mínimo. Pon una sartén a fuego vivo con el aceite y fríelas, añadiendo al final, al sacarlas del fuego, la sal de Maldon.

Para el pan crujiente

Corta el pan, que previamente habremos frotado con el ajo, en rodajas muy finas, y si no se puede, en taquitos. Pon al horno a baja temperatura hasta que esté desecado y crujiente. Espolvorea con el perejil.

Final y presentación

Sirve el gazpacho en unos vasitos o copas. Introduce el pan crujiente y las gambas con la punta de la cola sin pelar hacia arriba. Espolvorea por encima con un poco de albahaca picada.

SI NO ENCUENTRAS

Albahaca, usa perejil
Vinagre de jerez, se puede emplear cualquier tipo de vinagre
Aceite de sésamo, puedes utilizar aceite de girasol
Chutney de mango, prescinde de él
Sal de Maldon, usa sal común

MIS TRUCOS

Resulta muy agradable añadir en un gazpacho, del tipo que sea, un granizado o un sorbete de alguna fruta o de alguna vinagreta suave o incluso de un vino.

Aunque el ajo resulte algo muy propio de los gazpachos, su uso debe moderarse mucho, pues es un arma de doble filo, que lo mismo realza un plato que lo puede estropear por su poder abrasivo.

En el caso de que rechace el sabor del ajo crudo, puede confitar esta liliácea, que sin perder su gusto modera mucho su agresiva potencia.

Tenga en cuenta al hacer un gazpacho en el que intervengan frutas, sobre todo las muy acuosas, como el melón, uvas, fresas y sobre todo la sandía, que el aporte de agua al gazpacho debe ser menor. En el caso de quedar muy aguado, puede incrementar el punto de pan para darle una textura más densa.

Un pequeño truco para sustituir, hasta cierto punto, un auténtico chutney consiste en mezclar una buena mermelada de fruta, no muy dulce, con una cucharada de vinagre de calidad. Así conseguimos el punto agridulce que nos puede interesar.

Vichyssoise con bacalao en láminas y picadillo de pimientos rojos

Haciendo las patatas con los puerros

Triturando la vichyssoise

Añadiendo nata

Laminando el bacalao

Ingredientes para 4 personas

Para la vichyssoise

4 puerros grandes (sólo lo blanco), 3 patatas grandes, 2 cebolletas frescas (o una cebolla), 40 g de mantequilla, 2 cucharadas de aceite de oliva, 1 dl de caldo de carne natural, 1 dl de leche, 4 dl de nata líquida, unas ralladuras de nuez moscada, pimienta blanca, 2 cucharadas de cebollino fresco picado y sal

Para el templado del bacalao

Un lomo grueso de bacalao (mejor del morro) de 400 g, 1 puerro y media cebolla, agua y 3 cucharadas de aceite de oliva

Además

Pimientos del piquillo (salteados con aceite y una pizca de ajo) muy finamente picados, almendras laminadas y perejil picado

Elaboración

Para la vichyssoise

En una cazuela a fuego lento derrite la mantequilla con el aceite y dora muy lentamente la cebolleta; una vez dorada, añade los puerros troceados y deja hacer a fuego lento, hasta que se doren. Entonces, agrega las patatas peladas y cascadas. Rehoga. Añade el caldo y deja hacer unos 40 minutos a fuego lento. Tritura y cuela. Agrega la leche, la nuez moscada y la pimienta molida y dales un hervor. Vuelve a pasar por la batidora y el chino. Añade la nata. Mezcla bien, da el punto de sal y deja enfriar en el frigorífico, incorporando al final el cebollino picado

Para el templado del bacalao

Desala el bacalao en agua fría (dentro del frigorífico) durante 36 horas, cambiando cuatro veces el agua. Pon en un cazo con agua las verduras y que hiervan durante un par de minutos. En el momento que esté en plena ebullición, introduce el lomo de bacalao y tenlo de 2 a 3 minutos, sacando a continuación el lomo y dejándolo templar. Cuando esté tibio, saca las láminas del mismo, retirando espinas y pieles. Reserva, untando las láminas con aceite.

Final y presentación

Prepara en la base del plato unas cuantas cucharadas de la vichyssoise y sobre ella dispón las láminas de bacalao. Decora con las almendras laminadas y el picadillo de pimiento. Espolvorea por encima del bacalao el perejil picado.

SI NO ENCUENTRAS

Caldo de carne, puedes utilizar cubitos o pastillas de caldo
Nata líquida, emplea sólo leche
Nuez moscada, usa sólo pimienta blanca
Cebollino fresco, se suple bien con perejil
Almendras laminadas, prescinde de ellas

MIS TRUCOS

Pueden hacerse otras cremas frías, a las que impropiamente las podemos llamar también vichyssoise, de distintas hortalizas (solas o mezcladas entre sí), tales como calabacín, zanahoria, apionabo, calabaza, espárragos verdes, rábano o nabos. En estos casos debemos equilibrar el sabor de la crema mezclando con criterio las verduras más amargas y astringentes con las mas dulces

Para obtener las láminas de bacalao, lo más apropiado es proveerse de la parte del bacalao conocida como morros, que son cogotes gruesos sin apenas espinas que proporcionan jugosas láminas idóneas, tanto para platos fríos (ensaladas) como para platos calientes.

Si compras el bacalao desalado (hay grandes casas que lo hacen a la perfección) es conveniente que esté envasado al vacío, y hay que conservarlo en el frigorífico, entre 0 y 4°.

Sopa de espárragos blancos con mejillones de roca, espárragos verdes fritos y crujientes al regaliz

Hirviendo los ingredientes de la sopa de espárragos

Salteando los mejillones

Salteando los espárragos verdes

Preparando el pan de regaliz para tostarlo

Ingredientes para 4 personas

Para el caldo de espárragos

1 lata o envase de cristal de espárragos blancos de la denominación específica Navarra (400 g), 1 cucharada de aceite de oliva, 20 g de mantequilla, 40 g de azúcar, 1 dl de nata líquida, medio litro de caldo o consomé clarificado, 1 yema, pimienta y sal

Para los mejillones al vapor

400 g de mejillones, 1 litro de agua, media cebolla, perejil, un poco de aceite de oliva

Para los espárragos verdes fritos

200 g de espárragos verdes (trigueros o de jardín), 1 diente de ajo picado, 3 cucharadas de aceite de oliva y sal

Para los crujientes de pan al regaliz

2 palos de regaliz, media barra de pan (del día anterior) y agua

Además

Cebollino picado

Elaboración

Para el caldo de espárragos

Derrite la mantequilla y el aceite en una sartén. Añade los espárragos escurridos y el azúcar e inmediatamente el caldo. Pon a hervir todo durante un rato. Añade después la nata. Cuando el caldo coja gusto a espárragos, tritura y cuela. Salpimenta. Fuera del fuego, añade la yema, disolviéndola bien en el caldo.

Para los mejillones al vapor

Si no tienes vaporera, sitúa una rejilla sobre una cazuela, con un litro de agua en el fondo, a la que le añadiremos media cebolla y la ramita de perejil. Coloca los mejillones (que habrás limpiado minuciosamente). Ponlos al fuego, justo hasta que se abran. Después, saltéalos con un poco de aceite en una sartén. Resérvalos al calor.

Para los espárragos verdes fritos

Corta los espárragos verdes (si son finos) por la mitad, transversalmente y en varios trozos. Saltéalos a fuego vivo en el aceite con el ajo picado. Deben quedar al dente. Escúrrelos y sazona.

Para los crujientes de pan al regaliz

Cortar el pan en bastoncitos finos. Haz una infusión en agua hirviendo con los palos de regaliz y moja con esta infusión los bastones de pan. Sécalos en el horno a fuego bajo durante unas dos horas. Después, tuesta los bastones en una plancha o sartén, hasta que queden crujientes.

Final y presentación

Presenta en un plato sopero los mejillones sin su concha, los espárragos trigueros fritos y la sopa caliente alrededor. Dispón por encima los crujientes de pan al regaliz y espolvorea por encima el cebollino picado.

SI NO ENCUENTRAS

Nata, utiliza leche
Caldo o consomé, usa en su lugar agua o un cubito de caldo concentrado
Espárragos verdes trigueros o de jardín, utiliza espárragos verdes de lata
Regaliz, prescinde de él.
Cebollino, se puede utilizar perejil

MIS TRUCOS

Podemos tener espárragos en cualquier época del año: frescos, de fines de marzo a junio, y en conserva durante todo el año.

Lo habitual y más cómodo es consumirlos en conserva, teniendo en cuenta siempre que no deberán degustarse recién salidos del frigorífico, sino a temperatura ambiente. Hay que sacarlos de la lata al menos una hora antes de su consumo.

Sin embargo, te aconsejo que en su temporada, al menos una vez al año (de abril a junio) disfrutes de la exquisitez de unos espárragos frescos cocidos (después de pelarlos) en abundante agua con sal. Sírvelos tibios, acompañados de alguna salsa o al natural.

Es conveniente no dejar en remojo en agua los mejillones cuando los limpiemos, siendo preferible rasparlos bajo el chorro de agua fría. Cuando están cocidos se entreabren: en ese momento hay que sacarlos, sin esperar más, ya que se endurecen por sobrecocción.

Marmitako de chipirones y chalotas confitadas

Pochando la verdura

Cascando las patatas

Glaseando las chalotas

Haciendo a la plancha los chipirones

Ingredientes para 4 personas

Para el marmitako

500 g de chipirones de anzuelo, 600 g de patatas, 3 pimientos verdes, 1 cebolla, 5 pimientos choriceros, 2 cebollas rojas, 2 dientes de ajo, tres cuartos de litro de fumet de pescado, 2 cucharadas de tomate hecho, 2 dl de aceite de oliva, perejil picado y sal

Para las chalotas glaseadas

8 chalotas, 1 dl de aceite de oliva, 1 cucharadita de miel, 3 cucharadas de agua

Elaboración

Para el marmitako

Coloca en agua templada los choriceros durante una hora. Transcurrida ésta, extrae con un cuchillo la pulpa y reservar. Pon en una cazuela con 1 dl de aceite los ajos y las cebollas rojas muy picados. Deja hacer suavemente por espacio de unas dos horas (la verdura debe quedar muy deshecha). Añade entonces la pulpa de los choriceros y las cucharadas de tomate. Deja hervir lentamente durante 15 minutos, y después tritura y cuela por un chino.

Por otra parte, pon a fuego vivo en una cazuela con el resto del aceite (salvo un par de cucharadas) los chipirones (enteros si son pequeños y si no, troceados) hasta que cojan color. Baja la intensidad del fuego y que suden allí lentamente, junto con los chipirones, la cebolla y el pimiento verde ambos muy picaditos. Cuando comiencen a tomar color añade las patatas cascadas con un cuchillo (en trozos regulares y pequeños). Rehoga durante cinco minutos. A continuación se vierte el fumet de pescado (que cubra las patatas) y la salsa anterior de choriceros (unas 8 cucharadas). Sazona y deja cocer hasta que las patatas estén blandas. Saltea a fuego vivo los chipirones o hazlos a la plancha con el resto del aceite. Mézclalos con el guiso anterior, justo hasta que den un hervor. Espolvorea por encima el perejil picado.

Para las chalotas glaseadas

Pon en un cazo en frío las chalotas peladas con el aceite. Acerca al fuego (muy suave, al mínimo) durante media hora o un poco más. Deben quedar blandas, pero sin deshacerse. Calienta, sin hervir, en un cazo la miel disuelta en el agua. Baña en ese líquido las chalotas ya cocidas en aceite.

Final y presentación

Dispón en un plato hondo unas cucharadas del marmitako, procurando que se vean bien los chipirones. Alterna éstos con las chalotas glaseadas.

SI NO ENCUENTRAS

Chipirones de anzuelo, utiliza calamares de arrastre
Pimientos choriceros, emplea pimentón dulce
Cebollas rojas, sustitúyelas por cebolla blanca
Fumet, utiliza simplemente agua
Chalotas, puede suplirlas por cebolla en juliana

MIS TRUCOS

En el caso de hacer un marmitako tradicional y típico, es decir, con bonito o atún, hay que proceder de forma similar a la aquí presentada, salvo que el pescado debe hacerse algo menos. Basta, una vez troceado en tacos, introducirlo en la cazuela donde se han cocido patatas y verduras y apagar el fuego, como si fuera "en infusión". Será suficiente el calor residual para su cocción. Debe salir rosado, casi crudo en el centro, pero bien caliente.

Si en lugar de chipirón pequeño utilizas unos calamares más grandes, resulta adecuado hacerlos en tiritas, en cuyo caso, tras saltearlo, debe cocer un poco más que el de tamaño pequeño, aunque siempre debemos respetar su tersura natural.

Entre los secretos de un marmitako (además de la escasa cocción del pescado) se encuentra el que las patatas salgan enteras, aunque cocidas, y el caldo esté untuoso, ni muy líquido ni excesivamente denso, así como lograr el sabor armónico de sus componentes.

Sopa de garbanzos con ostras, tocineta ibérica y puerro frito

Haciendo los garbanzos

Abriendo las ostras

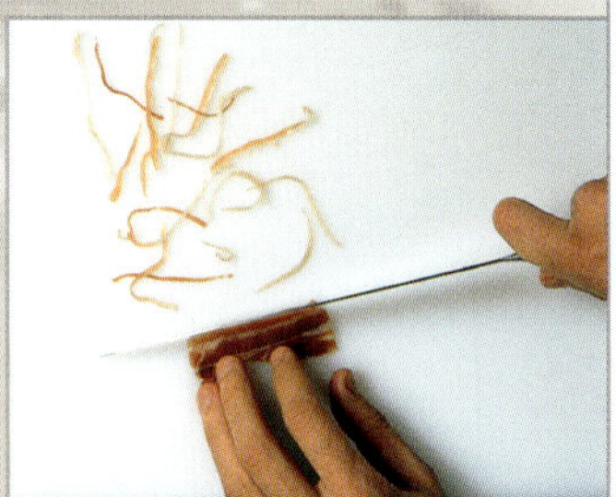

Cortando la tocineta

Mostrando el puerro en juliana para freír

Ingredientes para 4 personas

Para la sopa de garbanzos

50 g de garbanzos, 200 g de carne de morcillo, 2 huesos de ternera, una punta de 150 g de jamón ibérico Dehesa de Extremadura, una pechuga de gallina, 2 puerros, 1 zanahoria pelada, 1 cebolla, 2 dientes de ajo, 1 cucharadita de pimentón de la Vera (dulce), litro y medio de agua, 4 cucharadas de aceite de oliva virgen extra (D.O. Monterrubio), unas hojas de hierbabuena y sal

Para las ostras escalfadas

12 ostras planas

Además

4 lonchas de tocineta ibérica, 2 puerros, aceite para freír, unos dados de tomate confitado y una cucharada de garbanzos cocidos y después fritos (crujientes)

Elaboración

Para la sopa de garbanzos

Pon una cazuela grande con los garbanzos, la carne, los huesos, el jamón, la pechuga de gallina y las verduras limpias y troceadas (los ajos enteros) y la albahaca y cubre con agua fría. Ponlo al fuego y espuma cuando hierva. Hay que poner a fuego suave y dejar que se haga lentamente durante unas dos horas (en la olla a presión, una media hora). Cuando los garbanzos estén cocidos, sazona. Cuela el caldo: reserva las carnes para otro uso. Añade al caldo el aceite caliente con la cucharadita de pimentón. Tritura los garbanzos (reserva unos cuantos para la guarnición), así como la zanahoria cocida, añadiendo el caldo hasta que quede una cremita untuosa pero no gruesa (es mejor hacerlo, si se tiene, en una batidora-calentadora). Rectifica de sal y mantén al calor.

Para las ostras escalfadas

Abre en el momento las ostras y saca la carne de las valvas sin romperlas. Pon las ostras en un cazo con su agua colada en un paño limpio. Pon el cazo al fuego y antes de que rompa a hervir, sácalas.

Final y presentación

Corta la tocineta finamente y saltéala sin aceite a fuego vivo. Corta el puerro en juliana fina y fríelo a fuego vivo hasta que quede crujiente. Escurre bien. Pon en un plato hondo un cacillo con la sopa de garbanzos caliente. Coloca encima las ostras tibias y alrededor de las mismas los garbanzos fritos y los dados de tomate. Dispón por encima el puerro frito.

SI NO ENCUENTRAS

Jamón y tocineta ibéricos, puedes utilizar otro tipo de jamón y tocineta
Pechuga de gallina, usa en su lugar pollo
Aceite de oliva virgen, utiliza aceite de oliva
Hierbabuena, prescinde de ella

MIS TRUCOS

Es importante abrir las ostras en el momento de ir a consumirlas.

El interior de la ostra debe estar lleno de agua, que debemos conservar, tanto si se van a comer crudas como cocinadas.

Como mejor se aprecia el valor y sabor del jamón ibérico Dehesa de Extremadura es cortado en lonchas finas; pero la carne pegada al hueso del jamón, que no puede cortarse en lonchas, resulta idónea para cortarla en trozos gruesos o servirla en taquitos. Los huesos troceados del jamón se pueden aprovechar para elaborar magníficos caldos.

El aceite extremeño de oliva virgen extra de la D. O. Monterrubio posee un sabor afrutado muy aromático, almendrado y de sabor ligeramente amargo y picante. Todo dentro de unos parámetros de alta calidad.

Gazpachuelo tibio de carabineros y rape con almendras

Los ingredientes de la guarnición

Aligerando la mahonesa con el caldo

Salteando el rape y los carabineros

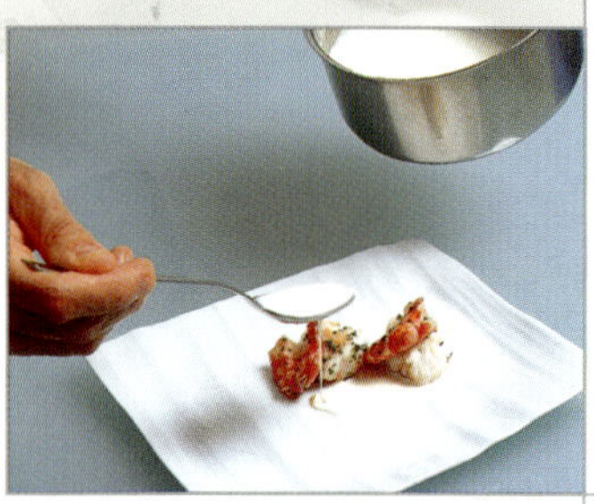

Terminando el plato

Ingredientes para 4 personas

Para el caldo de pescado

250 g de cabeza, espinas y carne de pescado, así como cabezas de carabineros (a poder ser de roca), 1 zanahoria, 2 puerros, media cebolla, un ajo fresco y sal

Para el gazpachuelo

1 litro de caldo de pescado (ya elaborado), 1 patata, 1 puerro picado muy fino, 50 g de almendras, 50 g de calabacín picado, 150 g de mahonesa casera y 4 cucharadas de aceite de oliva, sal

Para la guarnición

150 g de carabineros pelados (conservando la cola) y 200 g de rape limpio cortado en tacos, 4 cucharadas de aceite de oliva, pimienta blanca y sal

Además

Cebollino picado y unas hojitas de hinojo

Elaboración

Para el caldo

Cuece todos los ingredientes a fuego lento, espumando en su debido momento, da el punto de sal y cuela sin triturar, tras un cuarto de hora de cocción.

Para el gazpachuelo

Dora el puerro picado en el aceite a fuego suave, añade la patata picada finamente y el caldo de pescado, deja que hierva lentamente añadiendo a mitad de la cocción los calabacines (la cocción completa dura unos 20 minutos). En un bol aparte, coloca la mahonesa y añade la preparación anterior poco a poco, batiendo hasta que el gazpachuelo quede montado, como una crema ligera. Sazona y añade las almendras fileteadas.

Para la guarnición

Saltea, por separado, en el aceite los carabineros y el rape dándoles punto de sal y pimienta.

Final y presentación

Coloca en el fondo de un plato hondo los carabineros y el rape salteado, sobre ellos vierte unas cucharadas del gazpachuelo tibio, decora con el hinojo y espolvorea con el cebollino picado.

SI NO ENCUENTRAS

Pescados de roca, utiliza un pescado blanco
Ajo fresco, lo puedes sustituir por dientes de ajo seco con su piel, que retirarás después
Mahonesa casera, puedes emplear mahonesa envasada de calidad
Hinojo, prescinde de él
Cebollino, lo puedes reemplazar por perejil

MIS TRUCOS

El gazpachuelo es siempre una sopa templada. Si se sirve muy caliente es fácil que se corte ya que la base del mismo es una mahonesa, es decir, una emulsión de aceite y huevo con una pequeña adición de vinagre o limón. Para evitar que se nos corte la mahonesa, el aceite y el huevo deben estar a temperatura ambiente; para ello hay que sacar el huevo del frigorífico un par de horas antes de hacerla.

Si se corta una mahonesa, hay un conocido recurso que consiste en añadir una cucharada de vinagre hirviendo, pero tiene el inconveniente de que la mahonesa cambia su sabor y se produce un cierto desequilibrio gustativo.

Por ello es preferible utilizar el truco del agua (también se puede utilizar en otras salsas cortadas, como la bearnesa y la holandesa). Este recurso consiste en diluir en un bol grande una cucharada de la salsa cortada con otra cucharada de agua. Luego se monta con una varilla, añadiendo (como se hace con el aceite) la salsa cortada hasta que espese.

Sopa de chalotas, yema, jamón de pato y gratinado de parmesano

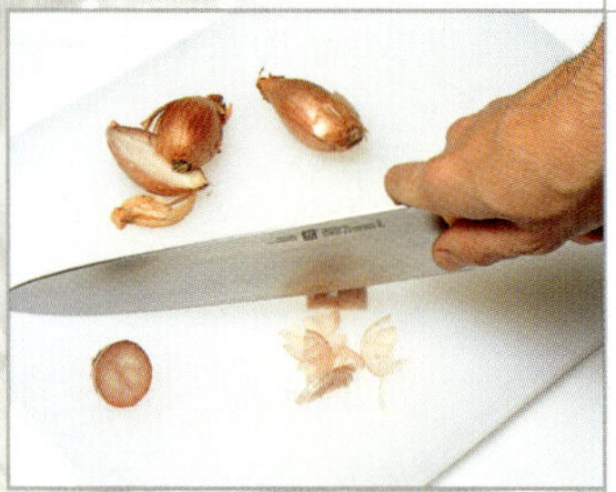

Cortando las escalonias o chalotas

Cortando el queso

Preparando los trozos de pan

Añadiendo la yema al final

Ingredientes para 4 personas

300 g de chalotas (escalonias), 200 g de cebolla, 1 hueso de jamón, un cuarto de gallina, 2 puerros, 1 patata pelada, 4 cucharadas de aceite de oliva, 20 g de mantequilla, 8 rebanadas de pan de pueblo (cortadas en cuadrados), 4 lonchas de jamón de pato muy picadas, 100 g de queso parmesano rallado o en lascas muy finas, 4 yemas, agua, sal y pimienta

Elaboración

Prepara un caldo con 1 litro de agua, el hueso de jamón, la gallina y los puerros. Cuando coja gusto, cuela, sin triturar.

Pela la chalota y la cebolla, córtalas finamente en sentido longitudinal. Funde la mantequilla con el aceite en una cacerola grande y añade la chalota y la cebolla. Dóralo muy lentamente durante unos 20 minutos a fuego lento, moviendo muy a menudo. Agrega la patata troceada, rehoga y añade el caldo anterior, salpimenta y ponlo a hervir.

Deja cocer a fuego lento durante 35 o 40 minutos, moviéndolo de vez en cuando. Transcurrido este tiempo, enciende el gratinador del horno y tuesta las rebanadas de pan por las dos caras.

Final y presentación

Reparte las tostadas en los cuatro platos hondos en los que hayas vertido la sopa caliente. Dispón sobre el pan tostado el picadillo de jamón de pato y espolvorea el queso por encima. Mete los platos de inmediato en el horno (gratinador). Cuando el queso fundido coja un color apetitoso, saca del horno y añade sobre la sopa la yema cruda, con cuidado para no romperla.

SI NO ENCUENTRAS

Escalonias (chalotas), emplea cebolla blanca
Hueso de jamón, utiliza un hueso de ternera, a poder ser, que contenga tuétano
Queso parmesano, sustitúyelo por queso manchego curado
Pan de pueblo, usa cualquier tipo de pan, mejor de corteza dura
Jamón de pato, puedes sustituirlo por jamón serrano o tocineta

MIS TRUCOS

Resulta muy eficaz para darle un poco de untuosidad a esta sopa añadir durante la cocción una cucharadita de mandioca.

Es muy importante para esta sopa el corte que se ha de dar a las chalotas y cebollas, nunca picadas, sino en rodajas grandes y muy finas. Deben dorarse, sin llegar a tostarse, ya que entonces amargaría mucho el caldo.

También es muy conveniente añadir un ramillete de aromáticos (apio, tallos de perejil, tomillo y estragón) en cantidad moderada y que no cuezan más de 20 minutos con las hierbas para que no quede demasiado poderoso, tanto su sabor como su aroma.

Si no se quiere echar la yema entera, queda muy bien desleírla con una copa de vino de oporto tinto y añadirla a los platos o a la sopera en el momento de servir, mezclándola perfectamente con la sopa caliente hasta que quede bien integrada en ella.

Los quesos más adecuados para gratinar, además del parmesano, son el Gruyère, Emmental y Sbrinz suizos, así como el Fontina italiano o los ingleses Leicester y Lancashire, quesos que con el calor se funden perfectamente.

Sopa de castañas con carrilleras de cerdo ibérico envueltas en lechuga

Pelando las castañas

Comprobando el punto de la sopa de castañas

Escaldando la lechuga

Envolviendo la carrillera en la lechuga

Ingredientes para 4 personas

Para la sopa de castañas

250 g de castañas crudas peladas, 1 vainilla en rama, 1 cucharadita de anises, 30 g de azúcar, tres cuartos de litro de agua, 150 g de nata líquida y sal

Para las carrilleras en lechuga

1 carrillera de cerdo ibérico (previamente guisada con vino tinto, verduras y hierbas aromáticas), 4 hojas de lechuga (frescas y tersas), medio litro de consomé de carne, agua, cubitos de hielo y sal

Además

Unas cucharadas de aceite de oliva virgen extra

Elaboración

Para la sopa de castañas

Cuece las castañas en el agua con la vainilla, los anises y el azúcar hasta que estén blandas. Escúrrelas bien y tritúralas. Coloca este puré en una batidora-calentadora añadiendo, poco a poco, mientras se monta, parte del agua de la cocción y la nata líquida. Debe quedar una crema untuosa, pero líquida (si es preciso se añade más agua de la cocción). Da un ligero punto de sal y mantén al calor.

Para las carrilleras en lechuga

Escalda un minuto las hojas de lechuga en el consomé de carne. Refréscalas en agua con cubitos de hielo para que no pierdan color. Corta las carrilleras en rectángulos y envuélvelas en frío en las hojas de lechuga. Corta los rollitos de lechuga rellena en trozos regulares y pequeños. Sazónalos por fuera y reserva.

Final y presentación

Da un golpe de horno (en la gratinadora) a los rollitos de lechuga, sólo unos instantes. Dispón en un plato hondo unas cucharadas de la sopa de castañas caliente y coloca encima los rollitos de lechuga y carrilleras, una vez horneados. Dibuja unas gotitas de aceite de oliva virgen alrededor de aquéllos.

SI NO ENCUENTRAS

Vainilla, se puede sustituir por una rama de canela
Anises, se puede prescindir de ellos
Nata líquida, emplea en su lugar leche entera
Carrillera de cerdo ibérico, sustitúyelas por carrilleras de cerdo blanco o de ternera
Aceite de oliva virgen extra, usa aceite de oliva
Batidora-calentadora, cuece al baño maría y bate con una batidora de brazo

MIS TRUCOS

La cocción de las carrilleras debe hacerse a fuego muy lento y durante largo tiempo. De esta forma no sólo quedarán muy blandas, sino que, sobre todo, su textura no será fibrosa, más bien gelatinosa. Deben poder comerse sin ayuda del cuchillo para partirlas, tan sólo con el borde de la cuchara.

Para pelar las castañas con más facilidad podemos introducirlas una hora en el congelador. Después se escaldan en agua caliente un minuto y se refrescan en agua fría.

De todas formas, ya se venden castañas de gran calidad envasadas y peladas (incluso hechas en puré), de esa forma evitamos lo más engorroso de la receta, que es pelarlas a mano.

Si queremos asar las castañas enteras, con su piel, debemos hacer un corte en forma de cruz para que no exploten durante la cocción.

Sopa de rabo de buey con patatas panadera

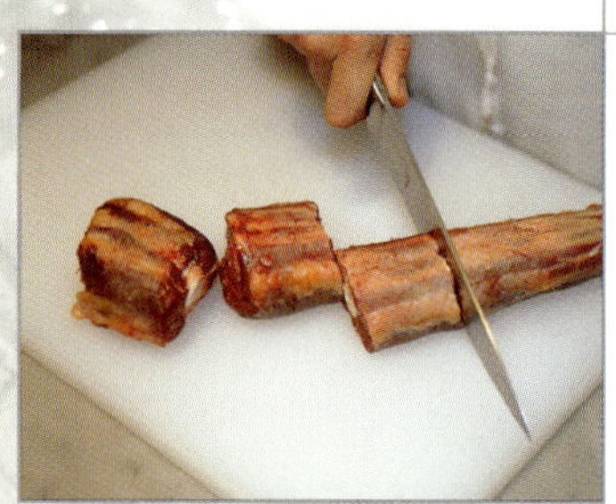

Cortando el rabo

Salteando las verduras con el rabo

Haciendo las patatas panadera en el horno

Montando el plato

Ingredientes para 4 personas

Para la sopa

1,500 kg de rabo de buey , 40 g de mantequilla, 5 cucharadas de aceite de oliva, 3 cebollas y 2 chalotas, 3 zanahorias, 1 rama de corazón de apio, 2 dl de vino tinto, 1 copa de vino de madeira, 1 dl de brandy, 3 litros de consomé y medio litro de agua (o también todo agua, 3,5 l), un trocito pequeño de hoja de laurel y sal

Para las patatas panadera

3 patatas, 2 ajos frescos, 2 cebolletas frescas, 2 dl de aceite de oliva, una cucharada de perejil picado y sal

Además

Un poco de perejil y una ramita de tomillo fresco

Elaboración

Para la sopa

Corta el rabo en trozos. Dora al horno el rabo troceado con las verduras cortadas en trozos toscos, con la mantequilla y aceite. Cuando las verduras se doren un poquito, introduce todos los elementos en una cazuela grande con una rama de corazón de apio, el vino tinto, el vino de madeira y el brandy.

Rehoga un poco y añade el consomé, el agua y el trocito de laurel. Sazona y deja cocer durante al menos 3 horas a fuego lento (hasta que la carne se desprenda del hueso fácilmente). Espuma. No debe hervir bruscamente. Al finalizar la cocción, cuela todo y pásalo por la estameña (una tela blanca y limpia). Rectifica de sal

Para las patatas panadera

Pica los ajos frescos y la cebolleta en juliana fina y las patatas en láminas. Pon el aceite correspondiente en una fuente o placa de horno, introduce allí las patatas, alternando con las verduras, que habrás sazonado previamente. Hornea durante 30 minutos a 180º; escúrrelas perfectamente al sacarlas. Espolvorea por encima el perejil picado.

Final y presentación

Coloca en el centro de un plato sopero la parte que corresponda de las patatas panadera. Coloca los trozos más bonitos de rabo, sin hueso, alrededor de las patatas. Vierte por encima unos cazos de la sopa bien caliente.

Decora y especia con el perejil y el tomillo.

SI NO ENCUENTRAS

Mantequilla, emplea solamente aceite
Chalotas (escalonias), puedes sustituirlas por puerro y ajos con su piel
Vino de madeira, se puede utilizar en su lugar un jerez oloroso dulce
Ajos frescos, utiliza ajos secos, pero menos cantidad
Cebolleta fresca, usa cebollas secas, que se encuentran durante todo el año
Laurel (o no te gusta su sabor), emplea clavo de olor o pimienta negra
Tomillo fresco, utiliza tomillo seco, pero en menor cantidad
Consomé, emplea agua

MIS TRUCOS

Si utilizas una olla a presión puedes acortar el tiempo de cocción del rabo, al menos la mitad del tiempo indicado en la receta (una hora y media). Si empleas una olla o cazuela normal, debes procurar hacerlo lo más lento posible, de tal forma que el borboteo de la cocción sea casi inapreciable. Lo ideal es hacerlo en un horno al mínimo durante toda una noche. Las últimas horas de cocción se realizarán con el horno apagado haciéndose al calor que ha soltado el mismo. De esta forma conseguirás que la carne quede muy tierna, homogénea y poco fibrosa.

Si sobra algún trozo de rabo que sea más feo de presentación puedes deshilacharlo para hacer con él una ensalada con langostinos salteados, verduras otoñales y aliñada con una vinagreta con aceite de oliva virgen, vinagre de jerez y aprovechando el jugo de la cocción del rabo.

Crema fina de lentejas con queso de cabra, foie gras, calabaza y yema trufada

Cociendo las lentejas

Ingredientes para 4 personas

Para la crema de lentejas

200 g de lentejas, 1 pimiento verde, 2 cebollas, 4 dientes de ajo, 6 cucharadas de aceite de oliva, 2 patatas pequeñas, 1 puerro, una punta de jamón ibérico, un litro de agua y sal

Para los complementos

Un trozo de queso de cabra fresco de 150 g, 150 g de calabaza pelada, 150 g de foie gras mi-cuit, 2 yemas de huevo, 4 cucharadas de jugo de trufa, 3 cucharadas de aceite de oliva, agua y sal

Además

Unas hojitas de tomillo limonero

Colando las lentejas

Elaboración

Para la crema de lentejas

Sofríe en el aceite correspondiente el pimiento, las cebollas y el puerro, todo picado. Añade los dientes de ajo con su piel, y agrega posteriormente las lentejas, que se rehogarán con la punta del jamón. Vierte el agua caliente y deja cocer lentamente, removiendo de vez en cuando para que no se queden pegadas en el fondo de la cazuela. Al cuarto de hora de cocción añade las patatas peladas y troceadas. Cuando estén blandas las lentejas, tritura todo, retirando la piel de los ajos, y se cuela por un chino fino (también se puede hacer con el pasapuré). Sazona.

Para los complementos

Escalda la calabaza unos instantes en agua hirviendo con sal, que previamente habremos troceado en taquitos, escúrrela bien y saltea con una cucharada de aceite. Corta el queso de cabra fresco en pequeños tacos. Haz lo mismo con el mi-cuit. Bate las yemas con el resto del aceite y el jugo de trufa.

Salteando los daditos de calabaza

Final y presentación

Vierte unas cucharadas de la crema fina de lentejas en un plato hondo, añade por encima los taquitos de calabaza, de foie gras y de queso de cabra, distribuyéndolos de forma caprichosa. Agrega también por encima la yema trufada y decora con las hojas de tomillo limonero.

SI NO ENCUENTRAS

Lentejas o no tienes tiempo para hacerlas, usa lentejas precocidas y envasadas
Jamón ibérico, sustitúyelo por jamón
Queso de cabra, utiliza cualquier queso cremoso
Foie gras mi-cuit, sustitúyelo por paté
Jugo de trufa, prescinde de él
Tomillo limonero, puedes emplear perejil

Cortando el foie gras

MIS TRUCOS

Cuando tengo lentejas de buena calidad, lo que más me gusta es hacerlas simplemente viudas, añadiéndoles, para perfumarlas, unos granos de anís estrellado durante la cocción, sobre todo si se trata de hacer un puré o crema.
Siempre es bueno envolver el anís estrellado en una redecilla para poder recuperarlo y no triturarlo después. Si se quiere adelantar la cocción de las lentejas es conveniente saltearlas durante unos minutos con aceite antes de su cocción, así se cocerán en tan sólo 20 o 25 minutos.
Los variedades de lenteja más comercializadas en España son: la rubia castellana, la rubia de Armuña, un poco mayor que la anterior, la pequeña Pardina, llamada también la francesa, que por su alto contenido en hidratos de carbono engorda más el caldo en su cocción; y la diminuta verdina, de color verdoso, que es la más aconsejable para utilizar en cremas y purés.
Para cortar el foie gras frío es conveniente usar un cuchillo afilado, que pasaremos previamente por agua hirviendo, secando y cortando. Hay que repetir esta operación cada vez que se corte un trozo.

Tocino de cerdo ibérico con navajas en sopa de lechuga y lima

Haciendo el tocino a la plancha

Preparando las navajas

Escaldando la lechuga

Triturando la lechuga

Ingredientes para 4 personas

Para el tocino

800 g de tocino ibérico (mejor panceta), 200 g de sal gorda, 3 dientes de ajo, 1 cucharadita de pimienta negra, unos pocos cominos, 2 clavos de olor y agua

Para las navajas a la plancha

200 g de navajas, 2 cucharadas de aceite de oliva y el zumo de medio limón

Para la sopa de lechuga y lima

Una lechuga repolluda pequeña (batavia o iceberg), 2 dl de consomé ligero de ave, un ramillete de perifollo, unos cubitos de hielo (para refrescar la lechuga), 1 cucharadita de azúcar, el zumo de 1 lima, 2 cucharadas de aceite de oliva virgen

Elaboración

Para el tocino

Mezcla en seco todos los ingredientes, salvo el agua y el tocino, y macera con ello el tocino. Limpia bien al chorro de agua fría. Después, pon a cocer en la olla a presión (unos 35 minutos). Retira y deja enfriar sin meter en el frigorífico.

Para las navajas a la plancha

Limpia bien las navajas. Ponlas con el aceite en una plancha y que se hagan a fuego vivo unos instantes. Rocíalas con el limón y retira las conchas, conservando la carne.

Para la sopa de lechuga y lima

Limpia la lechuga hoja por hoja. Escalda las hojas unos instantes en el consomé sazonado y con el azúcar. Refresca las hojas en agua con hielo. Tritura las hojas, añadiendo el perifollo y parte del caldo. Reduce ligeramente al fuego, añadiendo el zumo de lima y, al final, el aceite.

Final y presentación

Trocea el tocino y pásalo por una sartén antiadherente a fuego vivo hasta que se dore. Coloca en la base del plato unas cucharadas de la sopa. Encima sitúa el tocino caliente y sobre el mismo la carne de las navajas recién salteadas.

SI NO ENCUENTRAS

Tocino ibérico o panceta, usa en su lugar tocino
Cominos o clavos de olor, prescinde de ellos
Navajas, emplea chirlas, almejas u otro molusco
Consomé, utiliza cubitos de caldo o agua
Lima, puedes suplirla por limón
Aceite de oliva virgen, puedes sustituirlo por aceite de oliva

MIS TRUCOS

La maceración del tocino conviene hacerla seis horas antes de su utilización, sobre todo si el tocino es de cerdo blanco, con el principal objetivo de que pueda adquirir más sabor.

Si cocemos el tocino en una olla normal y el trozo está entero, lo más adecuado es hacerlo con poca agua y a una temperatura lo más baja posible: unas 3 horas, para que no se vuelva gomoso, quedando, por el contrario, tierno y fundente.

La cocción a la plancha de la mayoría de los moluscos y otros frutos de mar, como en el caso de almejas, espardenyes (cohombros de mar), calamares, etc., debe ser mínima, ya que si nos pasamos de punto, lejos de conseguir que estén lo suficientemente tiernos se vuelven gomosos e incluso, especialmente en el caso de las navajas, incomibles por correosas.

Si añadimos a la lechuga verde algunas hojas rojas (iceberg roja, lollo rosa, hoja de roble, etc.), además de agregar sólo una pequeña cantidad por su sabor amargo, podremos echar un poco más de azúcar para contrarrestar precisamente ese gusto amargo, que recuerda al de la nuez.

Arroz cremoso marinero con salmonetes a la plancha

Ingredientes

Cociendo el arroz

Friendo el perejil

Salteando los salmonetes

Ingredientes para 4 personas

Para el arroz cremoso

180 g de arroz bomba,1 cebolla pequeña, 2 ajos picados, 1 pimiento verde, 200 g de mejillones (previamente abiertos, blanqueados en agua con sal), una copa de vino blanco seco, tres cuartos de litro de caldo o fumet de pescado, unas hebras de azafrán, 6 cucharadas de aceite de oliva, 2 cucharadas de aceite de oliva virgen extra, perejil picado, sal y pimienta

Para los salmonetes

4 salmonetes de 250 g cada uno, 3 cucharadas de aceite de oliva y sal de Maldon

Además

Unas hojas de perejil frito

Elaboración

Para el arroz cremoso

Pon el aceite de oliva al fuego en una cazuela. Añade la cebolla y el pimiento verde (ambos muy picados) y déjalos pochar a fuego lento hasta que estén muy blandas ambas hortalizas. Agrega los ajos picados y deja hacer un par de minutos más. Añade entonces el arroz y remueve un par de minutos. Agrega el vino y cuece hasta que se evapore. Añade la carne de los mejillones picados y echa, poco a poco (cazo a cazo), el caldo. El arroz debe estar siempre cubierto por un poco de caldo. A los diez minutos de cocción añade el azafrán (que habremos disuelto en un poco de caldo). A los quince minutos de cocción añade el aceite de oliva virgen extra y remueve con una cuchara de madera y salpimenta. Saca del fuego, tapa la cazuela y deja en reposo durante unos dos minutos. Añade el perejil picado al final de todo.

Para los salmonetes

Desespina los salmonetes y filetéalos. Pon a fuego vivo una sartén con un poco de aceite de oliva y dos lomos de cada salmonete para que se hagan durante unos instantes por cada lado (debe quedar poco hecho). Repite la operación con el resto de los salmonetes. Sazona al sacarlos del fuego con las gemas de sal o sal de Maldon.

Final y presentación

Coloca el arroz cremoso en un costado del plato, esparciéndolo de forma caprichosa. Recostados sobre el mismo y, en un costado, sitúa los lomos de salmonete calientes y sazonados. Coloca encima unas hojas de perejil frito.

SI NO ENCUENTRAS

Arroz bomba, puedes suplirlo por otro tipo de arroz
Fumet de pescado, puedes emplear en su lugar agua
Aceite de oliva virgen extra, sustitúyelo por aceite de oliva
Sal de Maldon, emplea en su lugar sal común

MIS TRUCOS

El caldo o fumet de pescado se puede hacer con las cabezas y raspas de los salmonetes y con el agua de cocción de los mejillones, debidamente colados y no muy cocidos, ya que sino se concentra excesivamente. Para sacar los filetes del salmonete hay que usar un cuchillo fino y bien afilado. Debe retirarse la espina central y las pequeñas espinas laterales, utilizando para ello unas pinzas. Hay que ser muy minucioso en esta operación de retirar todas y cada una de las espinas del pescado.
Los salmonetes más pequeños son los más adecuados para freírlos enteros; los de mayor tamaño pueden emplearse para hacerlos al horno, en papillote o en lomos desespinados.
Es aconsejable comprar los salmonetes con escamas, ya que al desescamarlos su coloración se vuelve más viva y puede fácilmente engañarnos. Entre los mejores salmonetes se encuentran los llamados "ojo de perdiz", que poseen, como su nombre indica, una mancha algo más oscura que rodea los ojos.

Espárragos blancos en dos texturas, con crema espumosa de queso fresco y aceituna negra

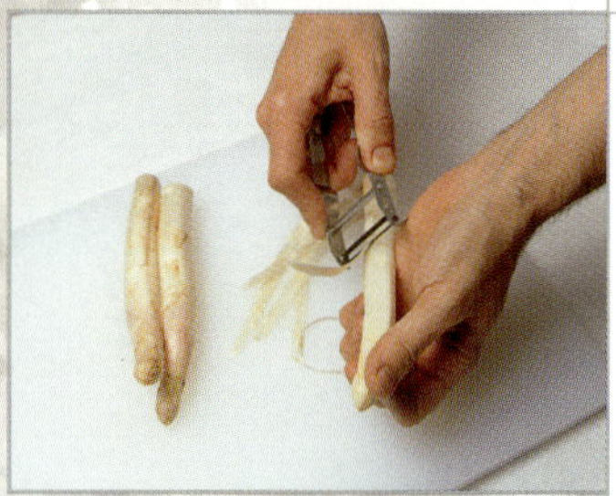
Pelando los espárragos

Ingredientes para 4 personas

Para los espárragos cocidos

400 g sólo de puntas de espárrago blanco fresco, agua, 1 cucharadita de azúcar y sal

Para los espárragos salteados

200 g de tallos y 100 g de puntas de espárragos blancos frescos, medio diente de ajo picado, 4 cucharadas de aceite de oliva, flores de sal

Para la crema espumosa

1 dl de queso fresco líquido, 6 cucharadas de aceite de oliva virgen extra, 4 o 5 cucharadas del caldo de cocción de los espárragos, una pizca de pimienta blanca y otra pizca de nuez moscada, 50 g de aceituna negra y sal

Además

Unas hebras de cebollino

Salteando los tallos y las puntas

Elaboración

Para los espárragos cocidos

Pela todos los espárragos. Separa las yemas de los tallos (reservando algunas puntas y los tallos para la siguiente elaboración). Cuece las puntas (400 g) en abundante agua con sal y el azúcar y mantenlos unos 15 minutos (deben quedar tersos, no blandengues). Reserva en este caldo tibio hasta su uso.

Para los espárragos salteados

Peladas las puntas y tallos de espárrago que teníamos reservados, corta estos últimos en láminas finas y las puntas por la mitad. Saltea las puntas y tallos laminados a fuego vivo con un poco de ajo y el aceite correspondiente. Deben quedar tersos. Escurre bien y sazona con las flores de sal.

Montando la crema

Para la crema espumosa

Bate el queso fresco añadiendo poco a poco el aceite y si queda muy grueso, rebaja con un poco de caldo de cocción de los espárragos. Salpimenta y añade la nuez moscada rallada. Añade, sin batir, por encima la aceituna negra, que picaremos muy fina y en el momento de servir.

Final y presentación

Coloca de forma irregular las puntas de espárragos cocidas. A su lado sitúa los tallos y las yemas de espárrago salteadas. Salsea alrededor con la crema espumosa de queso con aceituna negra y decora con hebras de cebollino.

SI NO ENCUENTRAS

Flores de sal, puedes sustituirlas por sal gorda
Queso fresco líquido, emplea en su lugar un yogur natural sin azúcar muy batido
Aceite de oliva virgen extra, utiliza aceite de oliva
Nuez moscada, puedes prescindir de ella
Cebollino, usa en su lugar hojitas de perejil

Picando las aceitunas

MIS TRUCOS

Para pelar los espárragos hay unos aparatos especiales (de venta en ferreterías), de forma similar a los pelapatatas, ya que hacerlo con cuchillo (un cuchillo mondador de hoja giratoria) exige mucha más destreza y se tarda más tiempo. En cualquier caso, se pelan con cuidado, desde la punta hacia la base del tallo; también hay que cortar siempre un trozo de la base del tallo, que es más duro y fibroso.

Para cocerlos es mejor hacerlo en manojos atados con un cordelito fino, sin que estén demasiado apretados. Otra cosa que hay que tener en cuenta para que no se rompan las puntas o yemas en la cocción es que hay que colocar los espárragos en la cazuela con las puntas hacia arriba. Las puntas no deben tocar el agua, así la cocción se hace más uniformemente, ya que la yema se cuece simplemente con el vapor, mientras que los tallos, más duros, deben estar en plena agua hirviendo.

Verduras a la brasa con bacalao confitado y vinagreta de pasas y piñones

Asando las verduras

Confitando el bacalao

Preparando la vinagreta

Montando el plato

Ingredientes para 4 personas

Para las verduras a la brasa

2 cebollas muy pequeñas, media berenjena, 1 pimiento rojo, 200 g de brécol, 1 pimiento verde, 4 dientes de ajo con piel, aceite de oliva virgen y sal

Para el bacalao confitado

4 lomos de bacalao, ya desalado, de 160 g cada uno (aprox.), 300 g de tocino de jamón ibérico, 1 dl de aceite de oliva, 1 ramita de tomillo fresco

Para la vinagreta de pasas y piñones

1 dl de aceite de cacahuete, 2 cucharadas de oporto blanco dulce, 3 cucharadas de vinagre de jerez, 15 g de pasas y 20 g de piñones y sal

Elaboración

Para las verduras a la brasa

Corta el brécol en pequeños trozos y colócalo con el resto de las verduras sobre la parrilla. La brasa debe de estar baja de intensidad, dándole vueltas por todos los lados para que se asen perfectamente, no importando que queden un poco ahumadas o ennegrecidas. A los 20 minutos sácalas y pela las verduras que corresponda. Corta los pimientos en tiras, y en rodajas la berenjena; corta la cebolla en anillas o, simplemente, por la mitad. Los ajos sólo pelados. Aliña con el aceite y sazona con la sal las verduras, todavía en caliente.

Para el bacalao confitado

Trocea el tocino de jamón y derrítelo a fuego muy suave en una cazuela; una vez derretida, cuela esta grasa con una estameña o paño limpio. Añade el aceite y la ramita de tomillo y pon esta cazuela de nuevo al fuego, muy lento, sin que apenas hierva. Introduce los lomos de bacalao, cubriéndolos con la grasa, y déjalos confitar a fuego lento durante 8 o 9 minutos, dependiendo del grosor de los lomos del pescado.

Para la vinagreta de pasas y piñones

Mezcla todos los ingredientes líquidos sin que lleguen a emulsionarse, añadiendo al final las pasas y los piñones. Deja reposar la vinagreta de 5 a 10 minutos.

Final y presentación

Escurre perfectamente los lomos de bacalao, deposítalos en un costado del plato, y coloca las verduras asadas y aliñadas en paralelo; vierte por encima del bacalao y alrededor del mismo unas cucharadas de la vinagreta.

SI NO ENCUENTRAS

Tocino de jamón ibérico, puedes utilizar tocino de cerdo blanco
Aceite de cacahuete, puedes emplear en su lugar aceite de girasol
Oporto blanco dulce, puedes suplirlo por cualquier vino dulce blanco
Vinagre de jerez, utiliza un vinagre de vino
Piñones, puedes cambiarlos por nueces picadas
Tomillo fresco, usa tomillo seco, pero siempre en menor cantidad

MIS TRUCOS

En caso de no tener parrilla se puede preparar en una barbacoa portátil. También se pueden asar en un horno a 180º, mojando ligeramente las hortalizas con un poco de aceite, durante unos 30 minutos. Es conveniente poner cada verdura, una vez asada, en una bolsa de papel para que se terminen de hacer durante diez minutos más hasta que estén tibias.

A las verduras asadas se les puede añadir ajo picado crudo y sazonar con gemas de sal.

En caso de que nos sobren verduras para el día siguiente, podemos hacer un puré de las mismas, aliñándolo con aceite de oliva virgen, un poco de vinagre, sal y pimienta. Y puede servirnos tanto de guarnición, por ejemplo con unas anchoas marinadas, como de aperitivo sobre pan tostado.

Espárragos con mahonesa de trigueros y picadillo de aceituna negra

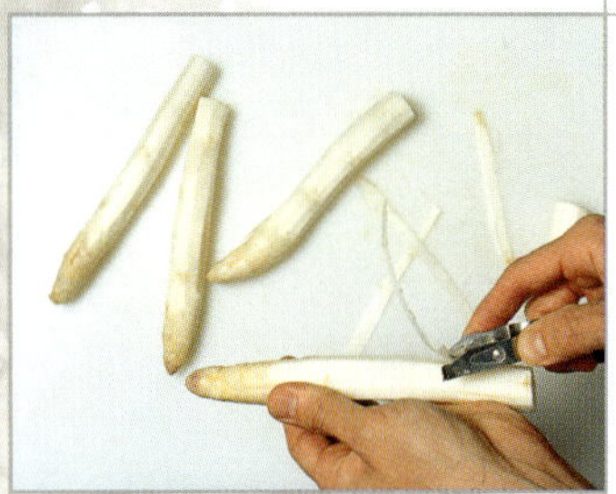

Pelando los espárragos

Cociendo los espárragos

Haciendo la mahonesa de trigueros

Picando la aceituna negra

Ingredientes para 4 personas

Para los espárragos cocidos

1 kg de espárragos blancos frescos de Navarra, litro y medio de agua, una cucharadita de azúcar y sal

Para la mayonesa de aceite de oliva y trigueros

200 g de espárragos verdes, trigueros o de jardín, medio litro de caldo de ave, un dl de aceite de oliva virgen, 1 yema de huevo, unas hojas de perejil, 1 cucharadita de sésamo tostado, el zumo de medio limón y sal

Para el picadillo de aceituna negra

50 g de aceitunas negras, 2 cucharadas de aceite de oliva, 4 cucharadas de vino dulce y 2 cucharaditas de vinagre de jerez

Además

Espárragos trigueros salteados en la sartén con un poco de aceite y sal

Elaboración

Para los espárragos cocidos

Pela los espárragos y córtalos por la mitad utilizando sólo las yemas (guarda los tallos para otros usos), cociéndolos en agua con sal y el azúcar. Cuando surjan los borbotones, tenlos entre 20 y 25 minutos (según el grosor); pasado este tiempo, apaga el fuego y mantenlos en el caldo hasta su utilización.

Para la mahonesa de aceite de oliva y trigueros

Trocea los espárragos y saltéalos a fuego vivo con el aceite correspondiente; moja con el caldo de ave y cuece aproximadamente unos 10 minutos, añadiendo el perejil. Cuando esté hecho, tritura y cuela el conjunto. Monta una mahonesa con el aceite, la yema de huevo, sal y el zumo del limón; cuando esté montada, añade la preparación anterior con mucho cuidado para que no se corte, agregando por último el sésamo.

Para el picadillo de aceituna negra

Macera las aceitunas con el resto de los ingredientes durante una hora. Quita el hueso y pícalas muy finamente.

Final y presentación

Coloca en un costado del plato los espárragos cocidos y bien escurridos (aún tibios) y alrededor esparce un poco de la mahonesa de trigueros y decora con el picadillo de aceituna negra y los espárragos verdes salteados.

SI NO ENCUENTRAS

Espárragos frescos, utiliza envasados
Caldo de ave, utiliza agua
Sésamo, prescinde de él
Aceite de oliva virgen, sustitúyelo por aceite de oliva
Vinagre de jerez, emplea otro tipo de vinagre

MIS TRUCOS

Cuando compremos espárragos frescos debemos fijarnos en las puntas. Deben estar bien apretadas, con las escamas muy próximas, y sin manchas o signos de humedad. El tallo debe estar rígido, quebradizo, de corte brillante. Desecha los rotos, marchitos, duros o secos.

Para pelar los espárragos hay un utensilio específico que se vende en las ferreterías. Hay que raspar de arriba abajo, a partir de la yema.

Antes de cocerlos es importante elegirlos de parecido calibre para que así tengan una cocción uniforme.

Hay que tener cuidado de que no se rompan las yemas en la cocción. Para que esto no ocurra, hay que colocar los manojos de espárragos ligeramente atados con un cordel en la cazuela, con las puntas para arriba, casi sin tocarles el agua, de tal forma que los tallos se cuezan en el agua hirviendo y las yemas, más blandas, se hagan sólo con el vapor que desprende la cocción.

Patata rellena de ropa vieja con crema de cocido y berza frita

Torneando las patatas

Licuando el cebollino

Friendo la berza

Rellenando las patatas

Ingredientes para 4 personas

Para la crema de cocido

700 g de carne de morcillo o jarrete de ternera,1 hueso de ternera, un cuarto de gallina, 1 punta de jamón, 2 puerros, 1 zanahoria, 1 cebolla, 4 dientes de ajo con su piel, 180 g de garbanzos, un ramillete de perejil, 1 cucharada de jugo de trufa (opcional), unas hebras de azafrán, agua y sal

Para la patata rellena

8 patatas pequeñas, 1 cebolla grande, 1 pimiento verde, 2 huevos batidos, aceite de oliva, agua y sal, así como la carne cocida que tenemos reservada

Para el aceite de cebollino

Un manojo de cebollino, 1 dl de aceite de oliva virgen

Además

Unas hojas de berza frita, unas hojas de eneldo o perejil y unos garbanzos cocidos (que hemos reservado) y después fritos, hasta que estén crujientes, y perejil picado

Elaboración

Para la crema de cocido

Previamente puestos en remojo, pon los garbanzos (mejor en redecilla) con las verduras, especias y carnes en una olla cubierta de agua a cocer durante unas 3 horas (en la olla a presión se reduce el tiempo a menos de la mitad). Espuma al comienzo de la cocción. Sazona. Una vez cocidos los garbanzos, colócalos (reservando unos pocos para la guarnición) en una batidora-calentadora (o se puede cocer unos minutos y luego triturar) con el caldo de cocción y el jugo de trufa. (Reserva la carne y el jamón.) Cuela y sazona.

Para la patata rellena

Pela y tornea las patatas (en forma tubular) vaciando parte de su interior. Cuece unos minutos las patatas en agua con sal. Después, escurre y hornearlas con un poco de aceite (unos 8 minutos) a 180º (deben quedar blandas pero no rotas, más bien tersas). Por otra parte, en una cazuela pocha la cebolla y el pimiento y agrega la carne de cocido deshilachada y el jamón picado. Rehoga a fuego vivo y añade los huevos. Sazona. Haz un revuelto jugoso (casi líquido) y rellena las patatas con este revuelto.

Para el aceite de cebollino

Licua el cebollino y mézclalo con el aceite. Deja en maceración al menos 2 horas.

Final y presentación

Da un golpe de horno a las patatas rellenas y colócalas en el plato. Salsea alrededor con la crema de cocido, espolvoreando por encima el perejil picado. Decora con la berza y los garbanzos fritos, así como con la ramita de eneldo o perejil.

SI NO ENCUENTRAS

Carne de morcillo, puedes emplear falda o costilla
Gallina, puedes utilizar en su lugar pollo
Berza, puedes usar cualquier otro tipo de col
Jugo de trufa, es opcional y, por tanto, se puede prescindir del mismo
Cebollino, puedes suplirlo por perejil
Licuadora, tritura el cebollino, machacándolo en un mortero y añadiéndole caldo o agua y colándolo lentamente con un paño o estameña

MIS TRUCOS

Si se elabora el caldo base con una punta de jamón debe tenerse mucho cuidado a la hora de sazonar. Por eso es mejor rectificar de sal al final de la cocción ya que al reducirse el caldo, y después la crema, coge mucha fuerza gustativa.

Esta salsa de garbanzos puede acompañar perfectamente a unas carrilleras de ternera, que guisaremos pacientemente con un poco de salvia y vainilla, que lejos de ocultar el sabor del estofado (al menos si no se abusa de ellas) le dan mayor relevancia gustativa.

Aunque el garbanzo ha sido asociado históricamente al hambre y a la penuria, y en todo caso a la cocina popular de las ollas, también se puede aplicar a recetas de alta cocina, como lo hizo mi amigo Hilario Arbelaitz, al acompañar el foie gras con un refinado caldo de garbanzos.

En este caso, además del jugo de trufa, resulta conveniente añadir a este caldo un poco de foie gras para darle mayor empaque y untuosidad.

Menestra primaveral de cordero con frutas, verduras y setas

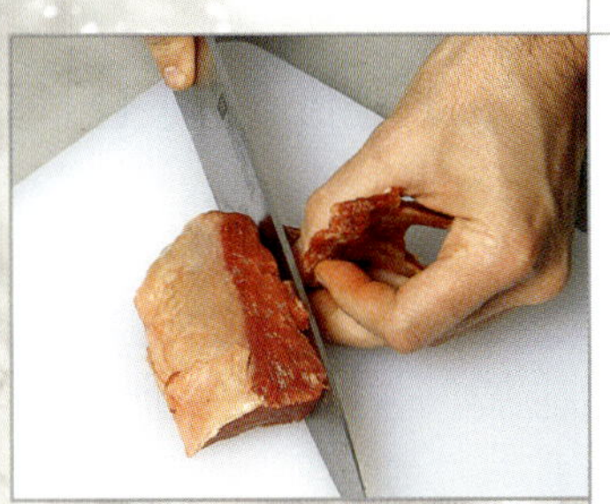

Cortando el cordero

Preparando las frutas

Preparando las verduras

Elaborando el jugo de cordero

Ingredientes para 4 personas

Para las verduras

150 g de habas frescas (peladas y repeladas), 4 ajos frescos, 1 cebolleta, 150 g de patatas nuevas pequeñas, 40 g de jamón ibérico picado fino, 1 dl de caldo de verduras, aceite de oliva, 1 dl de agua y sal

Para el jugo de cordero

Recortes y huesos de cordero, 2 cucharadas de aceite de oliva, 2 guindillas dulces, unas hebras de azafrán, 1 dl de vino blanco, 1 dl de agua y sal

Para el cordero

450 g de falda o pierna de cordero lechal, 4 cucharadas de aceite de oliva, 1 ajo fresco picado y sal

Además

Setas de primavera, como la seta de San Jorge (sisa, perretxiko), salteadas con ajo fresco y sal, así como manzanas y naranjas salteadas con una nuez de mantequilla y jugo de limón. Y perejil picado

Elaboración

Para las verduras

Una vez peladas, cuece las patatas en agua con sal durante 5 minutos, secándolas bien. Pon a freír a fuego lento, con un chorrito de aceite, los ajos frescos y la cebolleta bien picados; cuando estén blandos, pero sin tomar color, añade el jamón picado y las patatas y saltéalas. Agrega las habas repeladas. Saltea el conjunto añadiendo poco a poco el caldo y deja cocer unos 5 minutos (cuando las habas estén tiernas pero tersas). Sazona.

Para el jugo de cordero

Coloca en una brasera los huesos y recortes de cordero y dóralos con el aceite correspondiente. Añade el agua y el vino, desglasando la brasera, y las guindillas picadas y el azafrán. Reduce el jugo, sazona y cuela.

Para el cordero

Saltea, justo hasta que coja color, el cordero (previamente sazonado) con el ajo fresco picado y el aceite señalado. Reserva al calor hasta el momento de servir.

Final y presentación

Coloca en un plato caliente el cordero salteado formando una línea. A uno de sus costados sitúa las verduras de igual modo y al otro las frutas, dibujando otra línea simétrica, y al lado opuesto sitúa de idéntica forma las setas. Salsea por encima del cordero y alrededor del mismo con el jugo al azafrán. Espolvorea por encima con el perejil picado.

SI NO ENCUENTRAS

Patatas nuevas pequeñas, emplea cualquier tipo de patata
Jamón ibérico, utiliza jamón de cerdo blanco
Caldo de verduras, usa agua
Azafrán, se puede prescindir de él
Cordero lechal, se puede sustituir por cordero de pasto
Setas de primavera, en su lugar utiliza champiñones

MIS TRUCOS

La buena conservación de las verduras es algo completamente vital para el éxito de sus elaboraciones. Es conveniente que desde su recolecta a su consumo pase el menor tiempo posible, pero en todo caso hay que tener cuidado de tenerlas mucho tiempo a temperatura ambiente, ya que al perder agua se ponen rápidamente lacias.

Es conveniente guardarlas en un lugar seco, fresco y oscuro. Las hortalizas de hoja es preciso tenerlas a más baja temperatura, unos 5°, y de 10 a 12° las llamadas hortalizas de fruto.

Es muy recomendable mantener, si no se utilizan inmediatamente, las habas dentro de su vaina y desgranarlas justo en el momento de elaborar el plato.

Las habas muy tiernas y pequeñas pueden cocinarse con su piel, pero siempre que sea posible es preferible repelarla, es decir, no quitar sólo el calzón sino también la piel que la recubre.

Las sisas o perretxikos poseen un extraordinario aroma a harina fresca y es conveniente cocinarlos muy brevemente, ya que sino pierden sus propiedades, principalmente las aromáticas. Que es, por cierto, su principal gracia.

Guisantes tiernos con huevo escalfado y tacos de bacalao frito

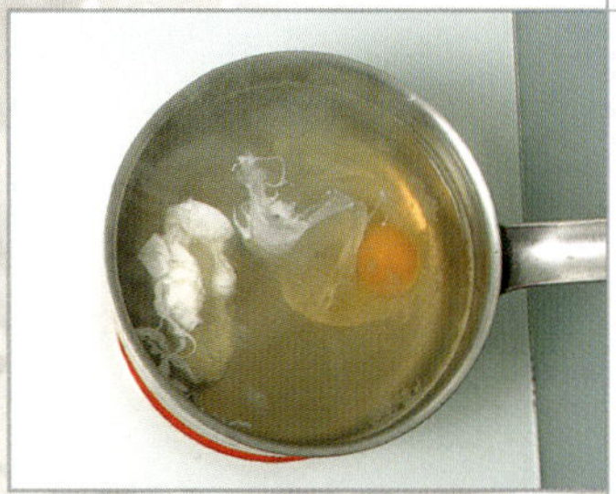
Escalfando los huevos

Enfriando los huevos escalfados

Estofando los guisantes

Friendo los tacos de bacalao

Ingredientes para 4 personas

Para los huevos escalfados

4 huevos, 1 cucharada de vinagre, agua, cubitos de hielo y sal

Para los guisantes estofados

450 g de guisantes frescos (desgranados), 5 cucharadas de aceite, 1 diente de ajo, una cebolleta fresca picada, agua o líquido de la cocción de las vainas de los guisantes y sal

Para el bacalao frito

Un taco grueso de bacalao en salazón (ya desalado) de 300 g, 4 cucharadas de aceite de oliva virgen extra, una pizca de mejorana fresca picada, 1 diente de ajo

Además

Perejil picado

Elaboración

Para los huevos escalfados

Pon una cazuela al fuego con abundante agua y una cucharada de vinagre y añade los huevos sin cáscara (mejor depositarlos antes en una taza para evitar que se rompan) cuando hierva el agua. Cuando esté la clara cuajada y la yema líquida (unos 3 minutos), sácalos con la ayuda de una espumadera y sumérgelos en agua fría (con hielos) y con sal. Posteriormente, déjalos escurrir unos segundos sobre un papel secante o un trapo.

Para los guisantes estofados

Pon en una cazuela el aceite, la cebolleta picada y el ajo en láminas y deja hacer un rato, sin que tomen color. Añade los guisantes y rehógalos bien. Después, añade agua poco a poco (mejor el caldo resultado de la cocción previa de las vainas de los propios guisantes). Hay que ir agregando el agua a medida que se vaya evaporando el caldo. Debe tener bastante jugo al término de la cocción. El guisante no debe quedar deshecho sino más bien terso, entero. Da punto de sal.

Para el bacalao frito

Corta el taco de bacalao en varios tacos de igual grosor pero más pequeños. Pon en una sartén el ajo laminado con el aceite y dóralo. Retira el ajo y fríe a fuego medio los pequeños tacos de bacalao, añadiendo al final de la cocción la mejorana. Escurre bien en un papel absorbente.

Final y presentación

Coloca en la base del plato los guisantes estofados. Sobre los que pondremos el huevo escalfado, así como los tacos de bacalao frito y escurrido. Espolvorea por encima el perejil picado.

SI NO ENCUENTRAS

Cebolleta fresca, puedes utilizar cebolla
Guisantes frescos, utiliza guisantes de lata, de calidad
Bacalao en salazón, usa bacalao fresco u otro pescado
Aceite de oliva virgen extra, sustitúyelo por aceite de oliva
Mejorana fresca, emplea orégano seco o prescinde de ella

MIS TRUCOS

Son preferibles para hacer este plato los guisantes más pequeños, recién germinados y de un color blanquecino, en lugar de los más oscuros dentro del verdor, ya que son mucho más dulces y blandos, así como menos harinosos.

El tiempo de cocción varía en función de la calidad del guisante, de su tamaño y del tiempo transcurrido desde su recolección, siendo muy corto para los recién cosechados y que están casi sin germinar, que se pueden comer casi crudos.

Para dar más gusto a los guisantes es conveniente que añadamos en lugar de agua un caldo que elaboraremos con agua y las vainas de éstos, que previamente habremos limpiado muy bien.

No compres nunca huevos sucios o cascados. En las tiendas, los envases deben estar en lugares frescos y aireados. Hay que fijarse siempre en la higiene del cartón, limpio y seco, así como en la fecha de envasado.

Al introducir el huevo en un recipiente con agua salada, cuanto más flote más viejo es.

Alcachofas fritas con berberechos, jamón y vinagreta de pan

Berberechos

Limpiando las alcachofas

Friendo las alcachofas

Cortando el pan para la vinagreta

Ingredientes para 4 personas

Para el salteado de berberechos

200 g de berberechos, 4 alcachofas, 3 cucharadas de aceite de oliva, cebollino picado, una hoja de salvia, el zumo de un cuarto de limón, agua y sal

Para las alcachofas fritas

4 alcachofas, 1 dl de aceite de oliva y sal

Para la vinagreta de pan

100 g de pan, 5 cucharadas de aceite de oliva, 2 cucharadas de vinagre de sidra, el zumo de media naranja y sal

Además

100 g de jamón ibérico cortado un poco grueso y aceite para freír, así como perejil picado

Elaboración

Para el salteado de berberechos

Limpia y deshoja las alcachofas, retirando las hojas exteriores y dejando sólo los corazones. Cuece en agua con sal el zumo de limón y la salvia. Cuando estén tiernas las alcachofas, se retiran del fuego y se trituran, junto con el cebollino, pasándolo después por un chino fino; si es necesario aligerar la salsa, agrega un poco más del caldo de cocción. Saltea los berberechos en una sartén e incorporar su carne a la salsa anteriormente elaborada, en la que los calentaremos unos instantes. Sazona.

Para las alcachofas fritas

Una vez limpias y deshojadas las alcachofas como hicimos para la salsa, trocéalas y fríelas a fuego medio con el aceite y con mucho cuidado de que no se quemen. Sazona. Es conveniente comenzar la fritura con el aceite frío y procurar que en ningún caso llegue a alcanzar una temperatura muy elevada.

Para la vinagreta de pan

Corta el pan en rodajas finas. Tuéstalas en el horno o en una plancha. Tritura, mezcla el resto de ingredientes y añade el pan tostado y pulverizado.

Final y presentación

Corta el jamón en tiras. Coloca en un plato los berberechos con la salsa correspondiente, situando de forma caprichosa las alcachofas fritas. Aliña los berberechos y las alcachofas con la vinagreta de pan. Fríe las tiras de jamón hasta que queden crujientes y disponlas sobre el conjunto del plato. Espolvorea por encima con el perejil picado.

SI NO ENCUENTRAS

Berberechos, puedes utilizar otro molusco como mejillones pequeños
Cebollino, sustitúyelo por perejil
Salvia, puedes prescindir de ella
Jamón ibérico, emplea en su lugar jamón de cerdo blanco

MIS TRUCOS

Para que no se ennegrezcan las alcachofas, antes de su cocción o de freírlas, es conveniente ponerlas en un recipiente con agua fría y el zumo de medio limón, no más, porque sino quedan excesivamente aciduladas. Es preferible que estén un poco oscuras antes que la acidez estropee su sabor natural.
Hay un truco infalible cuando se trata de cocerlas en agua y que no ennegrezcan apenas, y sin añadir limón o harina al agua. Consiste en no echarlas todas de una vez. Al incorporarlas por tandas, el agua no cesa de hervir, ya que al parecer cuando se enfría el agua es cuando más fácilmente se oxida esta hortaliza.
El berberecho se puede comer crudo o a la plancha. Hay una técnica para abrirlos en crudo que nos explicaba así el inolvidable Jorge Víctor Sueiro: "Se elige uno grande y se aprieta por sus conchas entre el pulgar y el índice de la mano derecha. En los mismo dedos de la otra mano se tiene otro berberecho, de modo que los ápices de las conchas se junten en cruz. El de la mano derecha actúa de abridor, girándolo muy apretado como palanca sobre los ápices del otro."

Tempura de verduras con salsa de porrusalda al hinojo y regaliz

Batiendo la masa de la tempura

Untando las verduras

Friendo las verduras

Haciendo la salsa

Ingredientes para 4 personas

Para la tempura de verduras

100 g de pimiento verde (cortados en tres partes), 2 zanahorias en bastones, 100 g de brécol (cortado en pequeñas flores), 100 g de pencas de acelga cortadas en rectángulos, 2 cebolletas en tiras, 1 calabacín en tiras (todas estas verduras escaldadas un par de minutos, por separado, en agua hirviendo con sal), 200 g de harina de tempura, 400 ml de agua (casi helada), 2 yemas de huevo, 100 g de harina (para rebozar), aceite de girasol (para freír)

Para la salsa

2 puerros, 1 patata pequeña, 1 palo de regaliz, 100 g de bulbo de hinojo, caldo de verduras, 4 cucharadas de aceite de oliva y sal

Además

Unas hebras de cebollino

Elaboración

Para la tempura de verduras

Reboza ligeramente las verduras en la harina correspondiente. Sacude el exceso de harina. Bate con suavidad en un bol la harina tempura, el agua muy fría y las yemas. Debe utilizarse de inmediato.

Calienta en una cacerola el aceite. En pequeñas tandas, baña las verduras en la pasta. Fríe ligeramente hasta que se doren un poco. Sácalas y escúrrelas, sobre un papel absorbente, la grasa.

Para la salsa

Casca la patata una vez pelada y trocea los puerros finamente. Saltea patatas y puerros con el aceite y moja con el caldo (debe cubrir a aquéllos). Añade el palo de regaliz y el hinojo picado. Deja cocer a fuego suave 20 minutos (hasta que la patata esté blanda). Entonces, cuela el caldo sin triturar. Reduce un poco al fuego y sazona.

Final y presentación

Coloca en la base de un plato hondo el caldo reducido y sobre él las verduras recién hechas y bien escurridas. Espolvorea con cebollino picado.

SI NO ENCUENTRAS

Brécol, usa en su lugar coliflor
Harina de tempura, utiliza harina de trigo normal
Palo de regaliz o hinojo, prescinde de ellos
Caldo de verduras, emplea agua
Cebollino, se sustituye por perejil

MIS TRUCOS

La harina de tempura se puede adquirir con cierta facilidad en tiendas especializadas en alimentación asiática. Esta curiosa harina contribuye a que resulte mucho más ligera la pasta de tempura .

Se puede suplir por harina común, pero entonces el batido base de esta fritura quedará sin duda más denso.

La pasta batida de la tempura no debe mezclarse demasiado a fondo, debe quedar grumosa o aterronada, llena de burbujas de aire. Y al utilizarla tiene que estar muy fría.

A la porrusalda se le puede agregar zanahoria y calabaza, que le aporta más dulzor, sobre todo si para darle más sabor se ha añadido una cola de bacalao en salazón.

Hongos en dos texturas, con crema de ajo y yema

Mostrando los hongos

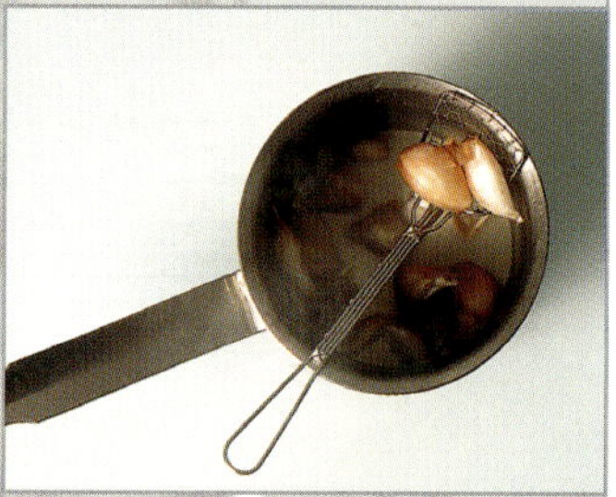

Cociendo la crema de ajo

Pintando los hongos

Preparando los hongos para el horno

Ingredientes para 4 personas

Para el carpaccio de hongos

200 g de hongo negro (mejor grandes), el zumo de medio limón, 1 diente de ajo, medio dl de aceite de oliva virgen extra, 3 cucharadas de vinagre balsámico tipo módena, una cucharadita de mostaza a la "antigua", sal y pimienta

Para los hongos al horno

400 g de hongos negros, 2 dientes de ajo, medio dl de aceite de oliva, 2 chalotas (o cebolletas), medio dl de caldo de carne y una cucharadita de perejil picado y sal

Para la crema de ajo

5 dientes de ajo, 2 dl de leche, 1 dl de nata y sal

Además

Yema batida con 2 cucharadas de aceite y un poco de jugo de trufa

Elaboración

Para el carpaccio de hongos

Limpia los hongos y filetéalos en láminas casi transparentes. Por otra parte, en un bol untado con el ajo, pon el aceite con el zumo de limón, batiendo ligeramente. Añade entonces el vinagre balsámico y la mostaza y remueve, pero sin llegar a ligar. Salpimenta. Coloca después esta vinagreta en una fuente, un par de minutos antes de emplatar, e introduce las láminas de hongos, macerándolas por ambos lados.

Para los hongos al horno

Corta los hongos toscamente, reservando algunos pies o tallos de los mismos, pocha la chalota, cortada finamente, con los dientes de ajo muy picados durante una media hora, añade entonces los tallos reservados, saltea y liga todo con el caldo de carne. Coloca en una brasera esta preparación y sobre la misma sitúa los hongos dándoles el punto de sal, que pintaremos también con el jugo que ha soltado la elaboración precedente. Hornea a 180° durante unos 20 minutos, añadiendo durante la cocción el jugo que vaya soltando por encima de los hongos. Al sacar, espolvorea con perejil picado.

Para la crema de ajo

Hierve lentamente durante 40 minutos los ajos con la leche y, una vez cocidos, tritura añadiendo la nata y dejando reducir todo ello al fuego durante 10 minutos. Sazona.

Final y presentación

Dispón en un lado del plato el carpaccio de hongos ya aliñado a temperatura ambiente, y en el otro lado coloca los hongos hechos al horno. En medio de ambos pon la crema de ajo y sobre ella la yema batida con aceite y el jugo de trufa.

SI NO ENCUENTRAS

Hongos o setas, utiliza champiñones
Aceite de oliva virgen extra, emplea aceite de oliva
Vinagre balsámico, se puede sustituir por cualquier vinagre de calidad
Caldo de carne, puedes usar cubitos solubles de caldo
Jugo de trufas, prescinde de él

MIS TRUCOS

No todos los hongos o setas se deben comer crudos, tanto el hongo negro *(Boletus aereus)* como el hongo calabaza *(Boletus edulis)* admiten bien esta forma de prepararlos; también las setas de Orduña (perretxikos, sisas) mantienen, al consumirlas crudas, todo su aroma.

Sin embargo, en ningún caso, se debe consumir cruda una seta como la Morilla, pues resultaría tóxico.

Si recoges personalmente las setas, jamás debes amontonarlas en una bolsa de plástico. Las setas pueden, como se dice comúnmente entre los seteros, acalorarse. Si quieres conservar las setas en aceite, es conveniente blanquearlas durante dos o tres minutos en agua con sal antes de envasarlas, preferentemente en tarros de cristal.

Para limpiar los hongos, hay que raspar las partes sucias de tierra que suelen tener; es mejor no mojarlos, sino pasarlos un paño hasta que queden perfectamente limpios.

Oronjas *(Amanita caesarea)* con langostinos y vinagreta de almendras

Las amanitas

Salteando las setas

Haciendo los langostinos

Ingredientes de la vinagreta

Ingredientes para 4 personas

Para las oronjas

600 g de oronjas, medio dl de aceite de nuez, agua y sal

Para los langostinos salteados

12 langostinos frescos, 4 cucharadas de aceite de oliva, 1 diente de ajo, medio vaso de vino blanco seco, 2 cucharadas de vinagre de sidra y sal

Para la vinagreta de almendras

5 cucharadas de aceite de oliva virgen extra, 100 g de almendras tiernas, 1 cucharada de vino de uvas agraces (agraz verjus) y una cucharadita de cebollino o de perejil picado

Además

Perejil picado

Elaboración

Para las oronjas

Limpia con cuidado las setas, eliminando con la ayuda de un cepillo los restos de tierra y las hojas que pueda haber entre las láminas. Una vez limpias, ponlas ligeramente sobre el chorro de agua y sécalas de inmediato. Córtalas por la mitad. Pon el aceite en una sartén al fuego y saltéalas por espacio de 6 a 7 minutos. Dales el punto de sal.

Para los langostinos salteados

Pela los langostinos y saltea las cabezas y cáscaras con la mitad del aceite y moja con el vino blanco y el vinagre, reduce ligeramente y cuela. Saltea con el resto del aceite los langostinos pelados y sazonados, añadiendo el ajo muy picado. Agrega el jugo anterior, rectificando de sal, y mantén al fuego unos instantes.

Para la vinagreta de almendras

Mezcla cuatro cucharadas del aceite con el agraz y el cebollino picado. Pela las almendras y córtalas en filetes, saltéalas con el aceite restante durante unos minutos y añádelas a la vinagreta.

Final y presentación

Coloca sobre el plato de forma caprichosa las setas intercaladas con los langostinos salteados. Añade por encima la vinagreta de almendras y espolvorea con el perejil picado.

SI NO ENCUENTRAS

Oronjas, emplea otro tipo de seta, silvestre o cultivada

Aceite de nuez y aceite de oliva virgen, utiliza aceite de oliva

Vinagre de sidra y agraz verjus, sustitúyelos por vinagre de vino

Cebollino picado, puedes suplirlo por perejil

MIS TRUCOS

Si bien es cierto que la *Amanita caesarea* es probablemente la seta más apreciada gastronómicamente, nos exige mucho cuidado en su tratamiento ya que es una seta muy delicada. Su consumo debe ser siempre inmediato, pues se descompone con enorme facilidad. Su fragilidad sólo es comparable con otra seta, la *Coprinus comatus*, llamada también matacandil o barbuda, que, como la oronja, es una seta de las más exquisitas, sobre todo en los ejemplares jóvenes. La época de esta barbuda es bastante extensa, ya que va desde comienzos de las primaveras lluviosas, se extiende por todo el otoño e incluso durante los inviernos suaves se puede encontrar en los céspedes y en el borde de los caminos. De todas formas, la oronja es una seta que hay que consumir siempre en pequeñas cantidades, sino es indigesta.

En todo caso, como regla general para las setas comestibles, deben consumirse cuando son jóvenes, siempre limpias y lo más cerca posible del momento de su recolección.

Gambas al ajillo y ajo blanco con granizado de sandía

Triturando el ajo blanco

Salteando los ajos y las gambas

Licuando la sandía

Raspando el congelado de sandía

Ingredientes para 4 personas

Para el ajo blanco

300 g de almendras con la piel, 2 dientes de ajo, 40 g de pan (mejor un poco seco), 3 cucharadas de aceite de oliva virgen extra, 1 cucharada de vinagre de jerez , agua y sal

Para las gambas al ajillo

3 ajos fresco , 12 gambas frescas, 3 cucharadas de aceite de oliva y sal de Maldon

Para el granizado de sandía

200 g de pulpa de sandía (sin pepitas), 2 cucharaditas de azúcar, el zumo de medio limón

Además

Unas hojas de perifollo

Elaboración

Para el ajo blanco

Escalda en agua hirviendo unos instantes las almendras para quitarles la piel. Una vez peladas, tritura las almendras junto con 1 dl de agua fría, el pan y los dientes de ajo. A esta pasta añade, poco a poco, el aceite sin dejar de batir (montándolo), agrega el vinagre y da punto de sal. Añade más agua fría hasta que quede una crema muy ligera y homogénea. Comprueba de nuevo el punto de sal. Reserva en lugar frío.

Para las gambas al ajillo

Pela y corta los ajetes en trozos pequeños. Saltéalos en una sartén con el aceite durante un minuto y resérvalo. En la misma sartén saltea las gambas (que habrás pelado previamente, dejando sólo sin pelar la punta de la cola) justo hasta que cambien de color, agregando al final los ajos y salteando todo junto unos instantes. Sazona al final.

Para el granizado de sandía

Licúa la pulpa de sandía (si no hay licuadora, tritura y cuela). Disuelve el azúcar en el zumo de limón. Mezcla ambas preparaciones e introdúcelas en el congelador unas cuantas horas.

Final y presentación

Saca del congelador el puré helado de sandía. Rasca con un tenedor o rasqueta con el objeto de obtener el granizado.

Coloca en un costado del plato las gambas y los ajetes recién salteados. Vierte unas cucharadas de ajo blanco frío. Dispón en otro costado una cucharada del granizado. Decora con el perifollo

SI NO ENCUENTRAS

Aceite de oliva virgen extra, usa aceite de oliva
Vinagre de jerez, emplea cualquier tipo de vinagre
Ajos frescos, utiliza ajo de despensa
Gambas frescas, se pueden sustituir por langostinos
Sal de Maldon, puedes emplear sal de mesa

MIS TRUCOS

Es preferible elegir las cabezas de ajo grandes, con unos dientes prietos que carezcan de puntos negros y toques mohosos. Pero, sobre todo, que sean muy firmes al tacto. Rechaza los que pesan poco y sus dientes parezcan huecos.
Antes de que se estropeen, es preferible conservar los ajos en aceite. Para ello, pela una cabeza y mete los dientes en un frasco de cristal, cubiertos de aceite, mejor de oliva.
Además de la conservación, tendremos un aceite aromatizado al ajo que se debe usar con bastante moderación, dado su penetrante sabor y aroma.
Aunque parezca fácil, pelar las gambas crudas tiene su dificultad. Primero hay que quitar la cabeza, después, sujetando bien la cola, se puede cortar el caparazón con una tijera, introduciendo la punta de la misma desde la parte donde estaba la cabeza hacia la cola. El corte no debe llegar hasta abajo si queremos conservar la cola por cuestiones estéticas. También es preciso retirar con cuidado (con la punta de la tijera) la tira negra de su lomo.
Para comprobar que una sandía está bien madura hay que darle un golpe, sujetando el dedo medio con el pulgar y soltándolo con fuerza sobre su cáscara. Si produce un ruido agudo, la sandía no estará madura. Por contra, si el ruido es grave es que se encuentra en su punto idóneo de consumo.

Cigalitas con ciruelas, pimiento rojo y bacón con vinagreta de cebollino

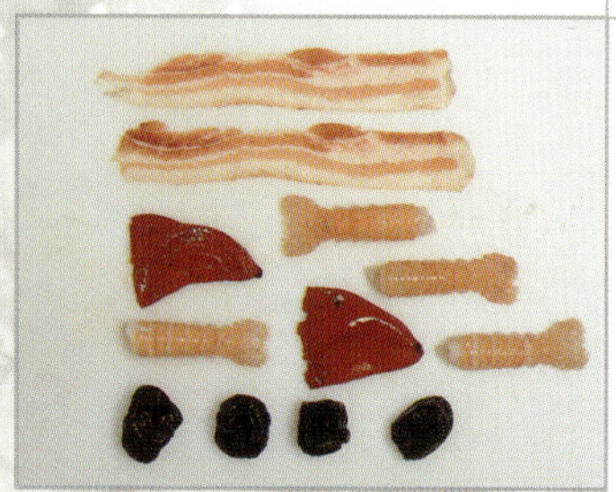

Los ingredientes

Cociendo las ciruelas

Confitando los piquillos

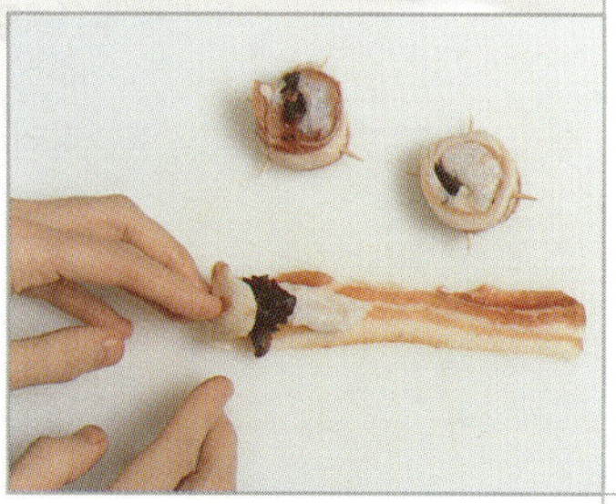

Preparando el rollito (cigala, ciruela y tocineta)

Ingredientes para 4 personas

Para las cigalas

16 cigalitas, 8 pimientos del piquillo de Lodosa, 50 g de tocineta ahumada, 8 ciruelas pasas, (maceradas en vino dulce), media cebolla y un pimiento verde, 1 cucharada de perejil picado, medio dl de aceite de oliva, 1 diente de ajo, sal y pimienta

Para la vinagreta de cebollino

Un manojo de cebollino, 1 dl aceite de nuez (sobrará para otros usos), 2 cucharadas de vinagre de sidra y sal

Elaboración

Para las cigalas

Fríe a fuego muy lento (casi cocer) con el ajo laminado y la mitad del aceite los pimientos del piquillo, dándoles varias veces la vuelta (deben de quedar muy blandos); a continuación (mejor con un cortapastas), saca 20 redondeles. Corta el pimiento sobrante en juliana fina.

Pica también en juliana finísima los pimientos verdes y la cebolla. Pon en una sartén a fuego suave con el resto del aceite (salvo una cucharada que reservarás para saltear después las cigalas). Añade la juliana de cebolla y pimiento verde y deja hacer suavemente (pochar). Cuando esté casi hecho, añade los pimientos del piquillo sobrantes, ya cortados en juliana, y termina de hacer.

Quita el hueso de las ciruelas maceradas cortándolas por la mitad. Lamina muy fina la tocineta. Pela las cigalas. Coge las medias ciruelas, una a una, y alrededor de cada una coloca la cigala en círculo, luego se forra el lateral con la lámina de tocino, sujetando este rollito con un palillo.

En una sartén con una cucharada de aceite saltea brevemente las pequeñas brochetas de cigala, tocino y ciruela. Salpimenta y añade el perejil picado.

Para la vinagreta de cebollino

Licúa el cebollino y déjalo en maceración en el aceite (mejor en la víspera). Si no tienes licuadora, macera el cebollino triturado algo más de tiempo y después cuela. Sazona ligeramente y añade el vinagre.

Final y presentación

Sobre cada plato pon varios montoncitos de la juliana de pimientos y cebolla ya pochados. Sobre la misma, los redondeles de piquillos. Y sobre cada uno de éstos se coloca la cigalita con ciruela y tocino, quitando previamente el palillo.

Salsea alrededor con la vinagreta de cebollino.

SI NO ENCUENTRAS

Cigalitas, puedes sustituirlas por gambas o langostinos

Pimiento del piquillo de Lodosa, utiliza cualquier tipo de pimiento rojo

Tocineta ahumada, usa tocino con veta

Cebollino, la alternativa es el perejil

Aceite de nuez, en su lugar puedes emplear aceite de girasol

MIS TRUCOS

El olor del marisco debe ser agradable, el color brillante y sano y la carne firme. Si está fresca, la cigala debe tener el ojo negro y el caparazón rosa brillante.

Un problema que se puede dar en las cigalas pequeñas es que, de vez en cuando, y no por falta de frescor, sale alguna blanda. Lo que se debe hacer es comprobar, antes de servirlas, su textura, simplemente presionando sus carnes con el dedo, desechando las que encontremos blandurrias.

En los mariscos frescos, la alteración se nota fácilmente: la carne pierde tersura y se producen olores desagradables. En los mariscos congelados, aparecen grandes cristales de hielo, presencia de líquido congelado en el envase y el producto se encuentra reblandecido. Todo esto es indicio de que en algún momento se ha roto la cadena del frío.

Hay que señalar que la calidad de la carne de la cigala está en relación directa con la temperatura de las aguas en las que habita, por tanto, a mayor frialdad mejor textura y sabor.

Salmón en salazón con melón, salsa de lima y jengibre con cecina crujiente

Rallando el jengibre

Ingredientes para 4 personas

Para la salazón del salmón

700 g de salmón de la parte más gruesa del lomo (con su piel), 65 g de sal, 25 gramos de azúcar,1 cucharada de pimienta triturada toscamente y 1 cucharada de hinojo en rama picado fino

Para la salsa de lima y jengibre

Media cebolla, 1 puerro, 1 dl de vino blanco semidulce, el zumo de 1 lima, 1 trozo pequeño de jengibre, 1 corteza de limón picada, un cuarto de litro de caldo de verduras, 3 cucharadas de aceite de oliva

Además

Unas cucharadas de aceite de girasol, 2 rodajas de melón, 2 lonchas de cecina, así como unas ramitas de hinojo y unos trocitos de pulpa de lima o limón

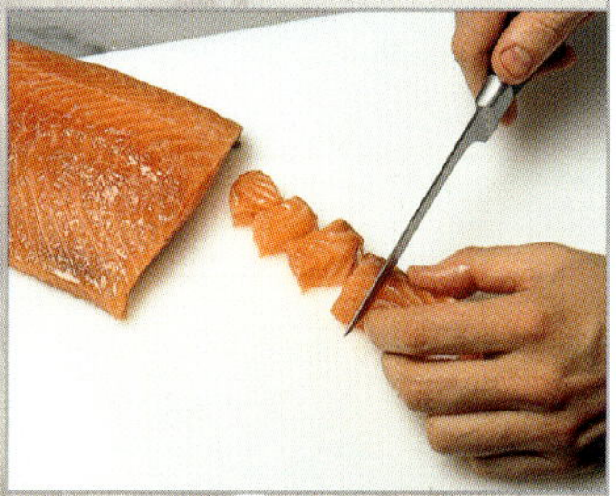

Cortando el salmón

Elaboración

Para la salazón del salmón

Mezcla la sal y el azúcar. Frota con esta mezcla el lado carnoso del lomo de salmón. Esparce sobre éste y de forma uniforme la pimienta y el hinojo picado. Coloca el pescado en un recipiente con la piel hacia abajo y mantén así en un sitio frío de 24 a 30 horas (según el grosor del lomo). Transcurrido este tiempo, coloca el salmón con el lado carnoso hacia abajo y el lado de la piel encima. Mantén de este modo un día más, también en un lugar frío. Es conveniente colocar un peso sobre el salmón.

Para la salsa de lima y jengibre

Pica las verduras y póchalas en un cazo con el aceite, a fuego muy lento, sin que cojan apenas color. Agrega el vino y reduce. Ralla el jengibre y añádelo, agrega el resto de los ingredientes. Cuece a fuego lento unos 5 minutos. Apaga el fuego y deja en infusión 10 minutos más. Cuela y deja que quede la salsa tibia.

Cortando el melón

Final y presentación

Corta el salmón en tacos. Saltéalos con un poco de aceite de girasol. Corta la cecina en tiras finas y fríelas en una sartén. Deben quedar crujientes. Corta en tacos el melón y dales un golpe de sartén o plancha.

Coloca de forma irregular en el plato los tacos de salmón y de melón. Salsea alrededor con la salsa de lima y jengibre. Intercala trocitos de lima y la cecina crujiente. Decora con una ramita de hinojo

SI NO ENCUENTRAS

Hinojo, se puede sustituir por perejil
Lima, se sustituye por limón
Jengibre, utiliza en su lugar pimienta blanca
Caldo de verduras, emplea agua
Cecina, se sustituye por bacón

Friendo la juliana de cecina

MIS TRUCOS

Al comprar, siempre elijo melones firmes y llenos. La cicatriz, si tiene un corte áspero, indica que el melón fue recogido sin estar maduro y, por tanto, ya no cogerá sabor aunque se ablande. Hay que rechazar los que tengan toques húmedos en su corteza. Si al sacudirlo se oye un ruido como de chapoteo es que está excesivamente maduro.

Para marinar el salmón, hay que proceder de similar manera a nuestro salazón, si bien añadiéndole una copa de jerez o un aguardiente de calidad (de cerezas, pera o ciruela). Es importante que durante la maceración se riegue el salmón con el jugo que se vaya formando. El período máximo de salazón o marinada debe ser de dos días, ya que si nos excedemos de este tiempo, aunque comestible, el salmón se seca, se endurece, pierde gusto y aroma. No en vano estas operaciones en crudo, aun alejadas del fuego, producen una cocción de las carnes no tan distinta de la cocción al fuego propiamente dicha.

Pincho de chipirón y tomate seco con cebolleta tierna sobre tosta aliñada

Preparando el pan con el ajo

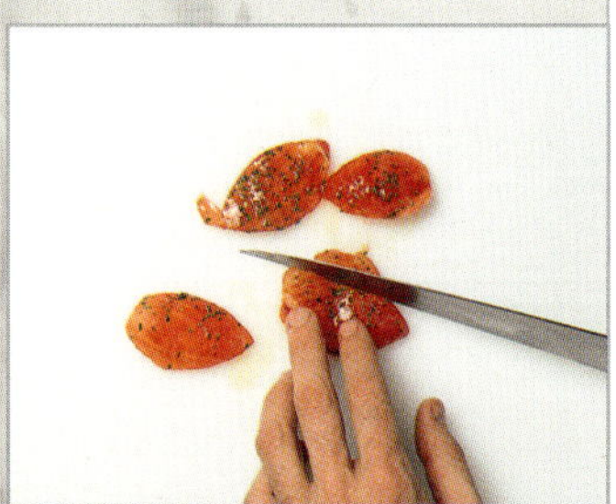

Cortando el tomate seco

Troceando el chipirón

Haciendo el salteado

Ingredientes para 4 personas

Para la tosta aliñada

200 g de pan grande y con abundante miga (preferiblemente redondo de pueblo y mejor de horno de leña), 1 tomate grande y bien maduro, 1 diente de ajo, 4 cucharadas de aceite de oliva extra virgen y sal

Para el salteado de chipirón, tomate seco y cebolleta

4 chipirones de anzuelo medianos, 2 cebolletas frescas, 6 piezas de tomate desecado, 1 dl de caldo de verduras, 4 cucharadas de salsa de tomate natural, una pizca de albahaca, 4 cucharadas de aceite de oliva extra virgen, perejil picado y sal

Además

Unas hojas de albahaca o de otra hierba aromática

Elaboración

Para la tosta aliñada

Corta el pan en rebanadas gruesas (pero no muy grandes, como de bocado). Tuesta ligeramente el pan, mejor sobre unas brasas de carbón o leña, o en una tostadora o en una chapa. Corta el tomate transversalmente por la mitad. Frota con el ajo las dos caras de las tostadas y después frótalas de nuevo con el tomate cortado hasta que queden bien impregnadas de éste, incluyendo toscamente las fibras y pequeños trocitos del tomate aplastado. Añade por encima de la tostada un hilo de aceite y sazona la tosta.

Para el salteado de chipirón, tomate seco y cebolleta

Rehidrata el tomate seco cociéndolo durante 10 minutos en el caldo y después, dejándolo cocer otros 5 minutos más en la salsa de tomate sazonada y con la albahaca. Corta el tomate en taquitos. Limpia perfectamente los chipirones por dentro y por fuera. Escúrrelos bien y trocéalos en taquitos. Pica la cebolleta en brunoise. Pocha en el aceite la cebolleta y, allí mismo, añade el chipirón. Saltea todo a fuego vivo, añadiendo durante la cocción el tomate seco rehidratado y picado. Agrega al final el perejil, también picado. Sazona.

Final y presentación

Coloca sobre cada tosta aliñada el salteado de chipirón, tomate seco y cebolleta dándole brillo con el jugo de su cocción. Decora con una hoja de la hierba aromática cada pincho.

SI NO ENCUENTRAS

Aceite de oliva extra virgen, usa aceite de oliva
Chipirones de anzuelo, puedes sustituirlos por calamar de arrastre
Tomate desecado, emplea tomate, que se puede secar en el horno
Caldo de verduras, utiliza sólo agua
Albahaca, prescinde de ella

MIS TRUCOS

Para hacer este plato se puede utilizar también el calamar grande, el que conocemos en el País Vasco como begi aundi (ojo grande), que no hay que confundir con la sepia, ya que aunque están emparentados son especies diferentes.

Los calamares frescos tienen la piel de color crema con manchas de color pardo rojizo, y a medida que pierden frescura su piel se vuelve más rosácea.

La cocción del calamar debe ser muy corta si se hace a la plancha o se saltea. Si se guisa, la cocción ha de ser prolongada. Lo malo son los puntos intermedios, en los que el chipirón se queda siempre gomoso.

Hay que tener en cuenta a la hora de la compra que el calamar encoge y merma mucho durante la cocción.

Si te resulta demasiado agresivo el ajo crudo para untar la tostada antes de frotar el tomate, puedes prescindir de él o utilizar en ese caso el ajo confitado, cocido muy lentamente. Así te resultará muy suave de gusto y nada indigesto.

Caviar pobre de berenjenas con anchoas en salazón y huevo roto

Montando el caviar de berenjena con el aceite

Sacando las anchoas del aceite

Mostrando el pan tostado

Montando las anchoas

Ingredientes para 4 personas

Para el caviar pobre

3 berenjenas hermosas, media cebolla, 2 chalotas (escalonias), 1 tomate (pequeño), medio limón, sólo el jugo, una pizca de comino, 1 dl de aceite de oliva virgen, pimienta blanca y sal

Para las anchoas

12 anchoas en salazón, 1 dl de aceite de oliva virgen extra, agua

Además

1 yema de huevo, 1 huevo (sólo la clara cocida y cortada en daditos), unas láminas muy finas de pan (que se tostarán en el momento de servir), perejil picado y perifollo deshojado

Elaboración

Para el caviar pobre

Envuelve las berenjenas en papel de aluminio (partidas por la mitad, con su piel y ligeramente aceitadas). Colócalas en una bandeja de horno. Salpimenta y añade la pizca de comino. Hornea a 180° durante 40 minutos). Asa de manera similar el tomate y cebolla (menos tiempo, unos 20 minutos). Pocha con 3 cucharadas de aceite las chalotas finamente picadas. Saca del horno la cebolla y el tomate y tritúralos y añádelos a la chalota pochada. Saca del horno las berenjenas y recupera su carne con una cuchara y añade a la preparación anterior. Deja hacer todo junto en un cazo 15 minutos más, a fuego muy lento, agregando también el zumo de limón. Tritura el conjunto y, cuando esté tibio, añade el resto del aceite, batiendo todo hasta que quede bien montado. Reserva en un sitio tibio.

Para las anchoas

Limpia con un paño la sal de las anchoas. Pásalas directamente por el chorro de agua. Coloca las anchoas en una rabanera o fuente pequeña cubiertas por el aceite (hay que tenerlas así unas tres horas). Escúrrelas bien en el momento de su uso.

Final y presentación

Tuesta las láminas de pan. Coloca en cada plato unos montoncitos redondos con el caviar de berenjenas y rodea cada círculo con una anchoa, sobre la que pondremos unos taquitos de clara cocida. Dispón alrededor unas líneas de la yema cruda y batida. Espolvorea el perejil picado y decora con las hojas de perifollo.

SI NO ENCUENTRAS

Chalotas (escalonias), utiliza puerro y un poco de ajo
Comino, puedes prescindir de él
Aceite de oliva virgen, sustitúyelo por aceite de oliva
Anchoas en salazón, puedes sustituirlas por unas buenas anchoas en aceite
Perifollo, usa en su lugar perejil

MIS TRUCOS

Al comprar berenjenas, sean del color que sean, hay que fijarse en que su piel sea tersa y sana, sin zonas ásperas, y que no tenga tampoco manchas marrones. Es conveniente, cuando se hacen las berenjenas cortadas en rajas para freír o guisar, espolvorear sobre ellas un poco de sal gorda y dejarlas así un par de horas, dándoles la vuelta de vez en cuando. El agua que sueltan la absorbe la sal, de esta forma se evita que queden húmedas. Por otra parte, a veces, las berenjenas resultan un poco amargas, en ese caso conviene dejarlas en un previo remojo en leche que mitiga el amargor.

Hay que tener en cuenta que algunos tipos de berenjenas tienen también un punto picante, sobre todo las que tienen muchas pepitas. Por eso, en general, no utilizo en su elaboración la pimienta.

Es preferible asar las berenjenas a la brasa en un fuego de leña que en el horno, si bien la cosa es más complicada. El fuego de leña aporta un sabor ahumado difícil de igualar.

Lasaña de txangurro con mahonesa de hierbas y pimienta verde

Cociendo la pasta

Refrescando la pasta con agua y hielo

Limpiando el txangurro

Montando la mahonesa de hierbas

Ingredientes para 4 personas

Para el txangurro

1 txangurro (buey de mar), media cebolla, 2 puerros, 1 rama de perejil, 1 ajo fresco, 1 tomate pequeño (pelado y despepitado), 1 copa de vino blanco seco, 1 cucharadita de pulpa de fruta de la pasión, 1,5 litros de agua y sal

Para la pasta (lasaña)

8 láminas de pasta de lasaña, 1 litro de caldo de verduras, 1 cucharada de aceite de oliva, agua, hielos y sal

Para la mahonesa de hierbas y pimienta verde

1 huevo entero, 1 yema, 1 dl de aceite de girasol, 1 naranja (en zumo), 1 cucharadita de pimienta verde triturada, 2 cucharaditas de mostaza verde, 1 cucharadita de pulpa de maracuyá y sal

Además

Cebollino o perejil picado

Elaboración

Para el txangurro

Pon el buey en el agua hirviendo con sal, en la que se habrá ya introducido, en frío, la cebolla, lo verde de los puerros y la rama de perejil. Deja hervir unos 10 minutos desde que rompa a hervir. Transcurrido este tiempo, retira el txangurro. Cuando se haya enfriado, separa las carnes y coral de su interior y la carne de las pinzas y patas, se mezcla todo perfectamente y se coloca en un bol. Por otra parte, pica en juliana lo blanco de los puerros y el ajo fresco y tritura el tomate. Añádelo al txangurro, junto con el vino y la fruta de la pasión. Mezcla todo bien.

Para la pasta (lasaña)

Cuando el caldo de verduras, con sal y el aceite, rompa a hervir, añade las láminas de lasaña y deja cocer de 8 a 10 minutos. Después, refresca las láminas en agua con hielo. Escurre bien .

Para la mahonesa de hierbas y pimienta verde

Monta una mahonesa ligera con el huevo, la yema, el aceite y el zumo de naranja. Añade la mostaza y la pimienta verde, así como la pulpa de maracuyá (se puede aligerar con unas cucharadas de agua de cocción del txangurro). Da el punto de sal.

Final y presentación

Coloca en la base del plato una lámina de lasaña. Pon sobre la misma una cucharada de txangurro aliñado y cúbrelo con otra lámina. Repite esta operación sobre la anterior lámina. Hornea (mejor con la gratinadora) unos instantes. Después salsea alrededor de la lasaña con la mahonesa de hierbas y pimienta verde. Espolvorea por encima cebollino o perejil picado.

SI NO ENCUENTRAS

Buey de mar, puedes utilizar indistintamente centollo o cangrejo de lata
Pasta de lasaña, puedes comprar la destinada a canelones
Fruta de la pasión, utiliza en su lugar zumo de limón
Caldo de verduras, emplea simplemente agua
Mostaza verde, puedes utilizar mostaza con perejil picado
Pimienta verde, se puede sustituir por pimienta blanca

MIS TRUCOS

Para escoger bien el txangurro, tanto si es centollo o buey de mar, debe hacerse como con los melones. Es decir, a peso. O sea, que a igual volumen siempre es mejor elegir los que más pesen. Si no, podemos recibir una sorpresa: encontrarlos casi vacíos al abrir su caparazón.

En el caso del centollo, siempre elijo los más feos. Me explico. Me gusta seleccionar los que tengan un tono más apagado en su caparazón. Y es que los de color rojo brillante, al haber realizado recientemente la muda, estarán menos llenos en su interior.

Cuando hago en casa la pasta de la lasaña me gusta añadir un poco de jugo de espinaca (licuada) a la masa elaborada con 4 yemas con un cuarto de kilo de harina, un poco de agua y aceite, así como sal, para que la lasaña tenga un bonito color verde.

Y esta masa debe reposar, antes de cocer, cubierta de film transparente, en el frigorífico unas dos horas al menos.

Crepes de salmón ahumado con salsa de yogur y naranja

Haciendo la masa

Haciendo los crepes en la sartén

Rellenando los crepes

Elaborando la salsa de yogur y naranja

Ingredientes para 4 personas

Para los crepes

2 huevos, 40 g de harina, un cuarto de litro de leche, 3 cucharadas de cerveza, 15 g de mantequilla y sal

Para el relleno

4 escalopes de salmón ahumado, 6 cucharadas de nata, 50 g de queso fresco, unas gotas de zumo de limón, una cucharadita de bayas de enebro, hinojo en rama picado, así como una guindilla en vinagre, dulce, bien picada

Para la salsa

1 dl de yogur griego (cremoso), 1 naranja, 1 cucharadita de azúcar y sal

Además

Una cucharada de vinagre balsámico de módena reducido y mezclado con una cucharada de vino dulce, unas hojas de salvia y perejil picado

Elaboración

Para los crepes

Mezcla la harina y los huevos batidos. Añade la leche y la mantequilla derretida (reservando un poco para hacer los crepes en la sartén) y, por último, la cerveza. Sazona. Deja la masa en reposo un rato. Calienta una sartén antiadherente y añade una pizca de mantequilla. Echa un poco en la sartén caliente de tal manera que quede una oblea muy fina. Dórala por ambos lados. Repite la operación hasta que se acabe toda la mezcla.

Para el relleno

Pica los escalopes en taquitos pequeños. Bate la nata con el queso y el limón y mezcla con los taquitos de salmón, el enebro y el hinojo picado, así como la guindilla.

Para la salsa

Mezcla en frío los ingredientes señalados hasta que quede la salsa homogénea.

Final y presentación

Rellena los crepes con la crema de salmón correspondiente. Enróllalos sobre sí mismos. Pon a su costado unas cucharadas de salsa de yogur y naranja y la reducción de vinagre y vino dulce. Espolvorea por encima el perejil picado y decora con las ramitas de salvia.

SI NO ENCUENTRAS

Crepes, o no tienes tiempo de hacerlos, puedes comprarlos hechos (sólo hay que dorarlos)

Bayas de enebro, emplea pimienta negra

Hinojo y salvia, sustitúyelos por perejil

Yogur griego, usa cualquier tipo de yogur natural

Vinagre balsámico de módena y vino dulce, prescinde de ellos

MIS TRUCOS

Cuando se utiliza una sartén antiadherente los crepes tienden a secarse. Es por lo que incorporamos un poco de mantequilla a su masa. Si se utiliza una sartén de hierro, pesada y maciza (que es lo mejor), los crepes no se secan tan fácilmente, por lo que se puede prescindir de esta mantequilla agregada en la masa.

En Bretaña (lugar donde más típicos son los crepes) se suele usar en lugar de mantequilla para engrasar la sartén una corteza de cerdo que se pincha en un tenedor y se pasa por la sartén caliente cada vez que hacemos un crepe y que aporta un sabor peculiar.

No debe comprar nunca pescados ahumados demasiado aceitosos ni excesivamente secos, con los bordes oscuros y duros. Ni los envases al vacío de pescado ahumado que se despeguen. Los pescados ahumados deben presentar consistencia firme al tacto, deben ser translúcidos, piel firme y brillante, lisa y sin arrugas.

Pasta con bogavante, verduras y salsa de vino tinto

Salteando el bogavante

Reduciendo el vino

Cociendo la pasta

Salteando la pasta y la verdura

Ingredientes para 4 personas

Para la cocción del bogavante

2 bogavantes de 400 g cada uno, 4 cucharadas de aceite de girasol, una cucharada de perejil picado, agua y sal

Para la salsa acidulada de vino

1 chalota en juliana, una copa de brandy, 1 dl de vino tinto, el zumo de media naranja, ralladura de naranja, un cuarto de litro de fumet de pescado (o agua de la cocción del bogavante), las carcasas del bogavante ya pelado, sal

Para la pasta salteada con verduritas

4 cucharadas de aceite de oliva, 180 g de pasta fresca (tallarines) de color verde y blanco, 40 g de bacón en bastoncillos, 50 g de calabacín en bastones, 50 g de judías verdes en juliana, una cucharadita de estragón fresco, otra de perejil y otra de cebollino, todos ellos picados, agua y sal

Elaboración

Para la cocción del bogavante

Cuece los bogavantes durante 6 minutos en agua salada y después trocéalos y saltearlos a fuego vivo con el aceite, así como con perejil picado. Quítales la cáscara (que se reservará para el siguiente paso). Escalopa la cola.

Para la salsa acidulada de vino

Pocha la chalota con el aceite en el que hemos salteado anteriormente los bogavantes. Cuando esté blanda, añade las carcasas, rehógalas y machácalas con una espátula. Agrega el brandy y el vino tinto y deja reducir. Añade el zumo de naranja junto con la ralladura, así como el fumet (o agua), y deja cocer una hora. Transcurrida ésta, cuela por un chino. Da el punto de sal.

Para la pasta salteada con verduritas

Cuece las dos clases de pasta durante 6 minutos en agua hirviendo con sal; una vez pasado este tiempo, escurre bien. Saltea a fuego vivo la pasta en el aceite con las hierbas picadas, agregando también los bastones de bacón, de calabacín y de judías verdes en juliana. Sazona y escurre bien el aceite.

Final y presentación

Pon en la base del plato la carne desmenuzada de las patas y la cola de bogavante fileteada. Cubre con la pasta salteada con las verduras.

Dispón por encima la salsa de vino y esparce un poco en un costado.

SI NO ENCUENTRAS

Bogavante, puedes emplear cualquier otro marisco

Chalota, se sustituye por cebolleta o cebolla

Pasta fresca, utiliza en su lugar pasta seca

Estragón, puedes prescindir de él

Cebollino, usa sólo perejil

MIS TRUCOS

Al comprar el bogavante vivo hay que tener en cuenta que no tenga huellas de lucha ni mutilaciones de sus patas. Por otra parte, la congelación no es una buena aliada de este crustáceo.

El bogavante debe estar vivo en el momento de cocerlo. Por ello es preciso atar sus pinzas y sujetar la cola antes de cocerlo.

Hay que contar los minutos de cocción a partir de que el agua vuelva a borbotear, ya que tras introducir el crustáceo se interrumpe el hervor.

También es preferible la hembra al macho, ya que es mucho más carnosa y delicada. Para distinguirla hay que darle la vuelta. La parte central de la hembra es cóncava, en esta cavidad precisamente alberga las huevas o coral, que también se puede aprovechar para dar gusto a las distintas salsas con las que podemos servir este crustáceo.

Talo de txangurro con sopa de verduritas y vermú al azafrán

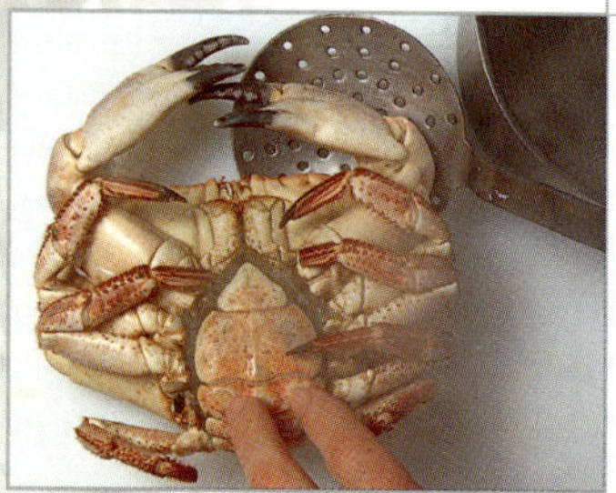

El txangurro cocido

Ingredientes para 4 personas

Para el relleno

2 txangurros (centollos) pequeños, 2 cebollas, 1 puerro, 1 zanahoria, 1 diente de ajo muy picado, media copa de brandy, medio vaso grande de vino blanco seco, 1 cucharada de salsa de tomate natural, 6 cucharadas de aceite de oliva, 30 g de mantequilla, 1 vaso de caldo de pescado o de verduras (opcional), perejil, sal, agua

Para la sopa

2 chalotas picadas, 1 zanahoria, medio calabacín, 1 pimiento verde, 2 dl de vermú blanco seco, 1 dl de vino blanco seco, unas hebras de azafrán, perejil, cebollino, 2 cucharadas de aceite de oliva, sal y pimienta blanca

Además

6 obleas de pasta brick, aceite para freír

Limpiando el txangurro y aprovechando la carne

Elaboración

Para el relleno

Cuece los txangurros con agua de mar o con agua salada junto con las verduras (verde del puerro, un poco de perejil y un trozo de cebolla). Se deja hervir unos 10 minutos. Transcurridos éstos se retiran y cuando se hayan enfriado se separan las carnes del interior y de las patas, así como el líquido que tenga, que se reservará. Rehoga en una cazuela con el aceite y la mantequilla el resto de la cebolla y el puerro, así como la zanahoria y el ajo, todo bien picado. Una vez que estén bien sudadas las verduras se agrega la salsa de tomate y la carne de los crustáceos y se flambea con el brandy. Después, se incorpora el líquido del txangurro, que habíamos reservado, y el vino blanco. Se prosigue la cocción unos 10 minutos. En caso de necesitar aligerarlo añádele un poco de caldo de pescado o de verduras. Sazona al final.

Salteando las verduras para la sopa

Para la sopa

Saltea las verduras, muy picadas previamente, con el perejil y el cebollino también picados. Cuando estén blandas, aunque tersas, añade el vermú y el vino blanco, y deja cocer hasta que quede la mitad de su volumen inicial. Agrega entonces el azafrán y deja hervir suavemente, no más de 5 minutos. Salpimenta.

Final y presentación

Coge 6 obleas de pasta brick y pártelas por la mitad, rellenando con la parte correspondiente de txangurro guisado. Cierra la pasta haciendo varios dobleces sobre sí misma, de forma que no se salga el relleno. Coloca una sartén al fuego con aceite de oliva y, cuando esté caliente, fríe los "paquetitos" a fuego no muy fuerte. Saca y escurre.

Mételos al horno no muy fuerte hasta que cojan color.

Sobre el fondo de cada plato pon la sopa de verduritas y encima los talos recién sacados del horno.

Rellenando la pasta con el txangurro

SI NO ENCUENTRAS

Centollos, utiliza buey de mar u otro crustáceo
Caldo de pescado o de verduras, emplea sólo agua
Chalotas, sustitúyelas por cebolla
Azafrán, puede valer como sucedáneo la cúrcuma o prescinde de él
Pasta brick, puedes sustituirla por pasta de canelones o de lasaña preelaborada

MIS TRUCOS

Esta receta se suele emplear para la elaboración del txangurro a la donostiarra, tanto el centollo *(Maia squinado)* como el buey de mar *(Cancer pagurus)*, aunque originariamente sea la receta del primero.

Tanto uno como otro se deben comprar como los melones, o sea, a peso. Es decir, que a igual volumen compraremos los que más pesen, si no, corremos el peligro de que estén sin apenas carne, casi vacíos.

Otro consejo para escoger el centollo: elige los que tengan el tono más apagado. Los de color rojo brillante, al haber hecho recientemente la muda, estarán menos llenos.

Se debe añadir el azafrán, para que no pierda aroma y sabor, en los últimos momentos de la cocción; el azafrán debe guardarse, herméticamente cerrado, en un lugar alejado de la luz, sobre todo de la fluorescente.

En la cocina, el vermú sirve para aromatizar farsas y salsas y también para cocinar crustáceos.

Canelones rellenos de morros de ternera con crema ligera de patata, zanahoria y apio

Cociendo los morros

Picando muy fino los morros

Cociendo la pasta y rellenando

Preparativos para la crema de patata, zanahoria y apio

Ingredientes para 4 personas

Para la cocción de los canelones

16 hojas de pasta (especial para canelones), agua abundante y sal

Para el estofado de morros

750 g de morros de ternera, 100 g de jamón ibérico, 1 zanahoria, 2 clavos de olor, 2 cebolla grande, 1 diente de ajo, 1 puerro, una pizca de guindilla seca, 1 pimiento choricero, medio litro de caldo de su cocción, 150 g de salsa de tomate natural, 1 dl de aceite de oliva, agua, pimienta y sal

Para la crema

2 patatas nuevas hermosas peladas, una ramita de apio, 2 zanahorias troceadas, 2 cucharadas de aceite de oliva y otras 2 de aceite de oliva virgen extra y sal

Además

Un poco de mantequilla

Elaboración

Para la cocción de los canelones

Hierve la pasta de los canelones en abundante agua con sal durante unos 8 minutos (sigue los consejos del fabricante). Deben quedar al dente. Una vez cocidos, saca y escurre perfectamente.

Para el estofado de morros

Limpia con cuidado los morros hasta que queden bien limpios. Pon en una olla exprés los morros con una de las cebollas con los clavos pinchados en ella, la zanahoria y el puerro cubiertos de agua. Ten cociendo, desde que empiece a dar vueltas la válvula, unos tres cuartos de hora. Transcurrido el tiempo, y una vez frío, trocea los morros en pequeños trocitos. Por otra parte, pocha en aceite la otra cebolla. Cuando tome algo de color añade el ajo y el jamón picados, la guindilla, la salsa de tomate, la pulpa del choricero y el caldo de cocción de los morros, y deja hervir. Agrega entonces los morros troceados y haz a fuego muy lento durante unos 15 minutos. Salpimenta.

Para la crema

Hierve en agua las patatas, el apio y la zanahoria pelada con el aceite de oliva. Dale el punto de sal. Cuando estén hechas la verduras, retira la patata y el apio y tritura la zanahoria con el caldo. Monta esta salsa con el aceite de oliva virgen crudo.

Final y presentación

Dispón sobre cada lámina de pasta un poco del guiso de morros, sin cubrir toda su superficie. Enróllalos en forma de tubo. Coloca en una fuente de horno untada ligeramente de mantequilla los canelones ya rellenos. Tritura el sobrante de la salsa del guiso y cúbrelos con ella. Hornea unos 5 minutos a 180º. Saca los canelones y depositalos en el plato colocando a su lado una cucharada de la crema.

SI NO ENCUENTRAS

Jamón ibérico, emplea jamón

Clavos de olor, prescinde de los mismos

Pimiento choricero, utiliza pimiento verde

Salsa de tomate natural, usa salsa de tomate frito enlatado

Aceite de oliva virgen extra, sustitúyelo por aceite de oliva

MIS TRUCOS

Si no se utiliza una olla exprés para estas cocciones de productos que necesitan reblandecerse mucho (callos, morros, carrilleras etc), la cocción se debe hacer durante muchas horas a fuego mínimo. Mejor a 80º y dentro del horno.

Los tiempos de cocción son en todo caso relativos, dependiendo de múltiples factores. No obstante, hay que comprobar que los morros están tiernos pinchándolos con un cuchillo, que penetrará con facilidad si están en su punto.

Siempre me gusta hacer los guisos de carne, y en particular los morros de ternera, la víspera para que la salsa coja más gusto y se asiente, siempre y cuando el estofado no lleve patatas, pues éstas se endurecen (se "encallan") de un día para otro.

Pueden elaborarse unos canelones muy finos utilizando crepes en vez de esta pasta especial para canelones, en cuyo caso no se hierven en agua previamente, sino que se hacen a la plancha o en sartén antes del relleno.

Anchoas marinadas a la sidra con vinagreta de guindillas y coco

Cortando las tortillas

Ingredientes para 6 personas

1 kg de anchoas, 1 cucharadita de ajo picado, 1 cucharadita de pimiento verde muy picado, 1 dl de vinagre de sidra, 1 vaso de sidra, medio dl de agua, 1 cucharadita de pulpa de maracuyá, 1 dl de aceite de oliva virgen, 6 guindillas dulces en vinagre, 30 g de coco rallado, perejil picado, sal gorda y fina

Además

3 tortillas de maíz (que se pueden comprar ya hechas) pasadas por la plancha con un poco de aceite y un tomate escaldado, pelado, despepitado y triturado, aliñado con aceite, sal y tomillo

Preparando las anchoas

Elaboración

Limpia bien las anchoas de cabeza, tripas y espinas dejando sólo los lomos (recorta también las "barbas" laterales). Cubre las anchoas con sal gorda y déjalas así durante 3 horas. Pasado este tiempo, límpialas. Pon en un recipiente el ajo picado, el pimiento verde, el vinagre de sidra (reservando 4 cucharadas), el vaso de sidra, el agua, la pulpa de maracuyá. Deposita allí las anchoas sazonadas y limpias y deja macerando de 3 a 5 horas en sitio fresco. Transcurrido ese tiempo, saca las anchoas de la marinada. Haz una vinagreta con el resto del vinagre de sidra, el aceite de oliva virgen y las guindillas picadas, añadiendo al final el coco rallado, así como el perejil y la sal fina. Aliña con esta vinagreta las anchoas en el momento de servir.

Final y presentación

Corta las tortillitas en rectángulos y ponlas sobre cada plato, montando sobre las mismas los lomos de anchoas (cortados por la mitad), así como el tomate triturado y aliñado. Añade alrededor de los pinchos un poco de la vinagreta de guindillas y coco.

Escaldando el tomate

SI NO ENCUENTRAS

Vinagre de sidra, puedes emplear cualquier otro tipo de vinagre
Maracuyá, utiliza en su lugar zumo de limón
Aceite de oliva virgen, puedes sustituirlo por aceite de oliva
Coco, prescinde de él
Tortillas de maíz, se sustituyen con rebanadas de pan de molde tostadas
Tomillo, puedes aromatizar con perejil

Montando el pincho

MIS TRUCOS

Hay una forma de marinar (o mejor dicho, hacer un escabechado instantáneo) las anchoas que me resulta particularmente gustosa: una vez limpias las anchoas (quitando la cabeza y tripas), se escaldan durante unos segundos en agua hirviendo con sal. Después se abren las anchoas y se sacan los lomos. Se depositan en una bandeja amplia sobre la que se vierte un refrito con ajos, pimiento verde y rojo bien picados y vinagre. Esta fórmula la inmortalizó un bar donostiarra: Negresco, tristemente desaparecido.

El tamaño de la anchoa es vital para cada tipo de preparación. Así, las más pequeñas resultan adecuadas –sin espina central– para revueltos o tortillas. La anchoa entre pequeña y mediana es la que se puede hacer frita y, si es un poco mayor, abierta, sin espina central y rebozada (basta freír unos instantes por cada lado para que quede jugosa). Las más grandes admiten guisos en cazuela, como las encebolladas con vino blanco o vinagre.

Mejillones al vapor con patata y alioli al huevo con puré de manzana y membrillo

Cortando los chips

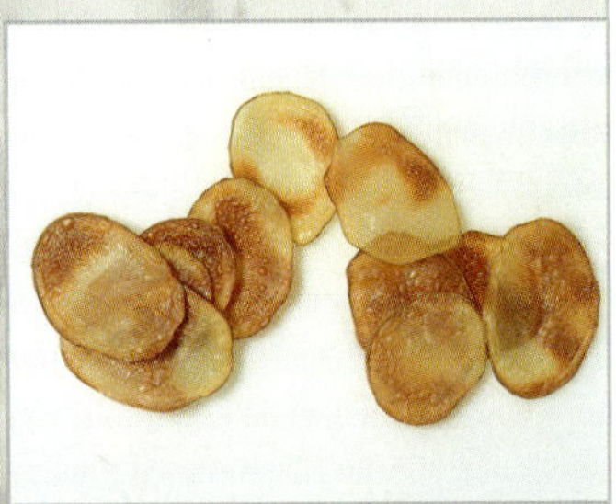
Las patatas asadas

Desconchando los mejillones

Añadiendo puré de manzana y membrillo al alioli

Ingredientes para 4 personas

Para la patata asada

2 patatas hermosas, 6 cucharadas de aceite de oliva y sal de Maldon

Para los mejillones al vapor

Medio kg de mejillones, 1 litro de fumet o caldo de pescado, 1 ramillete de perejil

Para el alioli al huevo con puré de fruta

2 manzanas reinetas hermosas, 60 g de dulce de membrillo, 3 dientes de ajo pelados, 1 dl de aceite de oliva virgen extra (mejor de aceitunas arbequinas de la D.O. Siurana), 1 yema y 1 huevo entero, agua y media cucharadita de sal

Además

Unas hojitas de perifollo

Elaboración

Para la patata asada

Corta la patata con una mandolina o similar en rodajas muy finas (como chips). Úntalas con el aceite y ásalas a 220º en el horno hasta que queden crujientes y bien hechas. Mantenlas al calor. Sazona con las gemas de sal (sal de Maldon).

Para los mejillones al vapor

En una vaporera (es suficiente en una rejilla sobre una cazuela), con un litro del caldo o fumet de pescado con el perejil, coloca los mejillones (que habremos limpiado de barbas y adherencias). Pon al fuego y retira justo cuando se abran los mejillones. Cuando estén tibios, retira de los mismos sus valvas.

Para el alioli al huevo con puré de fruta

Parte los dientes de ajo por la mitad y quítales el germen verde y pícalos.

Coloca la sal en un mortero y añádele el ajo: maja con la mano del mortero (o con batidora) hasta conseguir una pasta espesa. Añade la yema y el huevo y sigue majando, agregando el aceite muy poco a poco, sin dejar de trabajar la mezcla hasta que se emulsione totalmente.

Mientras, pon a cocer las manzanas mondadas, sin corazón y cortadas en trozos, en agua, durante unos 5 minutos. Añade el dulce de membrillo y tritura todo. Agrega este puré a la preparación anterior (el alioli con huevo) y mezcla perfectamente.

Final y presentación

Coloca en una rabanera o platillo un chip de patata con el mejillón encima y sobre él un poco de alioli y después semitápalo con otra rodaja de patata. Decora con el perifollo deshojado.

SI NO ENCUENTRAS

Sal de Maldon, emplea sal gorda común
Mejillones, puedes utilizar chirlas o almejas
Fumet o caldo de pescado, puedes sustituirlos por agua
Aceite de oliva virgen extra, usa aceite de oliva
Perifollo, sustitúyelo por perejil

MIS TRUCOS

Cuando compres almejas o mejillones vivos elige los que tengan la concha cerrada y rechaza los que estén abiertos o tengan las conchas rotas, tampoco hay que utilizar los que, al cocerlos, no abren sus valvas, ya que si se consumen pueden causarnos una intoxicación.

Conviene quitar las barbas de los mejillones muy poco tiempo antes de cocerlos, ya que sin ellas estos moluscos se mueren rápidamente.

Para que salga perfectamente la emulsión del alioli es muy importante que todos los ingredientes (el ajo también) se encuentren a temperatura ambiente. Es más, algunos puristas suelen calentar la mano del mortero en agua hirviendo, secándolo luego totalmente.

Para hacer esta emulsión hay que batir siempre en la misma dirección y cuando esté hecha la pasta de ajo, se agrega el aceite. Se debe añadir el aceite, para que no se corte, en un hilillo constante y uniforme, todo ello sin dejar de batir.

La batidora es un recurso, aunque suele homogeneizar excesivamente el ajo y el aceite. Aunque no es muy genuino el añadido de huevo, ayuda a que se corte menos la salsa y se elabore con más facilidad, incluso con la batidora.

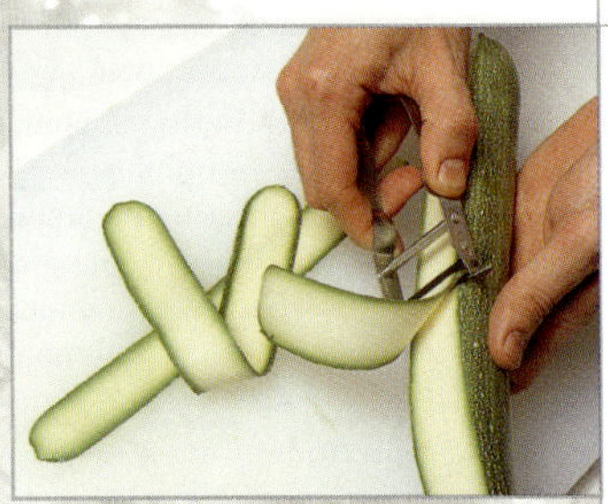

Laminando el calabacín

Preparando el relleno

Elaborando los fardelitos

Pasando por la plancha los calabacines rellenos

Calabacines rellenos de carne, setas y pistachos con salsa de maíces crujientes

Ingredientes para 4 personas

Para los calabacines rellenos

150 g de carne de ternera, 100 g de magro de cerdo, 2 cebolletas, 150 g de setas de Orduña o cualquier seta primaveral, 2 ajos frescos, 50 g de pistachos pelados y picados, 3 calabacines grandes (sobre todo largos), medio dl de aceite de oliva, 2 cucharadas de queso Mascarpone, unas hojas de albahaca picada, sal y pimienta

Para la salsa de maíces

6 cucharadas de aceite de maíz, 50 g de maíces tiernos cocidos, 1 cucharada de maíces cocidos y después fritos y crujientes, 4 cucharadas de zumo de naranja y sal

Elaboración

Para los calabacines rellenos

Pica las cebolletas finamente y póchalas lentamente con el aceite (reservando dos cucharadas): cuando las cebolletas estén bien hechas, añade las carnes picadas, rehogándolas perfectamente, y a continuación la albahaca picada y salpimenta. Deja que se haga todo unos cinco minutos a fuego vivo. Por otra parte, saltea brevemente las setas con el ajo fresco picado e incorpóralas a la preparación anterior. Agrega los pistachos y al final de la cocción (5 minutos más), el queso, mezclándolo muy bien. Deja reposar este relleno unos instantes.

Lamina finamente los calabacines (con la piel) de arriba abajo en sentido vertical. Coloca las láminas (cortadas por la mitad) superpuestas en forma de cruz. En el centro de esta cruz coloca un montoncito del relleno y recoge los extremos de las láminas sobre sí mismas, formando fardelitos.

Para la salsa de maíces

Tritura los maíces cocidos con el resto de los ingredientes (salvo los maíces fritos) y monta al calor, batiéndolo. Cuela y añade al final los maíces crujientes. La salsa debe quedar tibia.

Final y presentación

Pon una plancha al fuego. Cuando esté caliente, añade el resto del aceite y haz a fuego vivo los fardelitos de calabacín rellenos (2 o 3 minutos por ambos lados). Colócalos en el plato y salsea alrededor con la salsa de maíces.

SI NO ENCUENTRAS

Cebolletas, utiliza cebolla
Ajo fresco, usa en su lugar ajo seco (en menor cantidad)
Setas de Orduña, puedes usar champiñones o setas de cultivo
Queso Mascarpone, emplea un queso blando, de nata
Albahaca, la sustituyes por perejil
Aceite de maíz, puedes utilizar aceite de girasol

MIS TRUCOS

El buen calabacín tiene que tener una piel brillante y sin manchas (que pueden indicar que están "tocados"). Elígelos siempre a peso (como sus parientes los melones). Es decir, que a igual volumen, los que más pesen y sean más consistentes, al tocarlos, no deben sonar a hueco, ni que tengan una textura acorchada.

El corte más habitual de los calabacines para el relleno es en sentido transversal. Para ello es conveniente que los calabacines sean algo voluminosos y, sobre todo, largos (unos 30 cm). Cuando se rellenan, conviene hacerlos con su piel y así evitar que se abran y desparrame su interior, más blando que su corteza.

Si aunque sea época de setas no las encuentro en el mercado, y antes de utilizar como recurso champiñones u otras setas de cultivo, prefiero utilizar berenjena, guisada lentamente con algún toque de hierbas aromáticas (salvia, tomillo, etc.), ya que una vez hechas, su gusto recuerda al de las setas.

Hojas de remolacha rellenas de morcilla de verduras y manzana con vinagreta de pomelo

Escaldando las hojas de remolacha

Troceando la morcilla

Rellenando las hojas con morcilla

Preparando la vinagreta

Ingredientes para 4 personas

Para el relleno de morcilla

1 morcilla de puerro y cebolla, media manzana ácida, una pizca de mantequilla y una cucharada de aceite de oliva

Para las hojas de remolacha

Unas hojas de remolacha, agua y sal

Para la vinagreta de pomelo

Medio pomelo rosa, 8 cucharadas de aceite de nuez, 3 cucharadas de vinagre de sidra

Elaboración

Para el relleno de morcilla

Asa la morcilla en el horno unos 10 minutos a 180°. A continuación, quita su piel y deshaz el contenido. Pela la manzana y córtala en trocitos muy pequeños. Saltea unos instantes los taquitos de manzana con la mantequilla y el aceite. Mézclalos con la morcilla sin piel. Reserva al calor.

Para las hojas de remolacha

Escalda las hojas de remolacha en agua hirviendo con una pizca de sal durante un minuto. Sécalas perfectamente.

Para la vinagreta de pomelo

Pela el medio pomelo y córtalo en tacos pequeños. Saltéalos unos instantes en una sartén. Mezcla el aceite y el vinagre y únelo con el pomelo salteado.

Final y presentación

Extiende cada hoja de remolacha. Con una cucharita esparce la morcilla preparada en cada lámina de hoja de remolacha. Enróllalas sobre sí mismas. Coloca estos rollitos verticalmente en cada plato. Sitúa la vinagreta en una cucharita junto a aquéllos.

SI NO ENCUENTRAS

Morcilla de puerro y cebolla, utiliza otro tipo de morcilla
Hojas de remolacha, las puedes sustituir por hojas de lechuga
Pomelo rosa, emplea pomelo amarillo o naranja
Aceite de nuez, usa aceite de girasol
Vinagre de sidra, puedes utilizar otro tipo de vinagre

MIS TRUCOS

Un truco para evitar que las hojas de remolacha (tras escaldarlas) no amarguen demasiado es espolvorear por encima de las hojas una cucharadita de azúcar glas.

Me gusta mucho emplear para este plato (y para la mayoría de las preparaciones en que la manzana debe dar un contrapunto ácido) la manzana *errezila* (o de Regil), que es una variedad de reineta propia del País Vasco. Es de tamaño pequeño, ácida, muy aromática y tersa. En el caso de no encontrarla fácilmente, o no estar en su temporada, se puede sustituir por la magnífica reineta de Aragón o por esa otra manzana tan verde, acidulada y crujiente como es la granny smith.

Después de la cocción, si no se utiliza de inmediato, la morcilla se suele secar mucho. Para evitar este inconveniente, se debe envolver en un papel de aluminio untado con un poco de aceite y meterla en el horno apagado, pero que esté todavía caliente.

Higos a la plancha con riñones, queso del Roncal, tocino crujiente y vinagreta de cacahuetes

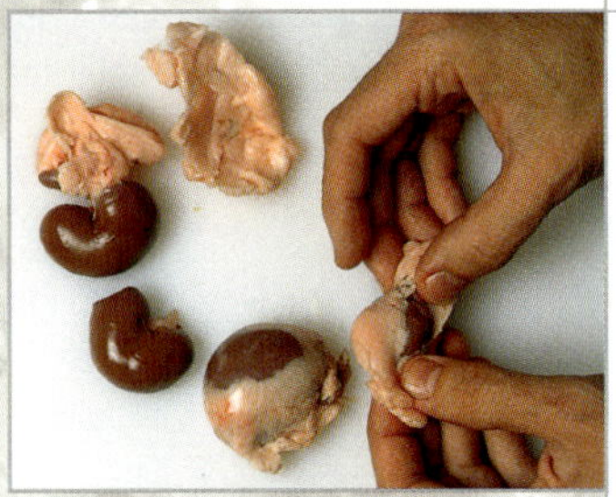

Preparando los riñones

Cortando los higos para hacerlos a la plancha

Tostando los cacahuetes en la sartén

Haciendo el tocino a la plancha

Ingredientes para 4 personas

Para los riñones

Un cuarto de kilo de riñones de cordero (mejor lechal), 1 cebolla, 1 diente de ajo, 1 copa de vino dulce, 2 cucharadas de vinagre, 4 cucharadas de aceite de oliva, 1 dl de caldo de carne (si no hay natural, de cubitos) y sal

Para los higos a la plancha

12 higos frescos, una pizca de mantequilla y 2 cucharadas de aceite de girasol

Para la vinagreta

6 cucharadas de aceite de cacahuete, 40 g de cacahuetes (sin cáscara), 1 copa de vino dulce, 2 cucharadas de vinagre de jerez, una cucharadita de mostaza suave, una pizca de sal y pimienta

Además

100 g de queso del Roncal curado cortado en lascas muy finas, 100 g de tocino con veta y unas hojas de albahaca fresca

Elaboración

Para los riñones

Lamina la cebolla y pica el ajo. Pocha ambos con el aceite a fuego muy suave. Cuando esté blanda la cebolla, y sin tomar mucho color, añade el jerez, el vinagre y el caldo y deja reducir a la mitad de su volumen. Da el punto de sal.

Lamina los riñones, sazónalos y pásalos por una plancha caliente con una cucharada de aceite en una sartén, vuelta y vuelta, y reserva al calor.

Para los higos a la plancha

Corta los higos en dos mitades. Pon una plancha al fuego con aceite y mantequilla. Dora los higos unos instantes hasta que cojan color tostado.

Para la vinagreta

Tuesta los cacahuetes en una sartén con un poco del aceite. Mezcla el resto de los ingredientes y bátelos ligeramente. Añade los cacahuetes tostados.

Final y presentación

Pasa por una plancha el tocino en lonchas y hazlas por los dos lados hasta que estén crujientes.

Coloca sobre cada medio higo a la plancha, y aún caliente, unas lascas de queso del Roncal y encima los riñones mezclados con el encebollado. Dispón en un costado las lonchitas de tocino crujiente y salsea con la vinagreta de cacahuetes. Decora con las hojitas de albahaca.

SI NO ENCUENTRAS

Higos, emplea pera o manzana en rectángulos
Riñones de cordero, utiliza riñones de ternera o hígado
Aceite de cacahuete, utiliza aceite de girasol o de oliva
Vinagre de jerez, sustitúyelo por cualquier tipo de vinagre
Albahaca fresca, prescinde de ella

MIS TRUCOS

Los riñones, ya sean de vaca, cerdo o cordero, cuanto más viejo es el animal más fuerte es su sabor, son menos valorados y necesitan una limpieza detallada.

Los riñones de cordero o de ternera lechal no necesitan blanquearse previamente, se pueden hacer directamente a la plancha, a la parrilla o guisados.

Los riñones de ganado mayor es conveniente lavarlos con agua y vinagre o también saltearlos con un poco de aceite a fuego muy vivo, y desechar las impurezas que sueltan para luego cocinarlos normalmente.

En cualquier caso, los riñones deben hacerse en un tiempo de cocción mínimo, ya que se endurecen y admiten muy mal el ser recalentados.

Si se recogen verdes, los higos nunca alcanzarán su plenitud de sabor, pero en caso contrario pueden pudrirse rápidamente. Lo ideal es adquirirlos el mismo día de su consumo.

La firmeza del rabillo del higo es un buen síntoma de su frescura y ciertas grietas en su superficie indican que está ya bien maduro.

Pescados y mariscos

Vieiras salteadas con patatas al pimentón, vinagreta de hinojo y puerros

Moldeando las patatas

Salteado las vieiras

Fileteando las judías verdes

Preparando la salsa vinagreta

Ingredientes para 4 personas

Para las vieiras

8 vieiras, 1 diente de ajo muy picado, 4 cucharadas de aceite de oliva, una cucharadita de perejil picado y sal

Para las patatas

3 patatas hermosas, 1 cucharada de aceite de oliva, 20 g de tocino de jamón, una cucharadita de pimentón dulce y sal

Para la salsa

1 patata pequeña, 2 puerros pequeños, media zanahoria, 50 g de bulbo de hinojo picado, 2 cucharadas de aceite de oliva (y un trozo de coral sobrante de la vieira), agua, una cucharada de vinagre de vino, 3 cucharadas de aceite de oliva virgen y sal

Además

Judías verdes blanqueadas (en agua hirviendo con sal) y cortadas en juliana

Elaboración

Para las vieiras

Después de sacar las vieiras de las conchas filetéalas (no muy finas), reservando el coral, y sazona. Saltéalas a fuego vivo con el resto de los ingredientes menos de un minuto.

Para las patatas

Pela las patatas y tornéalas (en forma de disco pequeño, similar a la forma de las vieiras). Cuécelas al vapor (lo justo para que no se rompan). Sazona y saltéalas con tocino y aceite. Al finalizar, añade por encima el pimentón.

Para la salsa

Pela y trocea las hortalizas. Saltéalas con el aceite y con el coral picado y sazona. Cubre bien de agua. Cuece hasta que estén blandas las patatas y el resto de verduras. Cuela. Añade al final el vinagre de vino y el aceite de oliva virgen, montando un poco la vinagreta. Da punto de sal.

Final y presentación

Coloca las vieiras en un costado del plato y en el otro las patatas salteadas.
Dispón las judías verdes en juliana de forma caprichosa.
Salsea con la vinagreta, un poco por encima y en un costado.

SI NO ENCUENTRAS

Vieiras, emplea ostras o almeja, en este caso sin casi cocción
Bulbo de hinojo, sustitúyelo por anises secos, sólo una pizca
Vaporera, puedes cocer en una cazuela alta con agua (poca cantidad) y sal
Tocino de jamón, utiliza sólo aceite de oliva
Aceite de oliva virgen, emplea aceite de oliva

MIS TRUCOS

Es conveniente utilizar un cuchillo de hoja flexible y corta para separar el cuerpo de la vieira de la concha cóncava. Si no se abren bien pueden meterse en un horno precalentado durante unos instantes.

Es importante limpiar bien las vieiras antes de su preparación. Hay que quitar la membrana y bordes negros del manto que envuelven el cuerpo carnoso del molusco, Separa el coral (naranja) de lo blanco y lava ambas partes, siempre con agua fría. Este plato resulta aún más fino si utilizas en lugar de vieiras dos especies de moluscos similares a éstas, pero más pequeñas, delicadas y gustosas: las volandeiras y las sustanciosas zamburiñas.

Calamar grande a la plancha y encebollado con vinagreta tibia de cebollino y pistachos

Limpiando el calamar

Cortando la cebolla y el pimiento verde

Pochando las verduras

Preparando la vinagreta

Ingredientes para 4 personas

Para los calamares

2 calamares grandes (los llamados begi aundi) de 500 g cada uno, 3 chalotas, 2 cucharadas de perejil picado, 1 dl de aceite de oliva y sal

Para el encebollado

2 cebollas en juliana, 4 pimientos verdes en juliana, 4 cucharadas de aceite de oliva

Para la vinagreta

8 cucharadas de aceite de oliva, 4 cucharadas de vinagre de vino tinto, 2 cucharadas de vinagre balsámico, media copa de txakoli (o vino blanco seco), 30 g de pistachos picados, 1 cucharada de cebollino picado y sal

Además

Perejil picado

Elaboración

Para los calamares

Limpia bien los calamares y ábrelos por la parte de la quilla. Separa las aletas y los tentáculos. Pon los cuerpos y los tentáculos en un recipiente con las chalotas picadas, aceite, sal y perejil, y deja macerar durante 12 horas aproximadamente.

Para el encebollado

Para hacer la cama, pon una cazuela a fuego lento con el aceite, las cebollas y los pimientos, cortados en juliana. Deja sudar (pochar) muy lentamente, a fuego mínimo, hasta que comiencen a tomar color.

Para la vinagreta

Mezcla bien los ingredientes señalados, primero los líquidos, mezclándolos perfectamente, y al final los sólidos (ajo, pistachos y cebollino).

Final y presentación

Pincha los begi aundi por los laterales con una brocheta y ponlos en la plancha con la parte cincelada hacia abajo, además de los tentáculos. Cuando estén ligeramente dorados, dales la vuelta y rocíalos con un poco de vinagreta (solo el líquido). Tenlos aproximadamente un minuto por cada lado a fuego vivo.

Sobre cada plato coloca la juliana de cebolla y pimiento verde, bien escurrida y caliente. Pon encima el calamar (quitando la brocheta y cortado en varios trozos) y los tentáculos. Añade la salsa vinagreta en un costado. Espolvorea sobre el cuerpo perejil picado.

SI NO ENCUENTRAS

Calamares grandes, cocina en su lugar sepia
Chalotas, utiliza cebolla
Vinagre balsámico, emplea cualquier otro vinagre de calidad
Pistachos, puedes utilizar otro fruto seco
Cebollino, sustitúyelo por perejil

MIS TRUCOS

La cocción del calamar debe ser muy corta cuando se cocina a la plancha y larga cuando se hace guisado. Los tiempos intermedios son inadecuados ya que harán que su carne quede dura en exceso y como gomosa.

Aunque una de las más destacadas cualidades de este tipo de chipirón sea su tersura, no hay que confundirla con la dureza.

Para evitar esta última, hay un truco eficaz, siempre y cuando al comprarlo esté muy fresco: se limpia y se congela durante unas horas (como máximo un par de días). El proceso de congelación rompe sus fibras y por ello pierde la dureza al ser cocinado.

Los calamares, en general, encogen bastante al cocinarlos, así que hay que ser generosos a la hora de calcular las raciones.

En la originaria presentación de este plato realizamos en el cuerpo del animal incisiones en forma de rombo, que semejaban escamas y le daban un toque original y vistoso. Teniendo cuidado de que estas incisiones no sean muy profundas para que no traspasen al calamar y se rompa.

Lomo de dorada con avellanas, camarones y vinagreta de acelgas

Enseñando el pescado

Ingredientes para 4 personas

Para la dorada

4 lomos de dorada (con su piel) de 180 g cada uno, 4 cucharadas de aceite de oliva

Para la vinagreta de acelgas

200 g de acelgas, 2 cucharadas de aceite de oliva, 6 cucharadas de aceite de oliva virgen extra picual, 2 cucharadas de vinagre de sidra, hielo, agua y sal

Para los camarones hervidos

80 g de camarones, agua y sal

Además

Avellanas salteadas y tostadas y sal gorda marina de Guérande

Cociendo las acelgas

Elaboración

Para la dorada

Corta cada lomo en dos dándoles forma rectangular y manteniendo la piel. Pon en una sartén el aceite y marca los lomos de dorada a fuego vivo por ambos lados. Hornea 2 o 3 minutos a 220°. Una vez hechos, resérvalos para calentar en el momento de servir.

Para la vinagreta de acelgas

Limpia bien las acelgas. Separa lo blanco de lo verde. Cuece por un lado en agua con sal las pencas blancas (deben quedar al dente) y lo verde en agua hirviendo con sal, pasándolo por agua con hielo. Pica muy fino lo verde y saltéalo unos instantes con aceite de oliva. Tritura sin colar. Pica las pencas en trocitos muy pequeños. Monta ligeramente una vinagreta con el aceite de oliva virgen, lo verde de la acelga triturado y el vinagre. Rectifica de sal e incorpora por último los trocitos de penca sin batir la vinagreta.

Preparando la vinagreta con la penca de acelga

Para los camarones hervidos

Pon una cazuela con abundante agua y alta concentración de sal (que recuerde al agua marina) al fuego. Cuando surjan los borbotones echa los camarones y deja hervir un minuto. Refresca en agua fría, pero sin dejar que se enfríen del todo. Pela, si se desea, la cola dejando la punta y la cabeza.

Final y presentación

Calienta durante unos instantes los lomos de dorada (bajo la salamandra o gratinador) y en el mismo plato donde se van a servir. Colócalos con la piel hacia arriba. En un costado, dispón unas cucharadas de vinagreta tibia. Pon sobre la piel de la dorada unos granos de sal gorda y en su costado los camarones recién cocidos y avellanas salteadas y tostadas.

SI NO ENCUENTRAS

Dorada, puedes utilizar lubina, sargo, jurel, dentón u otros pescados
Aceite de oliva virgen extra picual, sustitúyelo por aceite de oliva
Vinagre de sidra, utiliza vinagre
Camarones, emplea gambas, carabineros o langostino congelado
Sal gorda marina de Guérande, usa sal gorda común

Las avellanas y los camarones

MIS TRUCOS

La dorada se suele encontrar muy fresca en los mercados porque, por lo general, no suele ser un pescado de arrastre sino de anzuelo, y por tanto suele ser más corto el tiempo que transcurre entre su captura y venta.

La fórmula de asarla entera ha perdurado mucho tiempo en la cultura mediterránea y con una variante muy particular de la costa murciana, que es la de costra de sal. Porque aunque la dorada a la sal (y otros pescados como el mújol) sea una elaboración ancestral, seguramente de origen púnico, el caso es que los pescadores del mar Menor le han dado su sello tan particular e inigualable.

La dorada a la sal también se puede preparar en casa, aunque hay que hacer numerosas pruebas hasta que nos salga bien.

Para hacer una dorada de un kilo nos hacen falta 2 kg de sal gorda. Colocamos la dorada en una fuente de horno cubierta por una capa de sal de 2 centímetros de espesor, aplastándola bien para que quede compacta. Se cubre después la dorada con el resto de la sal, aplastándola bien, y en un horno a fuego vivo se mantiene durante tres cuartos de hora. Este tiempo es aproximado, pues depende de los hornos. La costra de encima debe quedar muy dura, y hay que golpearla fuertemente para romperla. De todas formas, hay que tener mucho cuidado de que la costra de sal no se rompa antes de terminar el tiempo de cocción, ya que la dorada quedaría demasiado salada.

Merluza en salsa verde y vinagreta de almejas salteadas con polvo de jamón

Haciendo la merluza en salsa

Ingredientes para 4 personas

Para la merluza en salsa

4 lomos de merluza (con la piel) de 200 g cada uno, 4 dientes de ajo, 2 cucharadas de perejil picado, 12 cucharadas de aceite de oliva, 1 vaso de agua fría y sal

Para el salteado de almejas y vinagreta

250 g de almejas, 1 cucharada de aceite de oliva, 1 cucharada de cebollino picado, 1 ajo fresco picado, 2 cucharadas de aceite de oliva virgen, 2 cucharadas de vinagre de sidra, una pizca de guindilla, agua y sal

Para el polvo de jamón

120 g de jamón ibérico

Salteando las almejas

Elaboración

Para la merluza en salsa

Limpia los lomos, mejor con un paño. Sazónalos. Pon una cazuela (puede ser de barro) amplia, para que quepan los lomos con holgura, a fuego lento con el aceite, los ajos muy picaditos y la mitad del perejil picado. Antes de que empiecen a dorarse los ajos añade los lomos de merluza con la piel hacia arriba. Después mójalos con el agua y mantén la cocción durante unos 3 minutos (depende del grosor de los lomos), moviendo la cazuela para que ligue la salsa. Seguidamente dale la vuelta a los lomos y prosigue la cocción durante otros 3 minutos. Sazona. Cerciórate antes de emplatar de que la salsa está bien ligada, si no, saca los lomos y liga fuera del fuego la salsa moviendo la cazuela.

Para el salteado de almejas y vinagreta

Ten en un recipiente, un par de horas antes, las almejas con agua y sal. Escúrrelas bien. Pon una sartén con el aceite de oliva y la pizca de guindilla a fuego vivo. Echa las almejas y saltéalas moviendo bien la sartén. En cuanto se abran, retíralas. Haz una vinagreta con el aceite de oliva virgen, el vinagre, el ajo fresco, el cebollino y sal. Témplala al fuego pero sin que hierva. Quita las cáscaras de las almejas y aliña su carne con la vinagreta tibia.

Preparando el jamón para asar

Para el polvo de jamón

Corta el jamón en láminas muy finas. Ponlas en una bandeja e introduce al horno a 200° durante 10 minutos (hasta que quede tostado y muy crujiente). Después, tritúralo en un molinillo o trituradora hasta que quede reducido a polvo fino.

Final y presentación

Sirve en cada plato un lomo de merluza y su salsa, Pon alrededor las almejas salteadas y su vinagreta. Dispón en un costado un poco de polvo de jamón. Espolvorea con el perejil sobrante sobre cada lomo.

Nota: hay quien prefiere añadir en lugar de agua caldo de pescado o incluso vino blanco, pero algo tan neutro como el agua hace prevalecer el sabor del pescado, tan sutil e intenso a la vez. Es cuestión de gustos.

SI NO ENCUENTRAS

Merluza, puedes utilizar otro pescado blanco como bacalao fresco
Cebollino, prescinde de él
Vinagre de sidra, utiliza cualquier tipo de vinagre
Aceite de oliva virgen, usa aceite de oliva
Jamón ibérico, emplea en su lugar jamón serrano

Moliendo el jamón para hacerlo polvo

MIS TRUCOS

La merluza hembra es más apreciada que la merluza macho. Esta última es de cabeza grande y cuerpo largo y delgado, mientras que la hembra es más corta y regordeta.

La merluza recién pescada no es conveniente consumirla de inmediato, debe asentarse durante 24 horas; en caso contrario, suelta mucha agua y, lo que es peor, resulta insípida.

Si compras la merluza entera aprovecha la cabeza para hacer sopa de pescado. Le aporta gusto, gelatinosidad y untuosidad al ser una parte cartilaginosa.

Si tienes que conservar la merluza en el frigorífico (el menor tiempo posible), envuélvela en un paño húmedo para que no se seque.

Es importante que el ajo de la salsa verde quede a medio freír, ya que si se dora difícilmente podrá ligar la salsa.

La mejor solución para quitarles la arenilla a las almejas es tenerlas, antes de cocinarlas, durante varias horas en agua con sal.

No conviene cocinar largo tiempo las almejas, pues merman y se endurecen: se vuelven gomosas.

Lenguado a la plancha con cogollo y jugo de carne

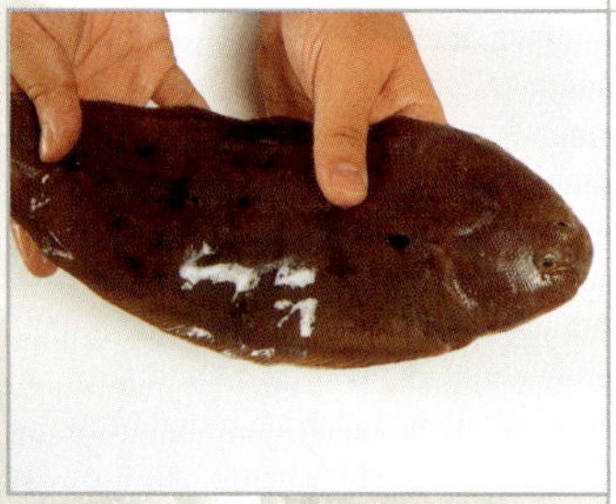

Mostrando el frescor del lenguado

Lenguado haciéndose a la plancha

Preparación del cogollo a la plancha

Haciendo el jugo de carne

Ingredientes para 4 personas

4 lenguados de ración, 2 cogollos, 1 cebolla, 1 puerro, 1 tomate, 1 litro de agua, 1 dl de vino tinto, 1 hueso de cañada, 200 g de carne de morcillo, 6 cucharadas de aceite de oliva, 2 cucharadas de aceite de oliva virgen, el zumo de medio limón, sal

Para la vinagreta

4 cucharadas de aceite de oliva virgen, 1 cucharadita de vinagre de vino y sal gorda. Así como unas hojitas de perifollo

Elaboración

Haz un caldo con el agua, la carne, el hueso de cañada, la cebolla, el puerro y el tomate enteros, cociendo lentamente por espacio de dos horas (si es en olla exprés, el tiempo que corresponda). Transcurrido este tiempo, cuela el caldo. Redúcelo a fuego lento a la mitad de su volumen, añadiendo el vino tinto y sazona. Una vez limpios los lenguados, pon una plancha a fuego vivo con dos o tres cucharadas de aceite y hazlos de uno en uno, enteros y por ambos lados, como máximo un par de minutos dependiendo del grosor. Deja reposar en un sitio caliente durante 5 minutos; al mismo tiempo, haz los cogollos, previamente untados con el aceite sobrante, en otra plancha caliente 1 minuto por cada lado. Alíñalos al final con la vinagreta que habrás montado con los ingredientes señalados, excepto la sal gorda.

Saca los filetes de los lenguados y dales un ligero golpe de calor en el horno, añadiendo el zumo del medio limón y el aceite de oliva virgen.

Final y presentación

Coloca en un costado del plato los filetes de lenguado superpuestos, uno sobre otro, y aliñados, a su lado el cogollo hecho a la plancha, también aliñado y sazonado con sal gorda. Salsea alrededor de ambos con el jugo de carne reducido y decora con unas hojitas de perifollo.

SI NO ENCUENTRAS

Lenguado, puedes sustituirlo por otro pescado plano como rodaballo, platija o el más sencillo de todos, pero no por ello menos bueno, el socorrido gallo

Cogollos de Tudela u otras huertas, puedes remplazarlos por endibias

Carne de morcillo, puedes emplear costilla de ternera o falda

Perifollo, puedes utilizar en su lugar perejil, liso o rizado

MIS TRUCOS

Si se utilizan endibias en vez de cogollos no se deben sumergir en agua para limpiarlas ya que acentuaría su amargor. Se limpian con un paño o se pasan rápidamente por agua secándolas después.

Si quieres dar un toque aromático al jugo de carne puedes añadir al final de la cocción unas hojitas de estragón que, por otra parte, armonizan perfectamente con un pescado como el lenguado. Pero con mucho cuidado de no pasarse con los aromáticos y especias, ya que las carnes del lenguado son de un gusto muy delicado y sutil que puede desaparecer ante la fuerza de aquéllos.

Es muy importante espumar bien el caldo al comienzo de la cocción para evitar las impurezas. Lo mejor es que el caldo se haga a fuego muy lento, cuantas más horas mejor, ya que de esta forma no tendremos que clarificarlo después.

Haciendo el jugo de chirlas

Haciendo la infusión de salvia

Salteando las verduras

Haciendo el lenguado a la plancha

Lenguado en jugo de chirlas a la salvia con sésamo, nueces de macadamia y hortalizas salteadas

Ingredientes para 4 personas

4 lenguados medianos, 4 cucharadas de aceite de oliva y sal

Para el jugo de chirlas a la salvia

200 g de chirlas,1 cebolla y 1 zanahorias (ambas en juliana fina), medio litro de agua, 5 cucharadas de aceite de oliva, 2 cucharaditas de sésamo blanco, 1 cucharada de nueces de macadamia picadas, unas hojas de salvia, zumo de medio limón, sal y pimienta

Para las hortalizas salteadas

2 puerros jóvenes cortados en tiras, 1 zanahoria en bastones, 8 espárragos verdes (las puntas y el tallo cortados en bastones), 5 cucharadas de aceite de sésamo, una pizca de mantequilla, una cucharadita de azúcar, perejil picado, pimienta blanca y sal

Además

Unas hojas de salvia u otra hierba para decorar

Elaboración

Para el jugo de chirlas a la salvia

Saltea las chirlas con el aceite, añadiendo el agua, la juliana de zanahoria y de cebolla. Deja cocer a fuego lento y reduce unos 12 minutos. Después, cuela este caldo. Agrega el sésamo y las nueces. Dale a todo un hervor y deja en infusión la salvia con la cazuela tapada unos 10 minutos. Transcurrido este tiempo, retira las hojas de salvia. Reduce al fuego el conjunto del jugo. Salpimenta. Al final de la cocción añade el zumo de limón.

Para las hortalizas salteadas

En una sartén puesta al fuego con el aceite y la mantequilla echa, cuando esté caliente, los puerros, la zanahoria y los espárragos troceados. Saltea todo a fuego vivo, hasta que estén las verduras hechas pero al dente, agregando también un poco de azúcar. Espolvorea por encima perejil picado. Da el punto de sal y pimienta (esta última, si se desea).

Final y presentación

En una plancha caliente o sartén antiadherente con un poco de aceite dora los lenguados sazonados por las dos caras hasta que estén hechos pero jugosos en su interior. Al retirarlos, quita las espinas y saca los filetes o lomos.

Coloca en el centro del plato los filetes correspondientes de lenguado. Napa con el jugo a la salvia y después, por encima y alrededor, dispón la guarnición de hortalizas de forma irregular. Decora, si quieres, con unas hojas de salvia.

SI NO ENCUENTRAS

Chirlas, se pueden sustituir por mejillones o lapas (o cualquier molusco)
Sésamo blanco, puedes prescindir de él
Nueces de macadamia, sustitúyelas por otro fruto seco (avellanas, cacahuetes, etc.)
Salvia, emplea en su lugar perejil
Espárragos verdes, utiliza sólo puerros
Aceite de sésamo, utiliza aceite de girasol o de oliva
Hortalizas salteadas, utiliza patatas cocidas

MIS TRUCOS

Las normas generales para comprobar la frescura del pescado tienen una excepción muy notable en el caso del lenguado, ya que no se sabe por el color de las agallas o la viveza de sus ojillos sino por el tacto resbaladizo y muy baboso de su piel cuando está fresco.

Por el contrario, a los lenguados, cuando están un poco más pasados de tiempo, se les reseca la piel y apenas resbala al tacto.

No es muy aconsejable, aunque se vaya a presentar el lenguado en lomos o filetes, cocinarlos ya desespinados puesto que lo único que sucederá es que quede muy bonito de presentación pero su carne muy seca.

Por ello es mejor, ya sea frito, a la brasa, a la plancha o al horno, cocinarlo entero sin desespinar y con su piel: posteriormente, una vez hecho, se pueden sacar los filetes o trocearlo para su posterior presentación en el plato.

Rape envuelto en bacón con guisantes tiernos, sisas y patatitas

Cortando el rape

Envolviendo el rape en el bacón

Haciendo el estofado de guisantes

Salteando el rape

Ingredientes para 4 personas

Para el estofado de guisantes, sisas y patatas

1,500 kg de guisantes con sus vainas, 1 cebolleta fresca, 150 g de patatitas nuevas, 6 cucharadas de aceite, 2 dl de agua, 1 ajo fresco, 150 g de sisas (perretxiko o seta de San Jorge), sal

Para el rape

1 rape hermoso, 50 g de bacón en lonchas, 4 cucharadas de aceite de oliva, 1 copa de txakoli blanco, 1 dl de fumet de pescado ligero, unas hojas de salvia, perejil picado y sal

Además

Unas hojas de salvia

Elaboración

Para el estofado de guisantes, sisas y patatas

Desgrana los guisantes (reservando las vainas). Cuece las vainas en la mitad del agua. Después cuela el caldo. Cuece brevemente en el resto del agua con sal las patatitas (10 minutos aproximadamente, dependiendo del volumen de éstas). Pon en una cazuela la cebolleta bien picada con 4 cucharadas de aceite a fuego suave. Cuando esté tierna la cebolleta (sin llegar a dorarse) añade los guisantes y saltéalos durante un par de minutos. Agrega el caldo de sus vainas y, por último, las patatas (que se han de terminar de cocer). Haz todo unos 7 a 8 minutos. Limpia las setas. Trocéalas con la mano y saltéalas con el resto del aceite y con el ajo muy picado. Añade al estofado de guisantes.

Para el rape

Limpia bien el rape de espinas y recorta las barbas sobrantes (con las que podemos hacer con agua un fumet). Córtalo en lomos pequeños, sazonando ligeramente, y envuélvelos en las lonchas de bacón. Saltéalos en una sartén con el aceite por todas las caras: una vez marcados, hornéalos durante un par de minutos a 200°. En la sartén donde se han salteado, desglasa con el vino y después añade el fumet y unas hojas de salvia. Reduce un par de minutos. Agrega el perejil picado.

Final y presentación

Coloca los lomitos de rape envuelto en bacón en un costado del plato. Salsea por encima con su jugo reducido a la salvia. A su lado dispón la menestra de guisantes, sisas y patatas. Decora y aromatiza con una hoja de salvia.

SI NO ENCUENTRAS

Guisante fresco, puedes sustituirlo por guisante enlatado
Cebolleta o ajos frescos, usa en su lugar cebolla y ajo de despensa (en menor cantidad)
Patatas pequeñas nuevas, utiliza patata vieja (troceándola)
Sisas, se pueden sustituir por champiñones
Txakoli, lo puedes sustituir por un vino blanco seco y afrutado
Fumet de pescado, emplea simplemente agua
Salvia, prescinde de ella o usa perejil

MIS TRUCOS

El mayor elogio que se le puede hacer al rape es que debido a sus carnes prietas y gustosas ha servido para (sobre todo en ensaladas y platos fríos) sustituir dignamente a la langosta o al bogavante.

Para ello, podemos realizar un disfraz simpático (ya que no se trata de engañar a nadie). Se macera el lomo de rape en aceite y pimentón y se brida. Se cuece en leche y después se deja enfriar con un peso encima. Así cogerá un color rojizo y una textura prieta como la de la langosta.

En la voluminosa cabeza del rape se encuentran las partes más gelatinosa y gustosas de este pescado, como las carrilleras o mofletes, partes que son idóneas para calderetas, sopas y guisos.

No me gusta desechar las vainas de los guisantes ya que ofrecen, una vez cocidas en agua, un caldo que aporta mucho sabor a las menestras. Sin embargo, el calzón de las habas no se suele aprovechar ya que da al caldo mucho amargor.

Las sisas (perretxikos) no se deben cortar nunca a cuchillo, sino romperlas o desmenuzarlas a mano.

Rape salteado al estragón con pochas blancas y verduras

Los ingredientes de las pochas

Ingredientes para 4 personas

Para las pochas

1 cebolla, 1 zanahoria, 1 pimiento verde, 1 puerro, 1 tomate, 1 diente de ajo, 600 g de pochas blancas, un litro y medio de agua, medio dl de aceite de oliva, 1 cucharadita de azúcar (opcional) y sal

Para el rape salteado

2 lomos de rape (de 400 g cada uno),1 chalota y 1 cebolleta (ambas cortadas en juliana fina), unas hojas de estragón y de cebollino fresco picado, 5 cucharadas de aceite de oliva, sal y pimienta blanca

Además

Aceite aromatizado al estragón y perejil picado

Guisando las pochas

Elaboración

Para las pochas

Pon en una cazuela hermosa las pochas cubiertas de agua fresca con la cebolla, la zanahoria, el pimiento y el puerro, todos picados, así como el aceite. Añade el tomate y el ajo, ambos enteros. Acerca a fuego muy lento y deja que se vaya haciendo muy lentamente. Según se consuma el agua se va agregando más, siempre en pequeñas cantidades. Cuando estén casi hechas las pochas saca el tomate. Tritúralo con un poco del caldo, agrégalo a las pochas y deja cociendo hasta que estén blandas pero enteras. Da el punto de sal. Rectifica la acidez del tomate (si es necesario) con un poco de azúcar.

Salteando el rape

Para el rape salteado

Salpimenta el rape y dóralo en una sartén con aceite de oliva bien caliente. Una vez salteado, sácalo y reserva al calor. En ese mismo aceite saltea la chalota y cebolleta, así como el estragón y el cebollino. Sazona al final. Corta el lomo de rape en medallones. Añade la preparación anterior por encima de los medallones de rape.

Final y presentación

Deposita sobre cada plato sopero unas cucharadas del estofado de pochas. Sobre ellas dispón los medallones de rape. Píntalos con la ayuda de un pincel con el aceite aromatizado al estragón. Espolvorea por encima el perejil picado.

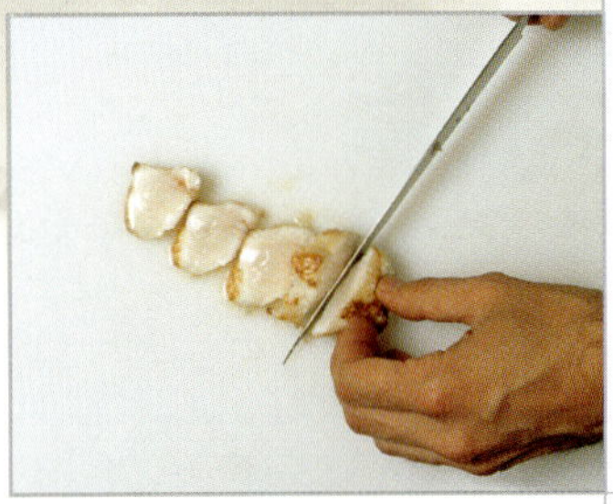

Cortando el rape en medallones

SI NO ENCUENTRAS

Pochas blancas, utiliza alubia blanca seca
Chalota, emplea cebolla
Estragón, prescinde de él
Cebollino, utiliza perejil
Aceite al estragón, sustitúyelo por aceite aromatizado con ajo

MIS TRUCOS

Al hacer la compra debes tener en cuenta que el rape es uno de los pescados que más merma al cocinarse.
Y aunque tenga mucho desperdicio y merme bastante más que otros, su parte más voluminosa, que es la cabeza, se aprovecha muy bien una vez limpia. Tanto sus carrilleras como el resto de sus huesos son por su gelatina y sabor elementos muy valorados para elaborar una sopa o caldo de pescado.
La carne del rape hembra es mejor que la del macho. Se distingue por el color de su piel y por su tamaño. La hembra tiene piel oscura, cuerpo ancho y corto (se le suele llamar rape negro). El macho tiene la piel más clara, cabeza muy grande y cuerpo alargado.
Lo más recomendable es comprar las pochas el mismo día de su recolección y desgranarlas justo antes de echarlas a la cazuela para evitar que germinen.
Hay que desechar las pochas que tengan manchas de moho en sus vainas, ya que es un síntoma de exceso de humedad y es posible que ya estén germinando.
Las pochas no hay que ponerlas a remojo antes de cocerlas, pues al ser tiernas y frescas no necesitan tratamiento previo.

Pez de San Pedro confitado en tocino ibérico con ajos, calabaza y cecina crujiente

Enseñando el pescado

Ingredientes para 4 personas

Para confitar el pescado

1,400 kg de pez de San Pedro (muxu martin), aproximadamente unas dos piezas de 700 g cada una, 300 g de tocino ibérico, 1 dl de aceite de oliva, 5 dientes de ajo con su piel, 1 ramita de estragón y sal

Para la calabaza a la plancha

250 g de calabaza, 1 litro de agua, 1 cucharadita de aceite de nuez y sal

Además

Perejil picado y 100 g de cecina picada, frita y crujiente, aliñada con unas gotas de vinagre de vino y aceite de oliva

Confitando el pescado

Elaboración

Para confitar el pescado

Limpia el pescado, quitando la cabeza y las espinas, pero manteniendo la piel. Haz lomos con el pez y sazónalos. Trocea el tocino y derrítelo a fuego muy lento en una cazuela. Añade el aceite, los ajos con su piel y el estragón. Cuando el tocino esté diluido, cuélalo con un paño limpio. Añade el aceite y los ajos, pon de nuevo al fuego muy lento, no debe alcanzar más de 70º de temperatura, y cuece todo unos 25 minutos; después, introduce los filetes del pescado cubiertos bien por la grasa y deja que se hagan durante 12 minutos. Escurre muy bien el pescado, quitando toda la grasa.

Para la calabaza a la plancha

Corta la calabaza en rectángulos pequeños, cuece en agua con sal por espacio de unos 30 minutos (hasta que la calabaza esté tierna, pero entera). Escúrrelos bien, píntalos con el aceite de nuez y pásalos por la plancha caliente brevemente por cada lado.

Cortando la calabaza

Final y presentación

Pon en un costado del plato el lomo del pescado confitado y escurrido con la piel para arriba. Sitúa a su lado los trozos de calabaza ya pasados por la plancha, sobre los que dispondrás algún ajo confitado. Por último, coloca encima de los trozos de pescado la cecina crujiente aliñada y espolvorea el conjunto del plato con perejil picado.

SI NO ENCUENTRAS

Calabaza, utiliza calabacín

Pez de San Pedro, puedes sustituirlo por platija, gallo o merluza

Tocino ibérico, emplea en su lugar cualquier tipo de tocino

Estragón, prescinde de él

Cecina, usa tocino

Aceite de nuez, usa aceite de girasol o de oliva

Friendo la cecina

MIS TRUCOS

Hay que tener muy en cuenta en el momento de adquirir este pescado que tiene mucha merma, ya que todo él es cabeza y un armazón corporal muy grande.

Sin embargo, sus despojos se pueden aprovechar para elaborar sabrosos caldos y sopas muy sustanciosas.

Para comprobar que el tocino es de calidad, es decir, el ibérico de pura bellota, hay un truco, que consiste en presionar el dedo sobre el mismo: si resbala y deja huella será de la máxima calidad.

El tocino de cerdo de recebo es más rígido y apenas queda rastro en él al presionar sobre él.

Cuando está bien madura, la calabaza adquiere en su superficie exterior una consistencia de madera, aunque contiene una pulpa muy acuosa. El problema que tiene es que sigue soltando mucha agua después de cocida, por ello es preciso dejarla escurrir en un colador durante largo rato, por lo que es mejor cocerla con poco agua.

Bacalao con pisto de berenjena y salsa de aceituna negra

Golpe de plancha al bacalao

Picando el calabacín del pisto

Escurriendo el pisto

Batiendo la vinagreta

Ingredientes para 4 personas

4 lomos de bacalao de 350 g cada uno, 1 berenjena sin pelar, 1 calabacín con su piel, 1 cebolla, 3 dientes de ajo, 2 tomates pelados, despepitados y rallados, 1 pimiento morrón rojo asado, pelado y cortado en taquitos, 8 cucharadas de aceite de oliva, 1 cacito de agua, sal, pimienta y una ramita de tomillo fresco

Además

40 g de aceitunas negras picadas maceradas con cuatro cucharadas de aceite de oliva virgen y unas gotas de limón

Elaboración

Una vez desalado el bacalao, se coloca en una plancha caliente añadiendo dos cucharadas de aceite, haciéndolo por los dos lados como máximo un par de minutos. Por otra parte, calienta el resto del aceite en la cazuela. Pica el ajo muy fino, así como la cebolla y la berenjena, y el calabacín en tacos, conservando en estos dos últimos su piel, y saltea a fuego vivo durante unos instantes, reduce el fuego tapando la cazuela. Déjalo así a fuego lento durante 10 minutos, después, echa los tomates, el pimiento y el tomillo y deja hacer otros 5 minutos, añadiendo el cacillo de agua. Comprueba el punto de sal y añade un poco de pimienta. Coloca los lomos de bacalao encima de este pisto y deja que dé tan sólo un hervor.

Final y presentación

Retira el bacalao manteniéndolo al calor. Escurre el pisto y colócalo sobre el plato, y sobre el mismo coloca el lomo de bacalao caliente. Bate el picadillo de aceitunas negras con aceite y limón, sin llegar a emulsionar del todo. Salsea por encima del lomo con esta salsa.

SI NO ENCUENTRAS

Tomillo fresco, puedes utilizar tomillo seco en menor cantidad o una ramita de perejil

Pimiento rojo morrón, puedes emplear pimientos verdes, en cuyo caso no tendrás que asarlos previamente

Bacalao en salazón de suficiente calidad, puedes sustituirlo por bacalao fresco, añadiendo más sal al conjunto del plato

Las berenjenas, se pueden sustituir por setas, bien de cultivo o silvestres, ya que, al guisarlas, las berenjenas recuerdan vagamente al sabor de las setas

MIS TRUCOS

Al hacer el bacalao a la plancha se corre el peligro de que se lamine y desmorone. Por eso hay que hacer siempre el bacalao con la piel, que ayuda a mantener su firmeza, pero si esto no es suficiente, se puede atar, como se hace con la carne asada para evitar este problema.

Si después del desalado el bacalao queda todavía un poco alto de sal, introdúcelo durante dos o tres horas en leche tibia con unos ajos con piel, aunque lo más aconsejable es mantenerlo un poco más de tiempo en agua fría.

Si compramos el bacalao ya desalado aguantará dentro del frigorífico (secándolo bien) lo mismo que un pescado fresco; también admite la congelación, que afectará poco a su sabor y textura.

Es aconsejable comprar siempre el bacalao en tiendas especializadas, donde se ofrece, generalmente, una mayor homogeneidad y calidad.

Bacalao con sus kokotxas en crema ligera de patata y pimiento verde

Ingredientes

Preparativos de la crema

Ligando las kokotxas con el bacalao

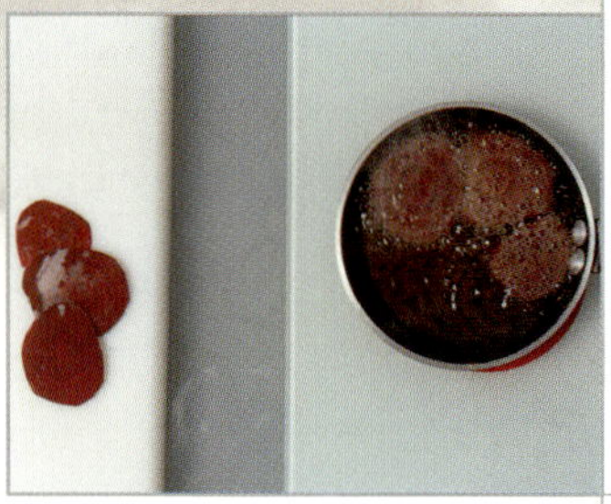

Haciendo la remolacha frita

Ingredientes para 4 personas

Para el bacalao y sus kokotxas al pil pil

4 lomos de bacalao en salazón sin espinas, pero con la piel (de 180 g cada uno), 200 g de kokotxas de bacalao en salazón, 4 dl de aceite de oliva, 1 dl de agua, 1 ajo picado, y abundante agua fría (para desalar) y sal

Para la crema ligera de patata y pimiento verde

500 g de pimientos verdes, 200 g de bacalao (mejor una cola), 2 dientes de ajo, 1 patata hermosa, 2 dl de aceite de oliva, un cuarto de litro de agua, dos cucharadas de perejil picado, 2 cucharadas de aceite de oliva virgen, 1 dl de caldo de pescado

Además

Perejil picado y unas lonchas finas de remolacha y aceite para freír

Elaboración

Para el bacalao y sus kokotxas al pil pil

Tras su oportuno remojo en agua, tanto del bacalao como de las kokotxas, se secan bien. Se recortan las barbas de las kokotxas y se les quitan las espinas que pudieran tener. Pon en frío a calentar el aceite de oliva con el ajo picado, así como los lomos de bacalao. Haz un par de minutos por cada lado. Saca los lomos y mantenlos en sitio caliente. Añade las kokotxas. Deja hervir lentamente moviendo la cazuela en vaivén. Cuando empiecen a soltar la gelatina emulsionadora, añade poco a poco el agua. Fuera del fuego, liga con igual movimiento de vaivén. Sigue calentándolas al fuego pero con cuidado de que no llegue a hervir. Coloca de nuevo en la cazuela los lomos de bacalao. Comprueba el punto de sal y reserva al calor.

Para la crema ligera de patata y pimiento verde

Corta los pimientos verdes en juliana y póchalos en el aceite de oliva a fuego lento (para que no pierdan color). Después, escurre toda la grasa y ponlo en una sartén o cazuela al fuego. Añade la cola de bacalao, la patata picadita y el ajo laminado, rehogando todo junto. A continuación, cúbrelo con el agua y déjalo cocer a fuego lento hasta que la patata esté muy blanda (tres cuartos de hora aproximadamente). Transcurrido este tiempo, tritura todo, cuélalo en un chino fino, añade el caldo si es preciso y lígalo con el aceite de oliva virgen. Añade al final el perejil picado.

Final y presentación

Fríe las láminas de remolacha a fuego vivo con aceite. Escurre bien. Pon unas cucharadas de la crema de patata y pimiento verde en la base del plato y sobre ella dispón las kokotxas y el bacalao con su salsa por encima. Decora con las láminas de remolacha fritas y espolvorea por encima el perejil picado.

SI NO ENCUENTRAS

Kokotxas de bacalao en salazón, utiliza frescas
Aceite de oliva virgen, puedes usar aceite de oliva
Caldo de pescado, emplea simplemente agua
Remolacha, sustitúyela por otra hortaliza (berenjena, calabacín, etc.)

MIS TRUCOS

Si compras el bacalao desalado aguantará dentro del frigorífico lo mismo que un pescado fresco, pudiéndose congelar de la misma forma que si fuera fresco.

El bacalao conviene adquirirlo en tiendas especializadas para que la calidad del mismo sea alta y siempre homogénea.

Se pueden sustituir las kokotxas en salazón por las frescas, en cuyo caso se procede de igual forma, salvo el remojado previo, y sazonándolas con más generosidad.

El remojo de las kokotxas de bacalao en salazón es similar al de otras partes del mismo, si bien el tiempo lógicamente se acorta. Hay que tenerlas unas 24 horas en agua fría, dentro del frigorífico, cambiándolas tres veces de agua.

A las kokotxas, ya sean de merluza o bacalao, unas vez hechas y ligadas, conviene moverlas lo menos posible pues son muy frágiles y tienden a romperse.

Es importante que una vez emulsionada la salsa pil pil no vuelvas a calentarla al fuego directo, ya que si hierve se corta la salsa y es preciso volver a montarla. Es preferible calentarla durante unos instantes, con cuidado de que no se seque, en un horno o gratinadora.

Anchoas a la plancha con melón y vinagreta ligera de aceitunas verdes y pepinillos

Cortando el melón

Haciendo el melón a la plancha

Picando ingredientes de la vinagreta

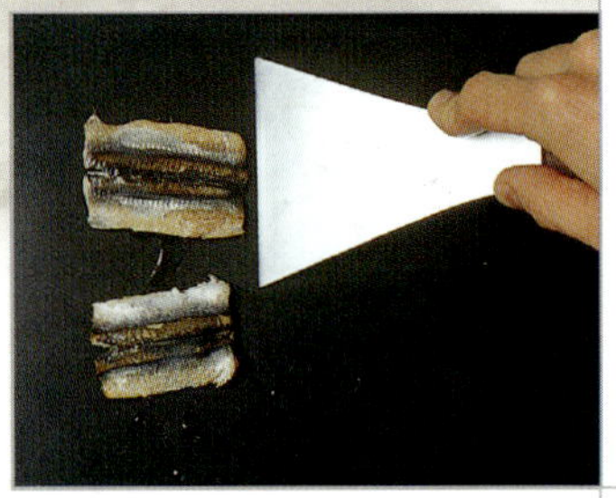

Las anchoa puestas a la plancha

Ingredientes para 4 personas

Para las anchoas a la plancha

Una docena y media de anchoas (de tamaño mediano), 6 cucharadas de aceite de oliva, 2 dientes de ajo, 2 trocitos de guindilla roja picante, agua fría y sal

Para el melón

Medio melón, media copa de vino de oporto, el zumo de medio limón

Para la vinagreta

Medio dl de aceite de oliva virgen extra, 4 cucharadas de vinagre de sidra, 50 g de aceitunas verdes, 40 g de pepinillos encurtidos, 1 cebolleta fresca, unas hojas de hinojo en rama y sal

Además

Unas ramitas de hinojo fresco

Elaboración

Para las anchoas a la plancha

Quita las cabezas y tripas a las anchoas y límpialas con agua fría.

Si son hermosas, quita también la espina central y deja cada una en dos lomos. Sécalas con un paño limpio y seco. Sazónalas. Aparte, calienta el aceite correspondiente con los ajos (previamente pelados y cortados en láminas finas) y la guindilla. Cuando los ajos estén dorados pero sin que se quemen, se retiran y se deja enfriar este aceite. Poco antes de pasar por la plancha pinta con este aceite de ajos y guindilla las anchoas y deja unos minutos en reposo.

Para el melón

Quita todas las pepitas y la piel del melón, recuperando sus jugos. Córtalo en tacos rectangulares (más o menos del tamaño de los lomos de las anchoas). Mezcla el jugo que haya soltado con el vino de oporto y el zumo de limón, depositándolo en un bol hermoso. Introduce allí los tacos de melón y deja en maceración al menos media hora. Después, sácalos y pásalos por una plancha caliente hasta que estén dorados por los dos lados.

Para la vinagreta

Mezcla los ingredientes líquidos, batiéndolos, pero sin llegar a la emulsión. Añade las aceitunas verdes, los pepinillos, la cebolleta y el hinojo en rama, todos ellos picados muy fino. Mezcla todo bien, sazona y mantén en un sitio tibio.

Final y presentación

Pasa por una plancha o sartén antiadherente muy caliente los lomos de anchoa ya aliñados. Dales vuelta y vuelta.

Coloca como base en un plato los tacos de melón hechos a la plancha y sobre ellos los lomos de anchoa, aún calientes. Salsea con la vinagreta tibia. Decora con una ramita de hinojo en cada plato.

SI NO ENCUENTRAS

Vino de oporto, puedes sustituirlo por otro vino dulce

Aceite de oliva virgen extra, emplea aceite de oliva

Vinagre de sidra, utiliza cualquier otro vinagre

Hinojo, sustitúyelo por perejil

MIS TRUCOS

El tamaño de la anchoa es muy importante en cada tipo de preparación. Así, las más pequeñas, en las que apenas es perceptible su espina central, son ideales para tortillas o revueltos.

En el caso de que sean algo mayores, se pueden hacer en tortilla, retirando la espina central, las barbas y fileteándolas. La anchoa frita también es conveniente que sea pequeña de tamaño, pero algo mayor. Las anchoas de tamaño medio son idóneas para rebozar y las más grandes para guisar.

Como es el caso de las elaboradas al papillote, una elaboración típica donostiarra, netamente popular y marinera que, lejos de hacerse sudadas en el horno en un envoltorio ignífugo (como puede indicar su nombre), se hacen en cazuela con profusión de cebolla, puesta en capas y alternada con la anchoa.

Sardinas asadas con verduras, frutas de verano y vinagreta de agraz verjus

Asando las sardinas

Desespinando las sardinas

Cortando las frutas y verduras

Preparando la vinagreta

Ingredientes para 4 personas

Para las sardinas asadas

20 sardinas y sal gorda

Para las frutas y verduras salteadas

4 fresas, 1 calabacín pequeño, 2 albaricoques, 1 ciruela, 1 ajo fresco, 4 cucharadas de aceite de maíz, unas hojas de albahaca picada, 2 cucharadas de zumo de limón y sal

Para la vinagreta

8 cucharadas de aceite de oliva virgen extra, 2 cucharadas de vino de uvas agraces (agraz verjus), 20 g de pasas de corinto y sal

Además

Cebollino picado

Elaboración

Para las sardinas asadas

Limpia las sardinas con agua. Escúrrelas perfectamente (que suelten todo el agua). Espolvoréalas con sal gorda. Déjalas en reposo en sitio frío durante 10 minutos. Cuando tengas preparada una brasa adecuada, pon las sardinas en la parrilla caliente y ésta sobre el fuego. En el momento en que empiezan a tostarse (el ojo se vuelve blanco), se les da la vuelta y se hacen unos minutos (depende del grosor de la sardina). Después las descabezamos y desespinamos.

Para las frutas y verduras salteadas

Limpia las frutas y verduras. Filetea el calabacín en lonchas y corta muy fino las frutas. Saltea por un lado, con un poco de aceite, el calabacín y el ajo, sazónalos, y por otro, las frutas, con su parte de aceite, primero los albaricoques, después la ciruela y, por último, las fresas (sin apenas cocción). Añade el zumo de limón y por encima la albahaca picada.

Para la vinagreta

Coloca en un bol el agraz, bate y añade poco a poco el aceite de oliva. Da el punto de sal. Agrega, por último, las pasas (hay que dejarlas macerar durante un par de horas).

Final y presentación

Coloca en el centro del plato las sardinas desespinadas. Vierte por encima unas cucharadas de la vinagreta. Sitúa en un costado las frutas y verduras salteadas y espolvorea cebollino picado por encima.

SI NO ENCUENTRAS

Aceite de maíz, emplea aceite de girasol

Albahaca, puedes prescindir de ella

Agraz verjus, sustitúyelo por un vinagre de calidad

Pasas de corinto, puedes suplirlas por otro tipo de uvas pasas

Cebollino, utiliza perejil

MIS TRUCOS

Si no tienes una parrilla o una barbacoa para hacer a la brasa las sardinas puedes hacerlas al horno después de marcarlas en una plancha a fuego vivo.

En ese sentido, me gusta mucho una fórmula popular guipuzcoana en la que, tras hacer un sofrito con verduras pochadas (cebolla, pimientos verde y choriceros, ajo y guindilla) y un poco de sidra o txakoli, las sardinas limpias y sazonadas se ponen en una fuente de horno, se cubren con el sofrito y se meten a horno medio durante unos ocho minutos (el tiempo depende del tamaño de las sardinas).

El agraz verjus resulta ideal para los platos cuyas materias primas tienen grasa, como el foie gras, los pescados azules, los que llevan mantequilla. O bien para contrastar la dulzura de otros, como las cebollas confitadas, etc. También es idóneo para desglasar los asados, y así recuperar los jugos, aportando un poco de acidez y de sabor.

Mendreska de bonito del norte con compota de cebolla y ciruelas

Enseñando los túnidos

Pasando la mendreska a la plancha

Pochando la cebolla y las ciruelas

Cortando el melocotón en brunoise

Ingredientes para 4 personas

Para la mendreska

2 mendreskas hermosas de bonito o de atún (media ración por comensal), 2 cucharadas de aceite de oliva y sal

Para la vinagreta de ajo

1 dl de aceite de oliva virgen extra, 2 dientes de ajo, el zumo de medio limón, unas gotas de vinagre de sidra, perejil picado, agua y sal

Para la compota de cebolla y ciruelas

400 g de cebolla, 5 cucharadas de aceite de girasol, 150 g de ciruelas pasas, unas hojitas de hierbaluisa, 1 cucharadita de azúcar, 1 vaso de agua y sal

Además

150 g de melocotón (pelado) y cortado en brunoise (taquitos pequeños)

Elaboración

Para la mendreska

Sazona las mendreskas. Corta cada mendreska por la mitad, úntalas levemente de aceite y ponlas a la plancha (primero por la parte de la piel). Cuando estén crujientes, dales la vuelta y hazlas por el otro lado (teniendo mucho cuidado de que no se sequen). Una vez hechas, retirar la piel crocante y conservarla (si se quiere).

Para la vinagreta de ajo

Cuece lentamente los ajos en agua con sal, hasta que estén blandos. Después, tritura y mézclalos con el aceite. Ten 4 horas en maceración. Pasado este tiempo, cuela y mezcla con el resto de ingredientes. Deja reposar una hora.

Para la compota de cebolla y ciruelas

Pon a cocer en agua con azúcar y la hierbaluisa las ciruelas hasta que estén blandas. Pocha lentamente en el aceite la cebolla cortada en juliana. Cuando esté dorada, incorpora las ciruelas confitadas. Da un hervor a todo, sazona y reserva.

Final y presentación

Coloca la mendreska troceada en un plato muy caliente y a su lado la compota de cebolla y ciruelas. Salsea por encima del pescado con la vinagreta de ajo. Adorna con la brunoise de melocotón.

SI NO ENCUENTRAS

Mendreska, puedes sustituirla por lomos de bonito o de atún
Aceite de oliva virgen extra, utiliza aceite de oliva
Vinagre de sidra, emplea cualquier otro vinagre
Hierbaluisa, puedes prescindir de ella

MIS TRUCOS

En algunos tipos de pescados como el rodaballo o en cortes concretos de otros pescados (como es el caso de la receta de hoy de la mendreska de atún o de bonito del norte), me gusta conservar la piel. Para ello, lo mejor es formar en la misma una costra crujiente. En el caso concreto de la mendreska, se puede separar de la carne una vez hecha (queda como una lámina crocante), que además nos decorará el plato, aportando así un contraste tan natural como crujiente.

Si en lugar de mendreska utilizas otra parte del pescado para realizar esta receta, debes vigilar más, si cabe, el punto de cocción.

Para ello hay dos formas de corte, partiendo siempre de lomos cortados en sentido vertical, y no en rodajas. Hay quien prefiere cortar un lomo muy grueso y realizar una cocción lenta, con una temperatura muy baja (el aceite a no más de 60º), quedando entonces el pescado como confitado y aparentemente crudo.

Otra técnica, tan válida como la anterior, es la de hacer con los lomos del túnido escalopes finos. Su paso por la plancha o salteadora debe ser fugaz. En cuanto cambie de color el pescado por fuera, debe retirarse del fuego y servirse de inmediato (en un plato caliente). El interior queda caliente pero rosado.

Mendreska de bonito del norte con salsa de choriceros y melocotón al aroma de hierbaluisa

Cebolla pochada con el melocotón

Pasando la salsa por el pasapurés

Quitando la piel a la mendreska

Deshojando la hierbaluisa

Ingredientes para 4 personas

Para la salsa de choriceros y melocotón

4 pimientos choriceros, 2 cebollas, 1 diente de ajo, 1 pimiento verde, 3 tomates maduros, 2 melocotones bien maduros, 1dl de aceite de oliva, unas hojitas de hierbaluisa, agua y sal

Para la mendreska a la plancha

4 mendreskas o ventrescas de bonito del norte o de atún, 4 cucharadas de aceite de oliva virgen extra y sal gorda

Además

Unas hojas de hierbaluisa y perejil picado

Elaboración

Para la salsa de choriceros y melocotón

Unas horas antes, pon a remojo en agua tibia los pimientos choriceros. Pon en una cazuela a fuego muy lento con el aceite las cebollas muy picadas y el ajo pelado y deja que suden bien hasta que estén muy blandos y empiecen a tomar color. Sazona.

Añade el tomate pelado picado, la pulpa de los choriceros ya remojados, el pimiento verde muy picado y los melocotones pelados y troceados. Haz a fuego lento unos 35 minutos. Transcurridos éstos, pasa todo por un pasupuré y, si lo deseas más fino, por un chino. Deshoja la hierbaluisa y pica las hojas. Agrega a la salsa.

Para la mendreska a la plancha

Sazona las distintas piezas de mendreska. Úntalas de aceite y ponlas sobre una plancha bien caliente. Hazlas primero por la parte de la piel. Cuando ésta esté crujiente, hazlas por el otro lado, pero durante menos tiempo. Retira la piel y mantén en sitio caliente.

Final y presentación

Dispón en la base del plato una cucharada de la salsa de choriceros y melocotón. Coloca encima la mendreska en capas. Espolvorea por encima el perejil picado y decora con unas hojas de hierbaluisa

SI NO ENCUENTRAS

Pimientos choriceros, emplea pimientos frescos o enlatados
Melocotones, emplea otra fruta: albaricoque, piña o manzana
Hierbaluisa, prescinde de ella
Mendreska, puedes usar lomos o rodajas de bonito o atún
Aceite de oliva virgen, sustitúyelo simplemente por aceite de oliva

MIS TRUCOS

Para hacer una salsa vizcaína, que es esencialmente la de esta receta, en la que intervienen casi obligatoriamente los pimientos choriceros secos, o las llamadas ñoras (en forma de bola y más pequeñas, y también desecadas), es preciso utilizar gran cantidad de cebolla para darle un toque más dulce y así suavizar la característica aspereza que tienen los pimientos secos.

También me parece interesante utilizar para esta salsa, elaborada con choriceros y cebolla blanca, igual cantidad de cebollas rojas.

Resulta muy suculenta la mendreska añadiéndole, bien un refrito tradicional, con ajos fritos, vinagre y un poco de guindilla seca y perejil, o bien una vinagreta templada, sin hervir el aceite, que es más digestiva que el primero.

Asimismo, la mendreska es deliciosa acompañada de unas guindillas verdes dulces, o sea, no picantes, simplemente fritas, ligeramente doradas por fuera y jugosas por dentro.

"Solomillo" de atún rojo con briñones y salsa de ñoras

Escaldando las ñoras

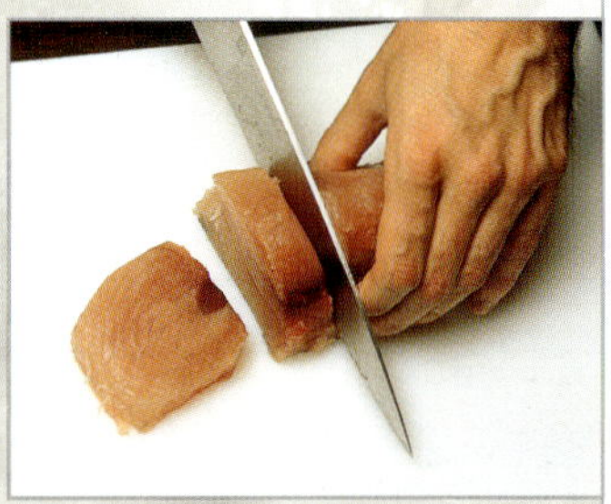

Formando los "solomillos" de atún

Colando la salsa

Los briñones horneados

Ingredientes para 4 personas

Para la salsa de ñoras

6 ñoras, 400 g de cebollas rojas, 400 g de cebolla blanca, 60 g de tocino ibérico, 3 dientes de ajo, 3 cucharadas de tomate natural frito, 5 cucharadas de aceite de oliva, agua y sal

Para el atún a la plancha

800 g de atún, 4 cucharadas de aceite de oliva, sal de Maldon

Además

2 briñones

Elaboración

Para la salsa de ñoras

Abre las ñoras y quítales las pepitas. Ponlas a remojo en agua tibia (unas 24 horas antes de su uso). Escalda las ñoras en agua hirviendo. Saca su pulpa (raspando con un cuchillo pequeño). Pon una cazuela a fuego lento con el aceite y la cebollas (rojas y blancas) cortadas en juliana fina. Añade también el tocino y los ajos machacados. Deja hacer una hora a fuego mínimo. Sazona. Añade al final la pulpa de las ñoras y el tomate y da un ligero hervor. Tritura todo y cuela. Rectifica de sal.

Para el atún a la plancha

Limpia el atún y saca los lomos, sin espinas ni piel. Corta estos lomos en filetes gordos (como un solomillo) y reserva en un sitio frío hasta su utilización. Entonces, pon una plancha o sartén antiadherente al fuego, que esté muy vivo. Pinta los "solomillos" de atún con el aceite y hazlos a la plancha un minuto escaso por cada lado. Resérvalos al calor. Sazónalos con las escamas de sal.

Final y presentación

Corta los briñones en trozos. Hornéalos durante unos instantes, previo golpe de plancha para dorarlos un poco.

Coloca en el centro del plato el "solomillo" de atún ya hecho. Salsea alrededor con la salsa de ñoras y coloca los briñones asados rodeando al pescado.

SI NO ENCUENTRAS

Cebollas rojas, utiliza sólo cebolla blanca
Tocino ibérico, usa en su lugar tocino de cerdo blanco
Tomate natural frito, utiliza tomate frito de lata
Atún rojo, puedes emplear bonito del norte u otro escómbrido
Sal de Maldon, puedes sustituirla por sal gorda

MIS TRUCOS

En todos estos pescados azules de la familia de los escómbridos es preferible realizar el corte en paralelo a la espina dorsal y no en perpendicular. O sea, mejor el corte en lomos que no en rodajas, como siempre se ha hecho. La razón es que el corte en rodajas rompe la estructura natural de sus carnes, resultando en la práctica más seco el pescado tras su cocción.

En estos pescados, el punto de cocción es más importante que en ningún otro y debe ser mínimo. Si el corte es en escalopes, basta hacerlo vuelta y vuelta. En el caso de que los lomos sean gruesos (como un solomillo, de ahí, la forma de denominarlos en nuestra receta), el centro de los mismos debe quedar caliente pero prácticamente crudo.

Para la elaboración de la salsa es conveniente que blanqueemos las ñoras y los pimientos choriceros secos, tras el remojo de 24 horas, al menos dos veces, escaldándolos en dos aguas diferentes para que la salsa no resulte demasiado astringente.

Si los pimientos no se pueden tener en remojo el tiempo señalado, como recurso pueden ponerse en agua fría en un cazo y cocerlos: antes de que hierva se retiran del fuego y se refrescan con agua fría. Cambia de agua y repite esta misma operación dos veces más antes de retirar la pulpa.

Mero al horno con endibias, salsa de zanahoria y coco

Endibias a la plancha

Metiendo el mero en el horno

Licuando la zanahoria

Añadiendo el coco rallado

Ingredientes para 4 personas

800 g de mero, 2 cucharadas de aceite de oliva y sal

Para la salsa de zanahorias y coco

3/4 kg de zanahorias, 4 cucharadas de aceite de oliva, 30 g de coco rallado, 5 g de sal gorda, 1 dl de fumet de pescado (hecho con las espinas y recortes del mero), agua , hielo y sal

Para las endibias a la plancha

2 endibias, 6 cucharadas de aceite de oliva virgen, 2 cucharadas de vinagre de sidra, sal

Además

Hinojo en rama frito y perejil picado

Elaboración

Corta el pescado dejando la piel y reservando las espinas para elaborar después el fumet (desespina bien ayudándote de unas pinzas). Sazona y reserva.

Para la salsa de zanahorias y coco

Pela las zanahorias y filetéalas en rodajas. Después, cuécelas en agua con sal gorda durante 5 minutos. Enfríalas en agua fría con hielo (para que no pierdan color) y, por último, licúalas (si tienes licuadora, tritura y cuela). Añade a este zumo el coco. Agrega a continuación el fumet de pescado (que habrás elaborado previamente con las espinas y recortes del mero). Deja cocer unos 5 minutos y sazona a su término. Añade el aceite de oliva.

Para las endibias a la plancha

Haz una vinagreta con el aceite, el vinagre y la sal. Limpia las endibias y córtalas por la mitad. Píntalas con la vinagreta. Pon una plancha al fuego y cuando esté bien caliente coloca las endibias aliñadas, que harás un par de minutos por cada lado hasta que se doren ligeramente.

Final y presentación

Dora los filetes de mero por ambas partes en una sartén bien caliente con un poquito de aceite. Termina la cocción en el horno durante unos 4 minutos a 180°, con cuidado de que no se pase para que quede jugoso.

Deposita en una parte del plato los lomos de mero. En la otra parte sitúa media endibia. Dispón la salsa de zanahoria y coco alrededor del pescado. Pon una ramita de hinojo frito sobre el cogollo y espolvorea el conjunto con el perejil picado. Así en los cuatro platos.

SI NO ENCUENTRAS

Endibias, puedes usar cogollos o lechuga

Fumet de pescado, utiliza agua

Sal gorda, sustitúyela por sal fina

Vinagre de sidra, emplea cualquier tipo de vinagre

Hinojo, utiliza en su lugar perejil

MIS TRUCOS

Los meros pescados en la costa de Almería tienen fama de ser los más sabrosos de nuestras costas; en todo caso, es un pescado ideal para sopas, calderetas y, sobre todo, armoniza de maravilla con el arroz.

Para que el amargor de la endibia no sea excesivo no debe dejarse nunca en remojo con agua (como se hace con la lechuga), sino tan sólo pasarlas por un chorro de agua fría y escurrirlas perfectamente.

Asimismo, para que no amargue tanto, es conveniente eliminar las puntas cuando estén rizadas, ya que allí se concentra lo más amargo de todo.

Si utilizas coco natural (y no del que se comercializa ya rallado), puedes abrirlo partiéndolo con un martillo o perforándolo por ambas extremidades, dejando fluir el agua que contiene y metiéndolo después al horno para que se resquebraje.

Salmón de Noruega marinado con ensalada de espinacas crudas y vinagreta de trufa

Fileteando el salmón

Marinándolo

Preparando las espinacas

Picando la trufa

Ingredientes para 4 personas

Para el salmón marinado

750 g de salmón noruego, 50 g de sal gorda, 20 g de azúcar, 12 cucharadas de pimienta negra troceada toscamente, 1 cucharada de hojas de eneldo o de hinojo picado, 2 copas de vino blanco seco y 1 cucharada de aguardiente seco

Para la ensalada de espinacas crudas

80 g de hojas de espinacas limpias, 1 cucharada de miel de Villuercas-Ibores, 2 cucharadas de torta del Casar, agua y sal

Para la vinagreta de trufa

6 cucharadas de aceite de semillas, 10 g de trufa negra, 2 cucharadas de jugo de trufa, 1 cucharadita de vinagre de sidra y perejil muy picado

Elaboración

Para el salmón marinado

Mezcla la sal, el azúcar, el jerez y el aguardiente. Corta el salmón en lomos y éstos, a su vez, en tacos rectangulares. Frota con esta mezcla el salmón y esparce sobre el mismo de forma uniforme la pimienta y el eneldo picado. Coloca sobre un recipiente el pescado con la piel hacia abajo. Mantenlo en un lugar frío durante 12 horas, dale la vuelta y déjalo durante 10 horas más, rociándolo con el jugo que suelte.

Para la ensalada de espinacas crudas

Diluye la miel con un poco de agua y pinta las hojas de espinacas por ambos lados, sazonándolas ligeramente. Mantén a temperatura ambiente más bien cálida la torta del Casar que utilizaremos después.

Para la vinagreta de trufa

Limpia la trufa con un cepillo y un paño. Pícala muy fina, mezcla el resto de los ingredientes en un bol y añade la trufa picada, dejando la mezcla en maceración durante 1 hora.

Final y presentación

Coloca los tacos rectangulares de salmón correspondientes a cada ración en un costado del plato. Junto a él, pon media cucharada de la torta del Casar diluida y, sobre la misma, las espinacas crudas, pero aliñadas. Dibuja sobre el plato una raya con la vinagreta de trufa.

SI NO ENCUENTRAS

Eneldo o hinojo, utiliza perejil
Miel de Villuercas-Ibores, emplea otro tipo de miel
Torta del Casar, sustitúyela por un queso graso y cremoso
Trufa negra, prescinde de ella o utiliza de conserva

MIS TRUCOS

El salmón noruego se puede adquirir durante todo el año en las pescaderías gracias a la existencia de las granjas marinas noruegas donde se crían salmones en cautividad.

Este salmón se ha popularizado gracias a su precio más bajo, pero manteniendo una alta calidad. No es congelado, sino que llega fresco y conservado en hielo, envasado en recipientes herméticos que el importador recibe 3 o 4 días después del sacrificio del salmón.

Cuando el salmón está realmente fresco presenta entre las capas de carne una sustancia cremosa que se cuaja al cocinarlo.

La torta del Casar, al tener esa consistencia interior líquida, no debe cortarse como otros quesos, sino que se debe rebanar la corteza superior de forma transversal para extraer el queso con una cuchara. Al mismo tiempo, utilizaremos la corteza superior cortada para proteger el queso según se vaya consumiendo.

Salmón a la sal con anacardos y vinagreta anisada de limón y habas

Preparando el salmón

Rallando el medio limón

Pelando las habas

Quitando la piel con la sal del salmón

Ingredientes para 4 personas

Para el salmón a la sal

4 lomos de salmón salvaje de 200 g cada uno con su piel, 1 cucharada de aceite de oliva, 4 cucharadas colmadas de sal gorda (gris de Guérande)

Para la vinagreta anisada de limón y habas

50 g de habas frescas y pequeñas peladas, 6 cucharadas de aceite de oliva virgen extra, 2 cucharadas de vinagre de jerez, 1 cucharada de hinojo picado, la ralladura de corteza de medio limón, agua y sal

Además

50 g de anacardos pelados y tostados, y cebollino y hojas de hinojo

Elaboración

Para el salmón a la sal

Pon en una bandeja de horno pintada con el aceite los lomos de salmón con la piel hacia arriba. Cubre la piel de cada lomo con una cucharada de sal gorda e introduce al horno a 200° o bajo una gratinadora durante cuatro minutos.

Para la vinagreta anisada de limón y habas

Repela las habas y escáldalas durante un minuto en agua hirviendo con sal, mezcla el aceite, el vinagre, el hinojo picado y ralla el medio limón, cuya ralladura se incorporará a la vinagreta junto con las habas escaldadas. Sazona. Deja macerar durante media hora, después templa la vinagreta antes de su uso.

Final y presentación

Retira del salmón la piel con la sal. Coloca cada trozo en cada plato y aliña con la vinagreta templada a la que añadirás, al final, los anacardos. Decora con el cebollino, picado o entero, y las hojas de hinojo.

SI NO ENCUENTRAS

Salmón salvaje, utiliza salmón de piscifactoría
Sal gris de Guérande, utiliza cualquier tipo de sal gorda
Vinagre de jerez, emplea vinagre de otro tipo

MIS TRUCOS

Aunque el salmón fresco y de río resulta un producto caro, y a veces difícil de adquirir, su temporada abarca casi toda la primavera y termina en el verano y se puede conseguir durante todo el año gracias a las granjas marinas noruegas, donde se crían salmones en cautividad.

No es un producto congelado, sino que llega fresco y conservado en hielo. Se envasa en unos recipientes herméticos, que los importadores reciben como máximo a los cuatro días desde que el animal ha sido sacrificado.

Lo mejor es elegir un salmón redondo y corto, de cabeza pequeña y cuerpo ancho. Hay que desechar los trozos que parezcan blandos, aguados, grisáceos o aceitosos.

Cuando está realmente fresco, el salmón presenta entre las capas de carne una sustancia cremosa que se cuaja al cocinarlo.

Hay diversas sales gordas, aptas para hacer los pescados a la sal, como la sal de La Camarga francesa, la sal gris de Guérande y otras.

Corcón en salazón ligera con láminas de compota de frutas y salsa de tamarindo

Desescamando el corcón

Ingredientes para 4 personas

Para el corcón

1 corcón (u otro pescado azul) de aproximadamente 1 kg, 200 g de sal gorda y 150 g de azúcar, 2 dl de aceite de oliva

Para las láminas de compota

1 manzana ácida pelada, 2 melocotones sin hueso y pelados, 140 g de azúcar, 1 dl de vino blanco, 2 dl de agua, una cucharadita de jengibre en polvo, 1 rama de canela, 3 láminas de gelatina alimentaria y una pizca de sal

Para la salsa ácida de tamarindo

6 piezas de tamarindo, el zumo de una naranja, 4 cucharadas de aceite, 1 cucharadita de azúcar, sal

Además

2 tortillas de maíz horneadas o hechas a la plancha y cebollino (o perejil) picado

Preparando la compota

Elaboración

Para el corcón

Desescama el corcón, ábrelo y quítale la cabeza y la espina central. Con la ayuda de un cuchillo saca los lomos retirando la piel. Esta operación la pueden realizar en la propia pescadería.

Coloca en una fuente lisa los lomos cubiertos con la mezcla de sal y azúcar. Mantén en sitio frío durante 6 horas, dándoles la vuelta a los lomos cuando haya transcurrido la mitad de ese tiempo. Después, quítales la sal, retira la piel de cada lomo, córtalos en rectángulos y déjalos macerando en el aceite durante 3 horas aproximadamente.

Para las láminas de compota

Cuece a fuego lento y durante 20 minutos la fruta ya cortada en una cazuela con el vino, el agua, (reservando unas cucharadas para derretir la gelatina), el azúcar, el jengibre, la canela y la sal. Deja reducir y retira el palo de canela, tritura el conjunto y pásalo por un chino. Añade la gelatina (disuelta en un poco de agua). Deposita la compota en un molde bajo y deja enfriar en el frigorífico. Una vez gelatinizado, corta en rectángulos pequeños.

Quitando la pulpa de tamarindo

Para la salsa ácida de tamarindo

Pela el tamarindo y sácale la pulpa. Tritura y mezcla con el resto de ingredientes.

Final y presentación

Calienta en el horno durante unos instantes los trozos de corcón macerado. Coloca en el plato las tortillas de maíz cortadas en rectángulos iguales a los del pescado y sobre ellas dispón una lámina de la compota gelatinizada y, encima, el corcón tibio. Dispón a un costado una cucharada de salsa de tamarindo y espolvorea el conjunto con cebollino picado o perejil.

SI NO ENCUENTRAS

Jengibre en polvo, utiliza pimienta blanca
Gelatina alimentaria, prescinde de ella
Tamarindo, puedes suplirlo por alguna fruta ácida (fresas, frambuesa, etc.)
Tortillas de maíz, sustitúyelas por tostadas finas de pan

Cortando las tortillas

MIS TRUCOS

El corcón es también llamado mújol, múgil o lisa entre otros nombres. Hay diversas variedades y gastronómicamente la más apreciada es la llamada galupe o lisa dorada o también mújol dorado. Esta variedad es de tamaño terciado (de unos 50 a 60 cm) y se distingue del resto de corcones porque tiene una mancha dorada a la altura de los opérculos que tapan las agallas. Además, su carne es, con diferencia, la más fina.

Para quitar la piel de los lomos del corcón, coloca cada filete sobre una tabla con la piel hacia abajo y la cola para atrás. Haz un pequeño corte en la carne hasta llegar a la piel. Por ese corte introduce el filo del cuchillo y desplázalo hacia donde estaba la cabeza.

Al llegar a la parte más gruesa, el cuchillo oscilará de un lado a otro, pues encontrará más resistencia por el grosor.

Es conveniente dejar la pulpa del tamarindo macerando en el zumo de naranja al menos un par de horas para que aporte más sabor a esta salsa ácida.

En caso de que quieras solidificar la compota caliente o tibia, debes usar agar-agar (sustancia derivada de un alga para gelatinizar incluso en caliente).

Aves, caza y carnes

Rollitos de pollo de caserío con salsa de pomelo rosa y carabineros escabechados

Rellenando los escalopes de pollo

Pelando el pomelo

Escabechando los carabineros

Montando el plato

Ingredientes para 4 personas

Para los rollitos

4 pechugas de pollo de caserío abiertas y aplastadas (te las pueden preparar en la pollería o en la carnicería), 60 g de mousse de ave, 4 ciruelas pasas, 3 higos secos, 20 g de uvas pasas, 5 nueces peladas, 4 nueces de macadamia, media cucharadita de canela en polvo, 3 cucharadas de aceite de oliva, pimienta blanca y sal

Para la salsa

1 copa de vino blanco, 1 hojita de salvia, 1 cucharadita de azúcar, el zumo de 1 pomelo rosa grande

Para los carabineros escabechados

12 carabineros pelados, medio dl de aceite de oliva, 2 cucharadas de vinagre de jerez, media cebolla, media zanahoria, la corteza de medio limón, media hoja de laurel (opcional), unos granos de pimienta negra y sal

Además

Unos maíces fritos, unas hojas de salvia y perifollo y perejil picado

Elaboración

Para los rollos

Recorta las pechugas unas vez aplastadas dándoles forma. Coloca en el centro de cada una, en primer lugar, la mousse de ave y, a continuación, los frutos y frutas secas, todos bien picados (reservando un poco para la decoración del plato). Enrolla las pechugas sobre sí mismas y salpiméntalas. Después, píntalas con el aceite y envuélvelas en un papel metalizado especial para horno. Dales un golpe rápido de calor en una sartén antiadherente (un par de minutos). Hornéalas 3 minutos a 200º. Retira el envoltorio y hornea los rollitos hasta que estén dorados por fuera.

Para la salsa

En la brasera o fuente donde se han dorado los rollitos de pollo añade el vino blanco y desglasa, añade el pomelo, que habrás pelado y licuado previamente, y el resto de ingredientes. Mezcla todo bien. Reduce un poco al fuego y después cuela.

Para los carabineros escabechados

Coloca todos los ingredientes en una cazuela, salvo los carabineros.

Deja que hierva y reduce un poco. Introduce los carabineros y hazlos a fuego medio durante 2 minutos desde que rompa de nuevo a hervir. Transcurrido este tiempo, sácalos y escúrrelos.

Final y presentación

Corta los rollitos en varios trozos y colócalos en el centro del plato de forma caprichosa. Coloca los carabineros escabechados apoyándose en los rollitos. Dispón a su alrededor unas cucharadas de la salsa. Coloca en un costado un montoncito de las frutas y frutos secos picados, así como los maíces. Espolvorea por el conjunto el perejil picado y decora con las hierbas señaladas.

SI NO ENCUENTRAS

Pollo de caserío, utiliza pollo de granja u otra ave (pintada, pularda)
Mousse de ave, puedes sustituirla por un paté de cerdo
Nueces de macadamia, emplea otro fruto seco, como almendras picadas
Pomelo rosa, puedes sustituirlo por pomelo amarillo, que es más amargo

MIS TRUCOS

Si haces el pollo entero al horno, puede acompañarlo, para darle un toque especial y exótico, de esas pequeñas naranjas, llamadas chinas, que son los kumquats.

Y es que a este tipo de pollos de caserío, de carnes más sabrosas y prietas, le van muy bien las recetas del pato. Una de las más famosas es el preparado a la naranja. En el caso de usar kumquats, no sólo hay que aprovechar su jugo, sino que resulta muy adecuado asar esta fruta entera con su piel para aportar además de sabor dulce un cierto regusto amargo que le da complejidad al plato.

Este tipo de naranja se puede encontrar en fruterías selectas de noviembre a marzo.

Si utilizas un pollo de granja, es conveniente, para darle gracia, y antes de asarlo, aderezarlo con un mojo a base de cilantro y ajo, o bien, con algo más oriental, como es el jengibre y la soja.

Pechuga de pavo a la soja con salsa picante, aguacate y anacardos fritos

Mojando el pavo con la salsa de soja

Triturando la salsa picante

Friendo los anacardos

Cortando el aguacate

Ingredientes para 4 personas

Para el pavo con soja

2 pechugas de pavo de 200 g cada una con su piel, 1 limón, 2 cucharaditas de azúcar, 4 cucharaditas de salsa de soja, 4 cucharadas de agua

Para la vinagreta picante

El zumo de media naranja, 1 guindilla picante, dos cucharadas de aceite, dos cucharaditas de vinagre balsámico, 1 dl de caldo de carne o de pollo, sal y pimienta

Para las guarniciones

Medio aguacate pelado, 40 g de anacardos y aceite de semillas (de girasol) para freír

Además

Unas ramitas de tomillo

Elaboración

Para el pavo con soja

Mezcla en un bol los ingredientes líquidos, añadiendo el azúcar y disolviéndolo perfectamente. Coloca las pechugas de pavo sobre una rejilla con una fuente debajo y rocía varias veces con la preparación anterior. Dispón las pechugas de pavo en un rejilla sobre una fuente en un horno a 220º; ten así las pechugas de 7 a 8 minutos, baja la temperatura a 190º y mantén las pechugas unos 20 minutos más. Mójalas al final de la cocción con el jugo de la fuente y deja reposar las pechugas, ya fuera del horno, de 7 a 8 minutos.

Para la vinagreta picante

Tritura la guindilla con el aceite y deja en reposo unos 10 minutos. Cuela este aceite y monta una vinagreta con el zumo de naranja, el vinagre, añadiendo al final un poco del caldo de ave. Salpimenta.

Para las guarniciones

Fríe los anacardos en aceite de semillas bien caliente hasta que queden crujientes; corta el aguacate en daditos pequeños justo antes de emplatar para que no se ennegrezcan.

Final y presentación

Calienta las pechugas en el horno y córtalas en trozos hermosos al sacarlas del mismo. Coloca en el plato los trozos de pechuga, vertiendo por encima un poco de su jugo, y salsea con la vinagreta picante. Decora con los anacardos fritos, los taquitos de aguacate y el tomillo.

SI NO ENCUENTRAS

Pechugas de pavo, utiliza las de pollo
Vinagre balsámico, emplea cualquier vinagre
Caldo de pollo o carne, utiliza una pastilla de caldo concentrado
Aguacate, usa calabacín o pepino
Anacardos, sustitúyelos por cacahuetes u otro fruto seco
Tomillo, puedes decorar con perejil

MIS TRUCOS

El pavo se suele comercializar entero o despiezado (pechugas, muslos, redondo...). Las pavas son más tiernas que el macho y, además, su carne es más sabrosa.

El tiempo de cocción de un pavo, si lo haces entero, y si su peso ronda los 4 kilos, es de unas 3 horas a un fuego moderado (entre 180 ° y 190º); hay que proteger siempre las partes más estrechas (por ejemplo, las alas y la punta de los muslos) con un papel de aluminio especial para horno. Los pavos de más de 6 y hasta 8 kilos pueden tardar más de seis horas en hacerse.

Los chinos y los japoneses utilizan a diario la salsa de soja como nosotros en Occidente usamos la sal. Sirve para sazonar toda clase de platos chinos (sopas, salsas de mojar, fritos, asados de pescados y carnes, etc.).

La soja es imprescindible en los shushis y es un componente importante de la salsa teriyaki, que se añade a los asados de pescados o al pollo con verduras mientras se asan.

Pollo de caserío asado con ñoquis de patata y ensalada

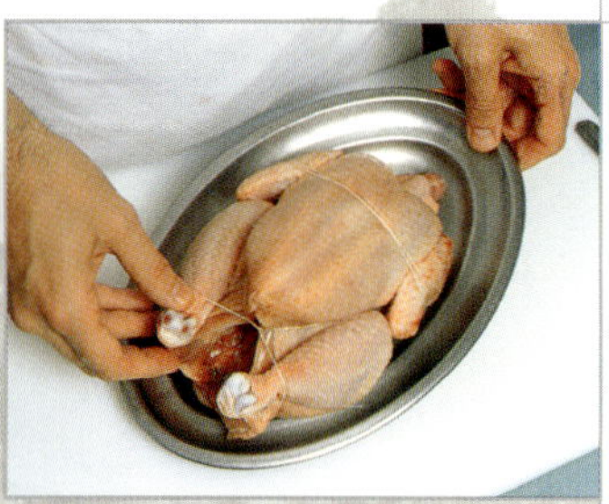

El pollo al horno

Aplastando la patata cocida

Haciendo los ñoquis

Escurriendo los ñoquis tras su cocción

Ingredientes para 4 personas

Para el pollo asado

1 pollo de caserío de 1,700 kg aproximadamente, 1 manzana ácida, 1 copa de curaçao, medio vaso de caldo de ave concentrado, 1 dl de zumo de naranja, 3 cucharadas de aceite de oliva, el zumo de medio limón, sal y pimienta

Para los ñoquis de patata

400 g de patatas cocidas (en agua salada y con su piel), 100 g de harina, 1 yema de huevo, 40 g de queso parmesano rallado, 50 g de mantequilla, pimienta blanca y sal

Además

Unas hojas de canónigos sazonadas y salteadas con bacón y pulpa de fruta de la pasión, así como perejil picado

Elaboración

Para el pollo asado

Limpia el pollo. Salpiméntalo por dentro y por fuera. Introduce en su interior la manzana troceada. Unta el ave con el aceite y colócala en una placa de horno. Asa el pollo a 210° durante media hora, aproximadamente. Después baja la temperatura a 180° y deja hacer una hora más. Una vez asado, déjalo reposar, quitándole la liz. En la bandeja de horno caliente añade el curaçao y el zumo de naranja. Desglasa y recupera los jugos de la bandeja. Coloca esta placa al fuego, añadiendo el zumo de limón y el caldo. Reduce. Rectifica de sal, cuela y reserva al calor.

Para los ñoquis de patata

Pela las patatas y aplástalas con el tenedor. Añade la harina y la yema de huevo. Salpimenta. Con la ayuda de una espátula mezcla todo. Amasa la pasta resultante y estírala en forma de un cilindro pequeño (menos de 2 cm de diámetro). Corta ese cilindro en trocitos dándoles forma ovalada (haz hendiduras con un tenedor). Cuécelos en agua hirviendo (sin sal) hasta que suban a la superficie (2 minutos, aproximadamente). Añade, al sacarlos, aún calientes, un poco de mantequilla y queso rallado.

Final y presentación

El pollo se divide, en el momento de servir, al menos en 4 partes (fileteando las pechugas), que se presentan en otros tantos platos acompañadas de unas cucharadas de su jugo reducido. Guarnece con los ñoquis y las hojas aliñadas, espolvoreando por encima el perejil picado.

SI NO ENCUENTRAS

Pollo de caserío, usa simplemente un pollo de granja
Curaçao, utiliza cualquier tipo de licor de naranja
Queso parmesano, emplea un queso manchego curado
Canónigos, puedes sustituirlos por espinacas o berros
Fruta de la pasión, sustitúyela por zumo de limón

MIS TRUCOS

Para asar el pollo u otra ave es mejor bridarlos con un cordel, no sólo para que mejore su presentación, sino principalmente para apretar los muslos y las alas contra su cuerpo y así coja una forma más compacta el ave que, por otra parte, facilita su cocción uniforme.

Para comprobar el punto de cocción del pollo se puede pinchar con una brocheta o aguja de punto en la parte más gruesa del muslo. Si los jugos que salen de su interior son claros, ya está hecho. Si, por el contrario, los jugos son de tono rosáceo, deja hacer de 8 o 10 minutos más.

Si ves que el pollo se dora en el horno con demasiada rapidez (porque carece de termostato o calienta en exceso), al cabo de 40 minutos reduce la temperatura del horno y cubre el ave con una hoja de papel de aluminio.

Las hendiduras de los ñoquis se hacen con el tenedor y no es por mera estética, sino para que, al comprimirlos, conserven la forma tras la cocción.

Pichón asado con pera, salsa de oporto y regaliz

Partiendo el pichón

Salteando el pichón

Añadiendo el vino

Cortando las peras

Ingredientes para 4 personas

Para el pichón asado

4 pichones (de al menos 400 g cada uno), 4 cucharadas de aceite de nuez, sal y pimienta blanca

Para la salsa de oporto y regaliz

3 carcasas de pichón, 1 cebolla, 2 puerros, 1 cucharada de tomillo picado, 1 cucharada de perejil picado,1 dl de oporto tinto,1 vaso de vino tinto, 1 palo de regaliz, medio litro de agua, 2 cucharadas de aceite de oliva, sal y pimienta

Además

2 peras willliams hermosas y unas ramitas de tomillo fresco

Elaboración

Para el pichón asado

Limpia los pichones. Salpimenta por dentro y por fuera. Retira las carcasas de los pichones sacando las pechugas (reserva los muslos para hacerlos estofados). Saltea las pechugas con el aceite de nuez en una sartén o cazuela y después hornéalas a 220° durante 5 o 6 minutos. Después, sácalas y deja reposar de 5 a 6 minutos.

Para la salsa de oporto y regaliz

Dora las carcasas en el aceite. Una vez doradas, añade la verdura picada en juliana y las hierbas. Rehoga y añade el oporto y el vino tinto, así como el palo de regaliz. Reduce. Añade después el agua y deja que reduzca a la mitad de su volumen. Cuela y pon al fuego de nuevo hasta que reduzca otra vez a la mitad. Salpimenta. Cuela sin triturar.

Final y presentación

Calienta las pechugas de pichón unos instantes (mejor en la gratinadora del horno). Trocea la peras quitando el corazón y el rabo. Dóralas en una sartén antiadherente o en la plancha. Coloca las pechugas alternando con las peras doradas. Salsea alrededor con el jugo de oporto y regaliz. Decora con el tomillo.

SI NO ENCUENTRAS

Aceite de nuez, emplea aceite de girasol
Carcasas de pichón, utiliza carcasas de pollo
Tomillo, utiliza perejil
Oporto, se puede sustituir por un jerez dulce
Peras willliams, servirá otro tipo de pera (que sea de tamaño hermoso)

MIS TRUCOS

Para encontrar pichones de calidad ya no es necesario importarlos de Francia, en concreto de la prestigiosa zona de Bresse, ya que en nuestro país hay múltiples granjas especializadas. Una de las más destacadas es la de Navaz en Navarra, que ofrece unos pichones rollizos y carnosos, de prietas carnes, pero a la vez tiernas (si se asan poco tiempo), y además, lo más esencial, magníficos de sabor.

Tanto los pichones como las veraniegas tórtolas carecen de hiel y por tanto se pueden utilizar sus higadillos (para elaborar un paté, por ejemplo) sin temor a que amarguen.

No es bueno pinchar el pichón (o cualquier otra ave) mientras se asa ya que se escapan los jugos y queda la pieza reseca.

Es conveniente dejar reposar el pichón después de asarlo para que la sangre refluya hacia el exterior del asado, lo que da un color uniforme a sus carnes.

Conejo escabechado con hortalizas de invierno

Ingredientes del escabeche

Elaborando el escabeche

Blanqueando la verdura en el hielo

Preparando las verduras para aliñarlas

Ingredientes para 4 personas

Para el conejo escabechado

1 conejo de monte, medio litro de aceite de oliva extra virgen, 2 dl de vinagre de vino tinto, una cucharadita de pimienta negra en grano, 3 cucharadas de harina, media hoja de laurel, 6 dientes de ajo con su piel, una zanahoria, 2 cebolletas, 2 chalotas, una ramita de tomillo fresco, unas hojas de salvia,1 dl de agua y sal

Para las verduras

200 g de coliflor, 200 g. de brécol, 100 g de calabaza, 6 cucharadas de aceite de oliva extra virgen, agua, hielo y sal gorda

Además

Cebollino picado

Elaboración

Para el conejo escabechado

Limpia el conejo y trocéalo, sazona y enharina ligeramente estos trozos.

En una cazuela grande pon el aceite a calentar y añade los dientes de ajo con su piel; a continuación, fríe el conejo hasta que se dore. En esa misma cazuela, una vez retirado el conejo ya dorado, añade el vinagre, la pimienta, el laurel, el agua, las verduras, la salvia y el tomillo. Cuécelo todo a fuego medio durante un cuarto de hora, añadiendo entonces el conejo; a continuación, cuece a fuego lento durante unos 45 minutos aproximadamente. Transcurrido ese tiempo, retira la cazuela del fuego y deja que se enfríe con todos los ingredientes dentro durante aproximadamente un par de horas, al cabo de las cuales se utilizará de inmediato; si su uso va a ser más tardío es conveniente guardarlo en el frigorífico.

Para las verduras

Corta el brécol y la coliflor en ramilletes y la calabaza en lonchas finas. Blanquea por separado cada verdura en agua con sal, cociendo más tiempo la calabaza, hasta que esté tierna, pero tersa. Pasa las verduras por agua con hielo y caliéntalas después ligeramente en el horno. Escurre bien y aliña las verduras con el aceite tibio y la sal.

Final y presentación

En un costado del plato coloca los trozos de conejo con las verduras escabechadas y las hierbas. En el otro lado sitúa las verduras aliñadas y espolvorea el conjunto con cebollino picado, colocando también unos cuantos granos de la pimienta añadida anteriormente al escabeche.

SI NO ENCUENTRAS

Conejo de monte, usa conejo de granja
Aceite de oliva extra virgen, emplea en su lugar aceite de oliva
Chalotas, utiliza cebolla o cebolleta
Tomillo fresco y salvia, se pueden sustituir por otras hierbas frescas o secas
Cebollino, puedes utilizar perejil

MIS TRUCOS

Las carnes más idóneas para escabechar, además del conejo, son las de pollo, perdiz y codorniz.

Las sardinas son uno de los pescados más idóneos para escabechar. También es válido cualquier tipo de pescado pequeño entero, y mejor los azules o grasos. Hay que ajustar con cuidado el tiempo de cocción a cada especie, en función de su grasa, grosor y sequedad de sus carnes.

Los escabeches admiten bien todo tipo de especias y hierbas pero, en particular, las más adecuadas son, por una parte, la pimienta negra (mejor en grano) y el clavo. Por otro lado, en cuanto a hierbas aromáticas frescas, son muy apropiados el tomillo, el romero, la salvia y sobre todo el laurel (este último con especial moderación).

Al sustituir las hierbas frescas por las secas debe tenerse aún más cuidado en la cantidad a emplear ya que las hierbas secas son mucho más poderosas de aroma y fuertes de sabor que las frescas; si nos pasamos en cantidad, en lugar de dar relevancia al producto principal ocultarán su gusto natural y su aroma propio.

Aunque el escabeche se guarde en sitio frío para su más larga conservación, es conveniente servirlo tibio (tampoco caliente), a temperatura ambiente, a unos 21° aproximadamente.

Callos con puré de coliflor y migas crujientes

Pasando las verduras

Picando el chorizo y el jamón

Preparando la coliflor para su cocción

Montando el plato

Ingredientes para 6 personas

Para los callos

2 kg de callos (comprados limpios y precocidos), 2 trozos de pata de ternera, 200 g de jamón serrano, 150 g de chorizo, 2 puerros, 3 zanahorias, 1 cebolla grande con 3 clavos pinchados en ella, 3 dl de salsa de tomate hecho en casa (más bien espesa), 3 dientes de ajo, media guindilla picante, 5 pimientos choriceros, pimienta negra, 1 litro de caldo de ave casero, aceite de oliva y sal

Para el puré de coliflor

200 g de coliflor, 4 cucharadas de puré de patata, 1 dl de nata líquida, 3 cucharadas soperas de aceite de oliva virgen, agua y sal

Para las migas

1 barra de pan de un par de días, 1 cucharada de pimentón dulce, 1 pizca de sal, media tacita de aceite

Además

Unas hojas de hierbas aromáticas (perejil, perifollo, etc.)

Elaboración

Para los callos

Corta los puerros, las zanahorias y el ajo en trocitos muy pequeños. Dispón estos ingredientes con un chorrito de aceite en una olla con la cebolla entera con los clavos pinchados. Encima de esto introduce los callos cortados en trozos de 2 o 3 cm, los trozos de pata, los pimientos choriceros pelados, un poco de sal y moja todo con el caldo de ave hasta que cubra los ingredientes. Pon a cocer de hora y media a 2 horas, dependiendo del tipo de callo. Cuando éstos se hayan cocido, pasa todas las verduras a otra cazuela con la salsa de tomate ya caliente. Añade los callos, el jamón, el chorizo (ambos muy picados), la pimienta negra y la guindilla. Deja cocer de tres cuartos de hora a una hora. Transcurrido este tiempo, retira las patas, sazona y deja reposar en el frigorífico hasta su utilización.

Para el puré de coliflor

Cuece la coliflor en agua y sal. Quita el agua de cocción y agrégale el puré de patata espeso, la nata líquida y el aceite. Pásalo por la batidora o por el pasapuré y luego por el chino hasta que quede la mezcla homogénea y cremosa. Mantén al calor

Para las migas

Corta el pan en trozos diminutos. Espolvorea con el pimentón y remoja en agua con sal; remueve bien para que empapen el jugo. Pon a fuego fuerte la sartén con el aceite y echa las migas, removiendo constantemente para que se rehoguen por todas partes. Deben quedar bien coloreadas, pero ni demasiado húmedas ni resecas.

Final y presentación

Calienta los callos a fuego lento. Dibuja en el plato tres rayas paralelas. Una, la de los callos bien calientes. Otra, con el puré de coliflor, y la tercera con las migas recién hechas. Decora con las hierbas aromáticas.

SI NO ENCUENTRAS

Caldo de ave, hazlo con agua y cubitos de caldo de ave, a ser posible con poca sal
Pimientos choriceros, utiliza pimentón
Crema de leche, emplea leche entera
Clavo, lo sustituyes por unos granos de pimienta negra

MIS TRUCOS

Es muy importante comprar un callo de muy buena calidad. Actualmente, el más fácil de adquirir es el de ternera, pero el de una vaca adulta o un buey puede ser de más sabor.

Si no compras los callos ya limpios y precocidos debes ponerlos a remojo en agua y cepillarlos con mucho cuidado (te recomiendo utilizar un cepillo de púas). Los callos han de ser de nuevo lavados a conciencia con agua y vinagre. Entonces, se blanquean en agua hirviendo durante 20 minutos. Se refrescan en agua fría y, a continuación, se raspan de nuevo para que desaparezcan todas las adherencias y cualquier resto de olor. En ese momento ya estarán dispuestos para cocer de 5 a 6 horas a fuego suave (en la olla a presión, la mitad de tiempo) en agua con sal y verduras. Consérvalos en el propio caldo de cocción hasta su utilización.

La sal debe añadirse al terminar el guiso posterior, pues en caso contrario pueden endurecerse, lo que se llama precisamente "encallarse".

Carrilleras de ternera a la vainilla con patata y piña

Vainilla y trozos de piña

Guisando la carrillera

Preparando la piña
y las patatas

Haciendo la piña
a la plancha

Ingredientes para 4 personas

1 carrillera de ternera, 1 dl de aceite, 2 cebollas, 2 puerros, 2 chalotas, 2 zanahorias, 1 copa de brandy, un cuarto de litro de oporto, medio litro de vino tinto, 1 rama de vainilla,1 hoja de salvia, 1 litro de caldo de carne, agua y sal

Para la guarnición de patata y piña

Media piña pequeña, 200 g de patatas, aceite y sal

Además

Perejil picado

Elaboración

Limpia y corta las verduras en juliana. Póchalas a fuego lento con la mitad del aceite. Sazona la carrillera y dórala a fuego vivo en el resto del aceite. Una vez dorada, retira el aceite y flambea con el brandy.

Agrega a continuación el oporto y el vino tinto. Deja reducir y añade la pulpa de la rama de vainilla y la salvia. Seguidamente, incorpora la verdura pochada. Rehoga bien. Por último, agrega la mitad del caldo y otro tanto de agua hasta que cubra la carrillera. Deja cocer a fuego lento hasta que la carrillera esté blanda. Deja enfriar fuera del caldo de cocción y cuando esto suceda, secciónala en escalopes gruesos. Mientras, pon a hervir el caldo con las verduras. Retira la vainilla y la salvia, tritura, cuela y sazona. Reduce la salsa ya colada cociéndola lentamente.

Deja los escalopes de carrillera dentro de la salsa donde los calentarás en el momento de servir.

Para la guarnición de patata y piña

Pela las patatas y la piña. Córtalas en ambos casos en círculos pequeños e idénticos de grosor. Pocha en aceite los círculos de patata. Cuando estén blandos, saca y escurre. Pon una plancha o sartén antiadherente a fuego vivo, haz a la plancha los círculos de piña y da un golpe de plancha a las patatas pochadas.

Final y presentación

Coloca las carrilleras de ternera en un costado del plato. Salsea por encima con la salsa correspondiente, muy caliente. En un costado del plato deposita los círculos de patata y piña, puestos en fila, alternado la hortaliza y la fruta. Espolvorea por encima el perejil picado.

SI NO ENCUENTRAS

Chalotas, emplea únicamente cebolla o cebolleta
Oporto, puedes sustituirlo por cualquier tipo de vino dulce o semidulce
Vainilla, puedes utilizar en su lugar una rama de canela
Salvia, puedes prescindir de ella

MIS TRUCOS

Al comprar las carrilleras hay que tener en cuenta que sean bien frescas y encargarlas al carnicero con bastante antelación, ya que cada res cuenta sólo con dos carrilleras.

Si es necesario engordar la salsa de las carrilleras o de otros estofados de carne haz un roux con un poco de harina, aunque siempre es preferible engordar la salsa por reducción lenta. Para hacer este roux, compuesto de mantequilla con igual cantidad de harina, debemos hacerlo con harina tostada sin que se pase. Es conveniente añadir una cucharadita pequeña de aceite para evitar que se queme. Si la harina se quema, hay que desistir de continuar la operación del roux y empezar de nuevo, ya que sino amargará toda la salsa.

Por otra parte, si en esta preparación sale mucha espuma es un indicio claro de que sobra mantequilla o falta harina.

Entrecot de buey con flores de sal, salsa de pimiento amarillo y patatas avainilladas

Cortando el pimiento amarillo

Haciendo las patatas

Haciendo a la plancha el entrecot

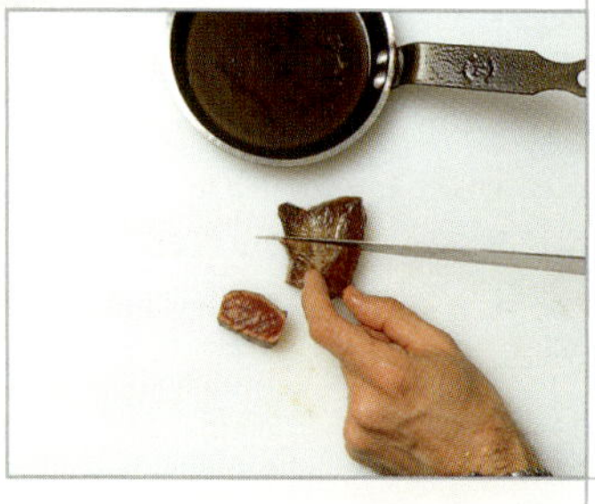

Cortando el entrecot

Ingredientes para 4 personas

Para la salsa de pimiento amarillo

3 pimientos amarillos, 2 cebolletas o cebollas, 50 g de tocino de jamón, 3 cucharadas de aceite de girasol, 2 dl de caldo de verduras natural, sal y pimienta blanca

Para las patatas a la vainilla

4 patatas pequeñas, 2 dl de aceite de oliva, 1 vaina de vainilla, 1 cucharada de cebollino picado, pimienta y sal

Para la carne

4 piezas de entrecot de buey o vaca vieja (carne roja) deshuesadas (de unos 320 g cada una)

Además

Flores de sal de Maldon y perejil muy picado

Elaboración

Para la salsa de pimiento amarillo

Pela los pimientos, escaldándolos previamente en agua hirviendo. Pica también las cebolletas en trocitos pequeños. Pon una sartén con el tocino a fuego lento hasta que se derrita, añadiendo en ese momento el aceite. Agrega los pimientos y las cebolletas, picados ambos, y hazlos a fuego muy lento. A los 15 minutos añade el caldo y deja reducir el líquido a la mitad de su volumen. Salpimenta.

Para las patatas a la vainilla

Corta las patatas en lonchas de 1 cm de grosor. Salpimenta y ponlas en una cazuela. Cúbrelas de aceite, añadiendo el contenido de la vaina de vainilla (rascándola bien). Cuécelas a fuego lento durante 5 minutos. Después sácalas de la cazuela y hornéalas durante 10 minutos a 180º. Una vez horneadas y tiernas (pero enteras), sácalas y escúrrelas sobre un papel absorbente. Antes de servirlas, espolvorea con cebollino picado.

Para la carne

Asa el entrecot en la parrilla (o en su defecto, en la plancha), haciéndolo por ambos lados unos cuatro minutos por cada uno. Una vez listo, corta cada pieza en tres o cuatro trozos.

Final y presentación

Dispón los trozos de entrecot sobre un plato caliente. Sazónalos con las flores de sal y salsea alrededor con la salsa de pimiento amarillo. Deposita también en un costado las patatas a la vainilla y espolvorea por encima de la carne el perejil picado

SI NO ENCUENTRAS

Vainilla, puedes emplear en su lugar canela
Cebollino, sustitúyelo por perejil
Pimiento amarillo, utiliza pimiento rojo
Caldo de verduras natural, emplea cubitos de caldo
Flores de sal de Maldon, utiliza sal gorda común

MIS TRUCOS

Las carnes recién matadas no son las más aconsejables, pues estarán duras. Necesitan un asentamiento, tampoco excesivo, de alrededor de dos semanas. Un exceso de maduración conlleva el enranciamiento.

Las partes más idóneas para asar a la brasa son el solomillo, el lomo con la chuleta y el entrecot sin hueso. También los filetes de la cadera (cortados gorditos) admiten bien la preparación a la brasa.

Para hacer la costilla a la parrilla o a la plancha es conveniente emplear ternera de leche ya que en caso contrario la carne resulta muy gomosa.

Para que las piezas no se adhieran a la parrilla y se desgarren es conveniente que las rejillas tengan una temperatura muy elevada.

Es conveniente raspar bien las vainas de vainilla para que salgan los puntos negros que es donde está toda la gracia, y precisamente son el distintivo de la auténtica vainilla frente a otros colorantes y saborizadores sucedáneos.

Las flores de sal deben añadirse en el momento de servir. Así se evita que se humedezca el producto sazonado. Y es que estos cristales de sal mantienen una gran consistencia, hasta que explotan en el paladar.

Chuleta de carne roja a la parrilla con emulsión de hongos y guindillas verdes

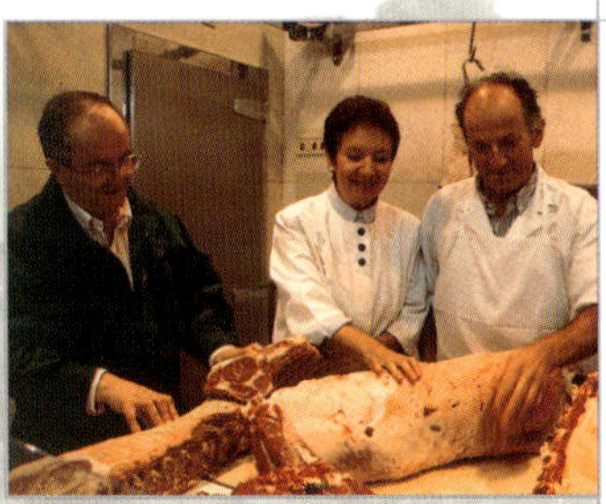

Eligiendo la cinta de chuleta

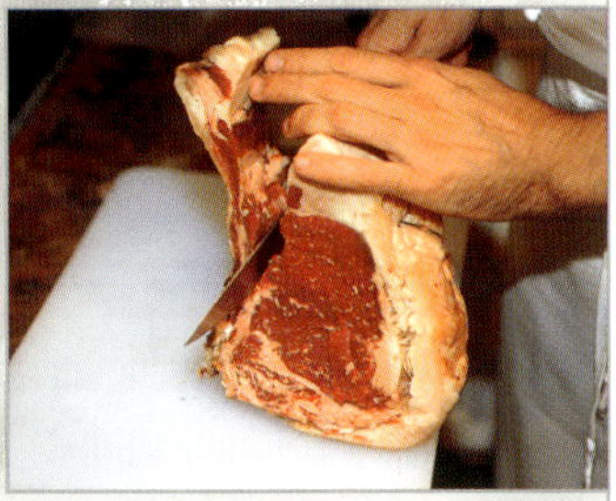

Deshuesando la chuleta

Salteando los hongos

Fileteando la chuleta

Ingredientes para 2 personas

Para la chuleta

1 chuleta de lomo alto de buey (vaca vieja) y sal gorda marina

Para la emulsión de hongos

180 g de hongos, medio dl de aceite de oliva, 1 diente de ajo finamente picado, 1 copa de jerez oloroso, una cucharadita de tomillo fresco picado, 1 huevo, 1 dl de aceite de oliva virgen, 1 cucharada de vinagre de jerez y sal

Para las guindillas

100 g de guindillas, 1 dl de aceite de oliva y sal de Maldon

Elaboración

Para la chuleta

Saca la carne del frigorífico aproximadamente unas cuatro horas antes de su preparación, manteniendo la última hora en un sitio caliente (cercano a un horno u otra fuente de calor). Coloca una parrilla inclinada de 10 a 12 cm de la brasa; cuando esté caliente, coloca la chuleta cubriéndola de sal gorda por la parte de la carne que está hacia arriba; el fuego debe ser en este momento vivo; cuando la parte de abajo quede bastante churruscada, se le da la vuelta; la carne debe estar haciéndose a la brasa de 16 a 18 minutos (las piezas de 1 kilo). Retira los granos de sal sobrantes y colócala en una fuente caliente antes de proceder a trocearla.

Para la emulsión de hongos

Saltea los hongos a fuego vivo con el aceite de oliva y añade el ajo picado. Agrega el vino y el tomillo y haz a fuego lento unos 5 minutos más. Sazona. Después, escurre bien los hongos y tritúralos. Monta con el resto de los ingredientes una mahonesa ligera a la que añadirás el puré de hongos tibio, batiendo el conjunto hasta que quede homogéneo. Rectifica de sal.

Para las guindillas

Pon el aceite a calentar en una sartén honda, y cuando esté caliente, echa las guindillas y fríelas a fuego medio de 4 a 5 minutos sin que lleguen a oscurecerse, escurre y sazona.

Final y presentación

Trocea la chuleta ya deshuesada sobre un plato caliente, salsea con la emulsión de hongos e incorpora las guindillas fritas dispuestas de forma irregular.

SI NO ENCUENTRAS

Hongos, puedes emplear setas de cultivo o champiñones
Jerez oloroso dulce, puedes utilizar otro tipo de vino blanco dulce o una mistela
Guindillas, puedes sustituirlas por pimientos verdes pequeños
Sal de Maldon, la puedes suplir por sal gorda común

MIS TRUCOS

Si haces la carne a la plancha en lugar de a la brasa, el corte de la chuleta no debe ser tan grueso. También se puede deshuesar antes de pasarla por la plancha, ya que en ese caso se hará de forma más uniforme. Cuando hagas la carne a la plancha o en la sartén no debes salar la chuleta al principio de su cocción sino una vez asada.
La sal más adecuada cuando se sazona, al terminar su cocción y una vez reposada unos instantes, son los cristales de sal (de Maldon, gris de Guérande, etc.).
En todo caso, el grosor de la chuleta debe ser uniforme, nunca una parte más gruesa que la otra, ya que de esa forma se hará más por una parte que por la otra, más fina. Asimismo, para hacer a la plancha, prefiero las chuletas de lomo bajo menos grasas y de tamaño menor que las de lomo medio o alto.

Cochinillo confitado con su jugo a la naranja sanguina y plátano frito

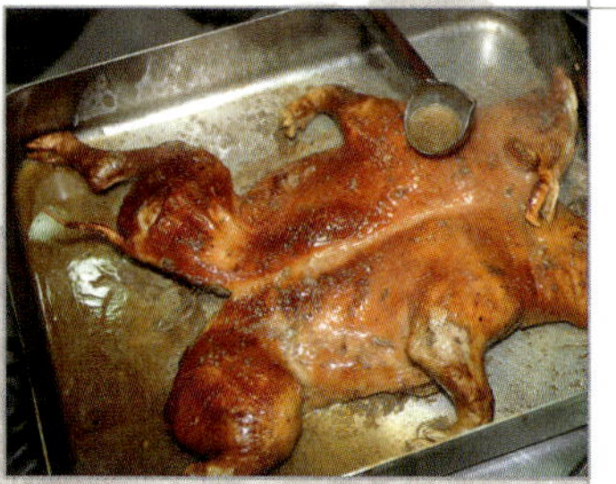

Asando el cochinillo

Friendo los plátanos

Reduciendo el jugo de naranja

Despepitando la granada

Ingredientes para 4 personas

Para el cochinillo

Medio cochinillo (unos 2,5 kg), medio litro de aceite de oliva, 300 g de manteca de cerdo derretida, 5 dientes de ajo enteros con la piel, orégano, tomillo, pimienta negra en grano y sal gruesa marina

Para la salsa

Huesos sobrantes del cochinillo, 2 cebollas, 2 chalotas, 3 dientes de ajo, 3 puerros, tres cuartos de litro de vino blanco seco, un cuarto de litro de caldo de carne o de verduras, el zumo de 3 naranjas sanguinas, pimienta y sal

Además

Espárragos verdes en juliana, pepitas de granada y dos plátanos fritos. También unas cucharadas de vinagreta (aceite de oliva virgen, vinagre de vino, una cucharadita de pulpa de fruta de la pasión y sal) y perejil picado

Elaboración

Para el cochinillo

Trocea en cuatro partes el cochinillo. Da el punto de sal. Deja aromatizar las partes del cochinillo en la grasa (aceite de oliva y manteca de cerdo), aromatizando con los ajos, especias y hierbas aromáticas durante un mínimo de 12 horas en el frigorífico. Posteriormente, introduce el mismo recipiente en un horno a 90° durante 5 horas, controlando la cocción de las diferentes partes del animal. Al final, sácalo de la grasa y dale un golpe fuerte de horno a fuego vivo para que quede crujiente la piel. Rectifica de sal.

Para la salsa

Dora los huesos sobrantes del cochinillo en el horno con verduras troceadas y glasea con vino blanco. Cuece todo en un cazo, añadiendo caldo de carne hasta conseguir cierta densidad. Añade el zumo de naranja y deja reducir a la mitad. Da el punto de sal y pimienta.

Final y presentación

Coloca un par de trozos del cochinillo con la piel para arriba. Coloca a su lado los plátanos fritos, troceados, junto con la juliana de espárragos y las pepitas de granada y aliñados con la vinagreta. Salsea alrededor del cochinillo con la salsa a la naranja sanguina. Espolvorea por encima el perejil picado.

SI NO ENCUENTRAS

Cochinillo, puedes utilizar cordero lechal
Chalota, utiliza más cebolla en su lugar
Especias como orégano o tomillo, puedes prescindir de ellas
Naranja sanguina, usa otro tipo de naranja
Granadas, puedes sustituirlas por uvas pasas o trocitos de orejón
Fruta de la pasión, emplea zumo de limón

MIS TRUCOS

Es muy importante que pase poco tiempo desde que el cochinillo sea sacrificado y se proceda a su limpieza hasta que llegue a la cocina para ser asado o confitado.

Es decir, que no necesita del asentamiento de otras carnes. Hay que seguir al pie de la letra el mandato de un vetusto refrán castellano, que dice: "El lechón, del cuchillo al asador."

Las guarniciones y salsas que acompañan a la carne de cerdo adulto, también el cochinillo, al ser carne de abundante grasa, es conveniente que posean acidez como los frutos rojos, manzanas ácidas, piña, cítricos y, por supuesto, la punzante fruta de la pasión.

Es conveniente darles, sobre todo si se trata de cerdo blanco estabulado (que es una carne con menos sabor y aroma que el cerdo ibérico en libertad y alimentado con bellotas), un toque aromático que le dé naturalidad campestre, sobre todo con hierbas como el tomillo, romero, laurel o espliego, y el contrapunto de especias como el clavo o la pimienta negra.

Solomillo de cerdo ibérico en crema de leche y ajos con ensalada de primavera

Salteando el solomillo

Cociéndolo en la leche

Reduciendo la leche

Preparando la ensalada de espinacas y fresas

Ingredientes para 4 personas

Para el solomillo en crema de leche y ajos

800 g de solomillo de cerdo ibérico (entero, sin partir), 1 cucharada de mostaza al estragón, medio litro de leche, 1 dl de leche evaporada, 4 dientes de ajo con su piel, 6 cucharadas de aceite de oliva, pimienta blanca, nuez moscada y sal

Para la ensalada

150 g de hojas de espinacas, 4 fresas, 5 cucharadas de aceite de nuez, 2 cucharadas de vinagre de jerez, 2 cucharadas de oporto dulce blanco, agua y sal

Además

Unas hojas de salvia

Elaboración

Para el solomillo en crema de leche y ajos

Unta el solomillo en una mezcla de mostaza y sal. Pon en una cazuela el aceite a fuego vivo y rehoga allí el solomillo. Cuando esté dorado por todas las partes, añade los ajos y a continuación la leche entera y la evaporada. Deja cocer a fuego lento durante 30 minutos. Retira el solomillo y los ajos confitados del fuego. Pela y tritura los ajos. Reduce la leche donde se ha cocido el solomillo hasta que quede bien untuosa. Da punto de pimienta blanca y de nuez moscada. Agrega el puré de ajos al final de la cocción y mezcla perfectamente.

Para la ensalada

Mezcla el aceite con el vinagre y el oporto y sazona. Filetea finamente las fresas y escalda en agua hirviendo con sal, unos instantes, las hojas de espinacas (previamente lavadas). Aliña en el momento de servir con la vinagreta anterior.

Final y presentación

Coloca en un costado del plato la parte correspondiente de lomo fileteado y salseado. En el otro lado coloca una porción de la ensalada aliñada. Decora con las hojas de salvia.

SI NO ENCUENTRAS

Cerdo ibérico, utiliza solomillo de cerdo blanco
Mostaza al estragón, emplea cualquier tipo de mostaza suave
Nuez moscada, puedes prescindir de ella
Aceite de nuez, sustitúyelo por aceite de girasol
Vinagre de jerez, puedes sustituirlo por un vinagre de vino blanco
Oporto dulce blanco, sustitúyelo por un vino dulce blanco

MIS TRUCOS

Para utilizar las espinacas en ensalada no es necesario hervirlas, en todo caso, se escaldan unos instantes. Personalmente, prefiero saltearlas crudas en la sartén con unas gotas de aceite; en este caso, se rocían las hojas con agua hirviendo para que se contraigan y disminuya su volumen.

También se pueden escaldar las espinacas, sobre todo si son grandes y por tanto más amargas que los brotes pequeños, con una pizca de azúcar además de la sal. Tampoco está mal añadir en el agua unos trozos de corteza de limón sin lo blanco de la piel, que suele amargar.

Es conveniente bridar el solomillo de cerdo con una liz para que no se desparrame y pueda filetearse después uniformemente. También resulta muy adecuado añadir al salteado del cerdo unas hojas frescas de salvia, sobre todo si se usa cerdo blanco, que es menos sabroso, dándole así un toque más campestre.

Codillo glaseado con sopa de calabaza, pepinillos y menta

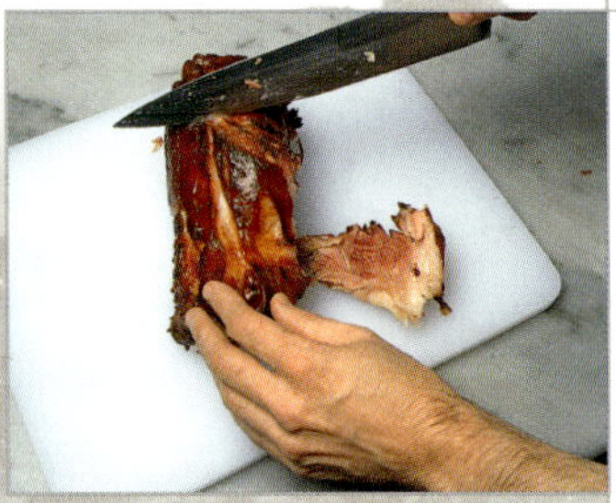
Cortando el codillo asado

Haciendo la base de la sopa

Friendo la menta

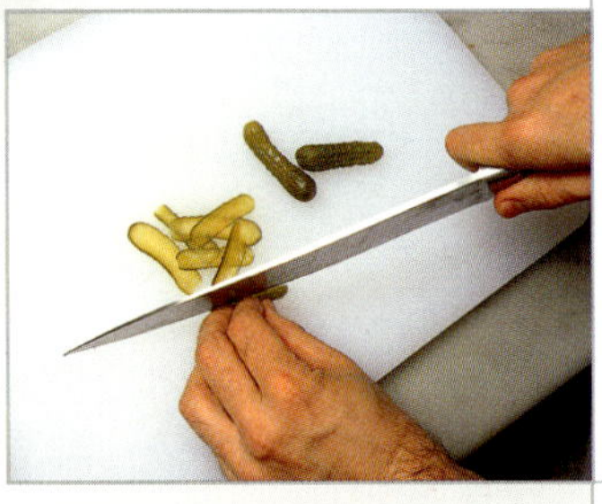
Laminando los pepinillos

Ingredientes para 4 personas

Para el codillo

2 codillos de cerdo (ya precocido), 4 cucharadas de caldo de carne, 1 copa de vino blanco seco

Para la sopa de calabaza

2 puerros, 1 patata, 200 g de calabaza, 1 diente de ajo, 4 cucharadas de aceite de oliva, 50 g de panceta, 2 cucharadas de aceite de oliva virgen extra, unas hojas de menta, agua y sal

Además

40 g de pepinillos y unas hojas de menta

Elaboración

Para el codillo

Marca los codillos en una sartén a fuego vivo (unos 2 minutos); después, colócalos en una bandeja e introdúcelos al horno (a 200º) durante 10 minutos. Rocíalos de vez en cuando con el caldo. Al final de la cocción añade el vino, desglasando las paredes de la bandeja y dejando que los codillos se embeban del jugo, evitando así que se sequen. Córtalos en trozos más pequeños.

Para la sopa de calabaza

Trocea las verduras. Pon en una cazuela al fuego el aceite con el diente de ajo con su piel. Antes de que se dore demasiado retíralo. Añade entonces los puerros troceados y la calabaza, también troceada. Agrega la panceta picada y rehoga todo a fuego vivo, añadiendo agua hasta cubrir todo. Cuece a fuego lento durante 10 minutos, añade entonces las patatas y un par de hojas de menta y deja que se cueza todo hasta que la calabaza esté tierna (añade más agua si es preciso). Da el punto de sal. Cuando esté todo hecho, tritura, bate y cuela. Agrega entonces el aceite de oliva virgen, crudo.

Final y presentación

Corta los pepinillos, que colocarás en la base del plato. Fríe, a fuego vivo, la menta hasta que esté crujiente. Sirve la crema caliente de calabaza y deposita en medio un trozo de codillo, también bien caliente. Adorna con la menta frita.

SI NO ENCUENTRAS

Caldo de carne, puedes hacerlo con cubitos o agua
Calabaza, puedes sustituirla por calabacín, cociéndolo menos tiempo
Aceite de oliva virgen, emplea aceite de oliva
Menta, se sustituye por perejil fresco

MIS TRUCOS

El codillo del cerdo está entre el jamón y las manos, es decir, que se corresponde con el morcillo del vacuno. Es una parte muy gelatinosa que se puede cocer y servir así, simplemente hervido, con verduras (sobre todo con col fermentada y patatas, ya sean cocidas o en puré).

De todas formas, para que salga más suculento y su gelatina quede más integrada en el plato me gusta, particularmente, una vez cocidos (se compran por lo general ya cocidos), terminarlos de hacer al horno, hasta que queden muy untuosos y glaseados.

También se puede hacer lo mismo con otras partes del cerdo, como el jamón, la oreja, la careta e incluso las manos, que me gusta servir deshuesadas para mayor comodidad del comensal.

Aunque hay calabazas de hasta más de 75 kg, las más interesantes para cocer o guisar son aquellas, de distintas variedades, que pesan de 2 a 4 kg.

Costillar de cordero a la miel de romero con frutos picantes

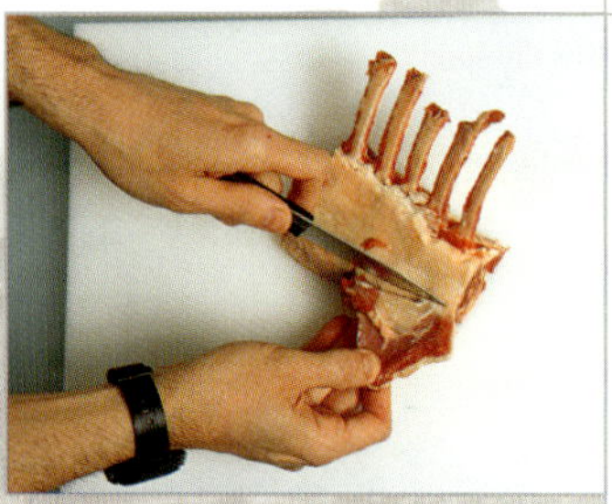

Limpiando el carré o costillar

Untando la miel

Desglasando con el vino y el brandy

Las frutas en maceración

Ingredientes para 4 personas

Para el cordero

1 carré o costillar de cordero de 850 g, una cucharada colmada de miel de romero, 4 cucharadas de aceite de oliva, 50 g de piñones, sal y pimienta

Para la salsa de romero

1 ramita de romero, 1 cucharadita de ajo picado, un cuarto de litro de caldo de carne, media copa de brandy, 1 vaso de vino blanco seco, sal y pimienta

Para las frutas picantes

100 g de pulpa de melocotón, 100 g de pulpa de pomelo y 100 g de melón (limpio de cáscara y pepitas), una pizca de pimienta de cayena, un poco de jengibre rallado (15 g aproximadamente) y el zumo de media naranja

Además

Una ramita de romero (para decorar)

Elaboración

Para el cordero

Limpia el costillar de cordero de la grasa sobrante, dejando limpio el hueso y conservándolo en la pieza. Salpimenta. Maja en un mortero los piñones, añadiendo el aceite y, por último, la miel; pinta con esta preparación el costillar de cordero que previamente habrás troceado. Pon una sartén o plancha a fuego vivo y dora allí el cordero por ambas caras; después, pon los trozos de carré en una bandeja y mete al horno a 200° durante 5 minutos. Saca y deja en reposo, pero al calor.

Para la salsa de romero

En la bandeja de horno donde hemos asado el cordero desglasa con el vino y el brandy, añade el ajo picado, el romero y el caldo de carne. Pon a fuego y reduce la salsa, dando el punto de sal y pimienta.

Para las frutas picantes

Corta las frutas en taquitos y macéralas unos 30 minutos en el zumo de naranja con la cayena y el jengibre rallado. Pon una sartén o una plancha a fuego vivo y, cuando esté caliente, añade las frutas para que se doren bien por ambos lados, añadiendo un poco el jugo de la maceración y retirándolas cuando hayan cogido color.

Final y presentación

Da un golpe de horno para calentar el carré de cordero. Coloca el cordero en el plato, salseando por encima con la salsa de romero. Coloca las frutas alrededor del costillar de cordero y decora con la ramita de romero fresco en trocitos.

SI NO ENCUENTRAS

Miel de romero, utiliza cualquier tipo de miel
Piñones, usa cualquier otro fruto seco
Romero, emplea en su lugar perejil
Caldo de carne, usa agua
Jengibre, utiliza sólo guindillas de cayena

MIS TRUCOS

Lo mejor es comprar la miel natural, no pasterizada, ya que el proceso de pasterización la hace perder muchas sustancias.

La elección de los diversos gustos florales de la miel dependerá de lo que vayamos a elaborar o acompañar con ella. Por eso nos puede interesar que sean más o menos aromáticas, más o menos dulces o, también, con toques herbáceos.

En cuanto a la conservación de la miel, tenemos que fijarnos en las fechas de consumo preferente; si la miel está muy líquida en la parte superior y con cristales en el fondo del tarro, indica que ha perdido mucho sabor y aroma. No hay que confundir lo anterior con el granulado, que es normal en las mieles naturales pero no se forma en las pasterizadas.

El jengibre, esa exótica raíz que posee un sabor picante, aunque uno de los menos agresivos dentro de los picantes, es, a la vez, refrescante y realza el sabor de otros productos que acompaña si se usa con prudencia.

Chuletillas de cordero lechal con cuscús y verduras confitadas

Ingredientes

Ingredientes para 4 personas

200 g de carne de cordero apropiada para guiso o cocer (pescuezo, falda, etc.) troceada, 1 pimiento verde, 2 zanahorias, 1 cebolla, 2 dientes de ajo con su piel, 100 g de garbanzos (previamente remojados de víspera), unas hebras de azafrán, una pizca de jengibre en polvo, una pizca de salsa picante harissa, 150 g de sémola de trigo duro precocida (cuscús), 2 litros de agua, 8 cucharadas de aceite de oliva, 20 g de mantequilla, 8 chuletillas de cordero de leche, 1 cucharada de mojo de cilantro (mezcla de aceite de oliva virgen, pimienta, media cucharadita de cilantro, una pizca de ajo y sal), un poco de agua y sal

Cociendo las verduras

Elaboración

Limpia y corta las verduras en tiras, salvo los dientes de ajo. En una olla pon todas las verduras y garbanzos a cocer con el agua. Añade la carne. Cuando rompa a hervir, espuma. Agrega las especias y sazona. Cuece a fuego lento unos 40 minutos (los garbanzos un poco más). Cuela y añade la sémola al caldo colado. Cuécela durante 12 o 15 minutos y cuela.

Saca la sémola y remuévela manualmente, añadiendo aceite, un poco de agua y mantequilla para dar soltura a los granos. Mantenla en sitio caliente. Recorta la grasa de las chuletillas. En una plancha muy caliente haz las chuletillas (previamente untadas del mojo) a fuego vivo, justo hasta dorarlas. Da un hervor de nuevo a las verduras y garbanzos. Coloca en el fondo del plato unas cucharadas de cuscús caliente, sobre el que pondrás las chuletillas recién hechas y alrededor las verduras y garbanzos bien calientes.

Amasando el cuscús

SI NO ENCUENTRAS

Chuletillas de lechal, emplea cordero de pasto, recortando muy bien la grasa y ternillas

Azafrán, utiliza cúrcuma u otro colorante, a poder ser, siempre natural y no químico, como la tartracina, que es totalmente insulsa

Jengibre, puedes especiar el caldo con nuez moscada o pimienta negra recién molida

Cilantro, puedes sustituirlo por perejil triturado

Harissa, se sustituye por una pizca de guindilla muy picada o con pimienta de cayena en polvo

Haciendo las chuletillas a la plancha

MIS TRUCOS

Si cueces el cuscús al vapor conviene realizar dos cocciones, repitiendo también dos veces la operación de engrasarlo con aceite o mantequilla para que no se apelmacen los granos y que queden sueltos.
Los ingredientes vegetales y cárnicos deben someterse a una cocción lenta y muy prolongada, reduciendo sobre todo las verduras a una textura muy blanda, como confitada, pero sin que en ningún caso se deshaga.
Resulta muy agradable dividir el caldo en dos partes, una para remojar la sémola y otra para añadir las especias variadas y picantes, entre las que no puede faltar la potente harissa. De esta forma logramos que el picante sólo lo pruebe la persona que le guste.

Lomo de cabrito con mojo especiado a la menta y mollejas salteadas

Ingredientes para la maceración

Untando el cabrito con el mojo

Reduciendo la salsa con los huesos

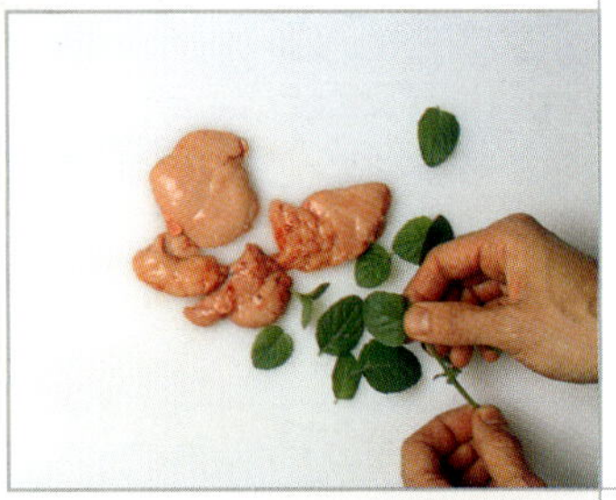

Preparando las mollejas con la menta

Ingredientes para 4 personas

Para el cabrito macerado

1 costillar de cabrito de 1,5 kg, 10 g de mostaza de hierbas, 2 cucharadas de cebollino fresco y de perejil, media cucharadita de cardamomo en polvo, 30 g de almendras muy picadas, 1 cucharada de salsa de soja, 5 g de sal y pimienta

Para la salsa

600 g de huesos de cabrito (que habrán sobrado después de deshuesarlo), 4 cucharadas de aceite de oliva, 3 dientes de ajo con su piel, 2 copas de vino blanco seco, 2 copas de vino tinto, media copa de brandy, 1 dl de agua, 2 cucharaditas de salsa de soja y sal

Para las mollejas a la menta

100 g de mollejas (de cabrito o de cordero), medio diente de ajo picado, 6 cucharadas de aceite de oliva, unas hojas de menta fresca y sal

Además

Cebollino o perejil picado

Elaboración

Para el cabrito macerado

Deshuesa el costillar (reserva los huesos y recortes). Maja el resto de los ingredientes. Unta el cabrito en este mojo. Deja macerar durante un par de horas en sitio frío

Para la salsa

Pon los huesos que teníamos reservados en una cazuela, junto a los ajos con piel y el aceite de aceite, y ponlos al fuego hasta que cojan color. Después, retira los huesos. Desglasa la cazuela con el vino blanco y tinto. Pon de nuevo al fuego, añade el brandy y el agua y reduce lentamente. Agrega la salsa de soja y cuela. Reserva este jugo.

Nota: se puede simplificar la forma de hacer la salsa: para ello, basta añadir un poco de vino blanco y de salsa de soja a la fuente de horno donde se ha asado el cabrito y desglasarla, recuperando los jugos, que nos servirán para salsear el lomo.

Para las mollejas a la menta

Limpia bien las mollejas y saltéalas a fuego vivo en una sartén con la mitad del aceite y el ajo, lo justo hasta dorarlas. Fríe la menta en el resto del aceite.

Final y presentación

Asa los lomos de cabrito al horno a 180° durante 15 minutos. Déjalos reposar durante 10 minutos. Coloca el lomo cortado en el plato y salsea por encima y en un costado con la salsa. Deposita de forma irregular las mollejas crujientes intercaladas con las hojas de menta fritas. Espolvorea por encima el perejil picado.

SI NO ENCUENTRAS

Cabrito, utiliza en su lugar cordero o cerdo
Mostaza de hierbas, usa cualquier tipo de mostaza
Mollejas de cordero, sustitúyelas por mollejas de ternera
Cebollino y menta, emplea en su lugar perejil
Cardamomo y soja, prescinde de ellos

MIS TRUCOS

Para limpiar las mollejas, sobre todo las de ternera, es conveniente sumergirlas en agua muy fría con sal, después de haberlas blanqueado y antes de saltearlas al fuego. Así, las mollejas se conservan blancas y la grasa se contrae, por lo que se retira más fácilmente. También hay quien añade zumo de limón con similar resultado. Al limpiarlas, hay que quitar los elementos grasos y las partes cartilaginosas o ternillas.

Antes de saltearlas es muy importante escurrirlas perfectamente del agua que han absorbido después de estar en remojo.

Las semillas molidas de cardamomo pierden su sabor con gran rapidez, por lo tanto es conveniente, si es posible, comprar las vainas enteras y desgranarlas y molerlas en casa. En todo caso, si lo compramos molido, hay que conservarlo en un sitio muy seco y en frascos de cristal herméticamente cerrados. Es más recomendable comprar vainas de cardamomo verdes, ya que las de color pardo no son verdaderamente cardamomo, sino una variedad similar, pero su sabor es bastante desagradable y recuerda al alcanfor.

Magret de pato con salsa de fruta de la pasión y "panaderas" con manzana

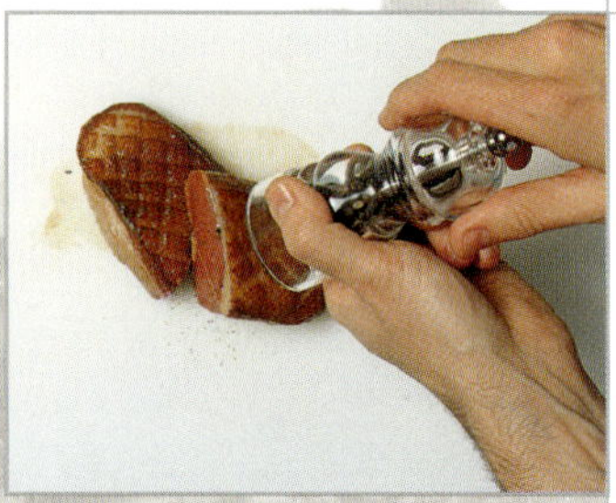
Salpimentando el magret

Ingredientes para 4 personas

Para el magret asado

2 magrets de pato, 1 copa de vino tinto, 1 copa de vino dulce, 2 cucharadas de vinagre balsámico, 1 dl de agua, sal y pimienta en grano (toscamente machacada)

Para la salsa de fruta de la pasión

2 piezas de fruta de la pasión, el zumo de un limón, 30 g de azúcar, una pizca de sal y pimienta

Para las patatas panadera con manzana

2 patatas medianas, una cebolla, una manzana ácida, 1 dl de aceite de oliva, perejil picado y sal

Además

Unas ramitas de romero

Abriendo la fruta de la pasión

Elaboración

Para el magret asado

Da unos cortes al magret en la parte de la piel. Saltea a fuego vivo los magrets, previamente salpimentados, en una sartén hasta que se doren; después, deposítalos en una bandeja de horno con la piel y grasa hacia arriba. Mete al horno, al gratinador. Ten así unos 4 minutos. Después, dale la vuelta y ten un par de minutos más. Retira y reserva al calor. Desglasa bien la fuente del horno, aún caliente, con los vinos y el vinagre. Retira bien toda la grasa y añade el agua; deja cocer lentamente hasta que se reduzca la salsa a la mitad de su volumen inicial. Una vez reducida, cuela y reserva al calor.

Para la salsa de fruta de la pasión

Corta la fruta de la pasión por la mitad y con una cucharadita saca su pulpa. Hierve durante 4 minutos el zumo del limón con el azúcar. Transcurrido ese tiempo, añade la pulpa de la fruta de la pasión. Apaga el fuego y deja todo en infusión durante un rato, dejando enfriar a temperatura ambiente.

Para las patatas panadera con manzana

Corta en rodajas finas, de igual tamaño, las patatas y la manzana una vez peladas. Filetea la cebolla en juliana. Pon en una fuente de horno el aceite con la patata, manzana y cebolla debidamente sazonadas y cuece a fuego medio durante unos 20 minutos aproximadamente. Espolvorea después con el perejil picado.

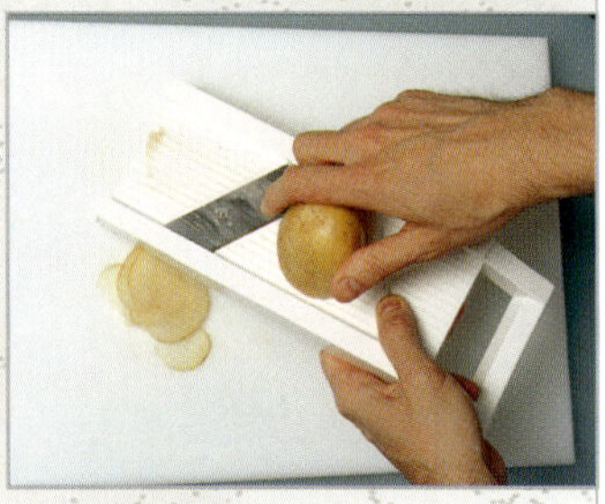
Laminando la manzana y la patata

Final y presentación

Da un golpe de horno a los magrets. A continuación, corta cada uno en dos partes y de cada parte saca dos filetes gruesos. Colócalos en un costado del plato y vierte a su lado, salseando también por encima del magret, el jugo. En el otro costado deposita unas cucharadas de la salsa de fruta de la pasión, poniendo a su lado las patatas panadera con manzana. Decora con la ramita de romero.

SI NO ENCUENTRAS

Magret de pato, utiliza pechugas de pollo
Vinagre balsámico, emplea cualquier vinagre
Fruta de la pasión, usa en su lugar fresas o fresones
Romero, puedes prescindir de él

Salteando el magret

MIS TRUCOS

Es conveniente, no sólo por una cuestión estética, antes de introducir los magrets al horno, dar a la parte grasa unos cortes en forma de rombos, teniendo mucho cuidado de no traspasar la zona magra, ya que en ese caso soltarían demasiados jugos en la cocción y se secarían los magrets.

No es muy aconsejable filetear el magret en escalopes finos y en forma de abanico, aunque resulte más atractiva la presentación del plato, ya que lo que se gana por un lado, en cuanto a presencia vistosa, se pierde por contra en la jugosidad de su carne.

Si nos sobra confitura agridulce de fruta de la pasión podremos conservarla en frascos de cristal esterilizados. Se deja enfriar la confitura y se tapan los frascos. Es conveniente sellar este tipo de confituras con una capa de cera para evitar que con el paso del tiempo mermen en exceso.

Siempre que se elabore algún tipo de confitura, como en este caso, es conveniente para su conservación que la proporción de azúcar sea adecuada ya que éste es un conservante. Si es para consumo inmediato, la cantidad de azúcar es irrelevante.

Foie gras a la plancha sobre salsa de pomelo y miel con mermelada especiada de frutas

Fileteando el foie gras

Dorando el foie gras

Elaborando la salsa de pomelo y miel

Preparando la mermelada especiada

Ingredientes para 4 personas

Para el foie gras

1 foie gras de aproximadamente medio kilo, gemas de sal y una pizca de pimienta negra, preferiblemente molida en el momento

Para la salsa de pomelo y miel

El zumo de tres pomelos rojos, 3 cucharadas de miel de Villuercas-Ibores

Para la mermelada especiada de frutas

8 ciruelas pasas sin hueso (en remojo desde la noche anterior), 1 manzana reineta limpia, 1 mango maduro pelado y sin hueso, 50 g de almendras blanqueadas y picadas, 4 cucharadas de vinagre de sidra, 140 g de azúcar, 1 clavo de olor, una pizca de nuez moscada, 1 palito de canela, una cucharadita de jengibre rallado y una pizca de sal

Elaboración

Para el foie gras

Corta el foie gras en escalopes gruesos, usando un cuchillo con el filo caliente. Pon a fuego vivo una sartén antiadherente. Cuando esté bien caliente echa, uno a uno, los escalopes de foie gras. Dora cada uno no más de un minuto por cada lado. Retíralos del fuego. Escúrrelos bien en un papel absorbente, sazona con las gemas de sal y la pimienta. Colócalos en un plato caliente para que no se enfríen mientras se emplata.

Para la salsa de pomelo y miel

Pon el zumo de los pomelos en un cazo junto con las cucharadas de miel bien disueltas. Reduce a fuego muy suave sin dejar de remover hasta que se convierta en una salsa untuosa, pero bastante ligera.

Para la mermelada especiada de frutas

Pon toda la fruta cortada toscamente en una cazuela con el azúcar, el jengibre y la sal y deja cocer durante 20 minutos a fuego lento. Incorpora las almendras, el vinagre, el clavo, la nuez moscada y el palito de canela. Deja que cueza durante 15 minutos más, también a fuego lento. Debe quedar algo espeso. Retirar el palo de canela antes de consumirla.

Final y presentación

Pon en la base del plato caliente una cucharada de la salsa. Coloca sobre ella el escalope de foie gras, y sobre éste, a su vez, añade la mermelada especiada de frutas, aún tibia.

SI NO ENCUENTRAS

Gemas de sal, usa sal gorda común

Miel de Villuercas-Ibores, utiliza miel de otra procedencia

Vinagre de sidra, emplea otro tipo de vinagre o zumo de limón

Jengibre y nuez moscada, puedes sustituirlos por pimienta

MIS TRUCOS

Es importante quitar con sumo cuidado los nervios del foie gras con un cuchillo pequeño y puntiagudo.
Para ello hay que hacer un pequeño corte en cada lóbulo del hígado a partir de la punta más inflada, donde se encuentra la vena principal. Al tirar de la vena ésta saldrá fácilmente, y dejará ver el resto de ramificaciones que se podrán limpiar ya sin tanta dificultad.
Es muy importante, sobre todo a la hora de combinar con otros alimentos, analizar las características aromáticas y gustativas de la miel. Así, la miel de Villuercas-Ibores se encuentra de dos tipos: la monofloral de retama (oscura, aroma suave y dulce, olor especial y aromático) y la multifloral (color ámbar, de claro a oscuro, aroma y sabor floral y complejo).
Ambas resultan muy idóneas para la salsa de este plato, de contrastes gustativos, equilibradamente agridulce.

Pato azulón asado a la naranja y otros cítricos con chips de plátano macho

Haciendo la salsa de cítricos

Colando la salsa

Sacando las pechugas del pato asado

Cortando los chips de plátano para freírlos

Ingredientes para 4 personas

Para el pato asado

2 patos azulones, 5 cucharadas de aceite de oliva, sal y pimienta

Para la salsa de naranja y cítricos

4 naranjas, 1 limón, 1 pomelo rosa, 1 copa de licor dulce de naranja, 2 cucharaditas de azúcar, 4 cucharadas de agua, 1 cucharadita de vinagre

Además

Un plátano macho, aceite de girasol y unas hojas de cebollino

Elaboración

Para el pato asado

Limpia bien los patos, quitándoles los cañones de las plumas. Salpimenta y brídalos con una liz. Márcalos con el aceite en una sartén caliente hasta dorarlos por todos los lados, y después hornéalos durante 8 a 10 minutos a 225°. Al sacarlos del horno déjalos reposar unos 7 minutos.

Para la salsa de naranja y cítricos

Exprime las frutas mezclando los tres zumos. Ralla la piel de la naranja y del limón, Pon en un cacillo el agua con el azúcar, el vinagre y el licor dulce. Haz un almíbar agridulce. Añade el zumo de los tres cítricos. Reduce a fuego lento hasta que esté untuosa la salsa. Agrega esta salsa a la fuente de horno donde se han asado los patos, aún caliente, y desglasa recuperando los jugos incrustados. Cuela la salsa resultante. Reserva al calor.

Final y presentación

Pela y corta en plátano en láminas finas con una mandolina o similar (como chips). Fríelos en aceite muy caliente y escúrrelos bien al sacarlos.

Una vez reposado el pato, saca las pechugas (pudiendo utilizar los muslos y alas para otros usos). Dales un golpe de horno en el gratinador y córtalas, según gustos, en taco gruesos o fileteadas. Depositalas en cada plato. Coloca a su lado y encima los chips de plátano y dibuja con la salsa de naranjas y cítricos unas rayas en el plato. Sobre las pechugas dispón el cebollino cortado en bastoncillos.

SI NO ENCUENTRAS

Pato azulón, utiliza pato de granja o pollo
Pomelo rosa, emplea pomelo o sólo limón o naranja
Plátano macho, sustitúyelo por patatas
Cebollino, emplea perejil o prescinde de él

MIS TRUCOS

El pato azulón joven es el más apreciado. Las aves menores de un año se reconocen por las membranas natatorias oscuras, plumaje de color verde-grisáceo y pico rojo amarillento. Los adultos, por el contrario, poseen un pico rojo anaranjado (a partir del segundo año de vida). Es conveniente que tras el asado se deje reposar el pato (casi tanto tiempo como el señalado de cocción). El reposo debe hacerse a una temperatura moderada, cubierta la pieza a poder ser por una campana metálica o papel de aluminio.

El plátano macho se usa en muchos países tropicales como nosotros usamos la patata (fritos, guisados, cocidos, en puré), en platos dulces, pero también con muchos platos salados. También quedan muy buenos a la parrilla o a la plancha. Eso sí, nunca crudo.

Hay que tener en cuenta que cuando están verdes son difíciles de pelar.

Pechuga asada de pato salvaje con puré de brécol y orejones salteados

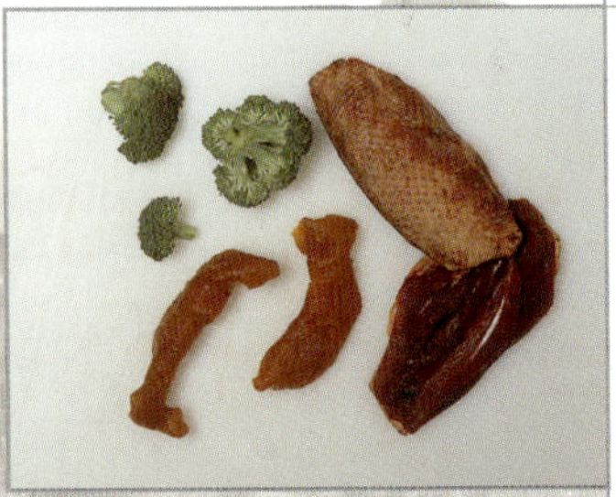

Mostrando los ingredientes

Ingredientes para 4 personas

Para la pechuga asada de pato

4 pechugas de pato azulón, 6 cucharadas de aceite de oliva, una cucharada de frutos secos variados (almendras, avellanas, etc.) muy picados, 1 cucharada de perejil picado, 1 copa de Pedro Ximénez, 2 cucharadas de vinagre balsámico, 1 dl de caldo (mejor elaborado con huesos y carcasas de pato), sal y pimienta

Para los orejones salteados

4 cucharadas de aceite de pepita de uva, una pizca de mantequilla, 180 g de orejones (de melocotón o de albaricoque), medio dl de licor de melocotón, medio litro de agua, una rama de canela y azúcar

Para el puré de brécol

200 g de brécol, 1 patata hermosa, 4 cucharadas de aceite de oliva, 1 dl de nata o de leche entera, pimienta blanca, agua y sal

Además

Una ramita de romero (opcional)

Embadurnado las pechugas con frutos secos y aceite

Elaboración

Para la pechuga asada de pato

Limpia bien las pechugas quitándoles los posibles restos de las plumas pero conservando la piel. Salpimenta. Mezcla el aceite con los frutos secos triturados y embadurna bien las pechugas. Marca las mismas en una sartén a fuego vivo un par de minutos, justo hasta dorarlas. Introdúcelas entonces al horno (precalentado) durante 8 minutos a 220°. Al sacarlas del horno, déjalas reposar unos 5 minutos en sitio caliente. Desglasa la brasera (es decir, recoger los jugos adheridos y resecos) con el vino, el vinagre y el caldo. Reduce al fuego, cuela y añade el perejil picado y reserva al calor.

Para los orejones salteados

Pon a cocer en agua con azúcar y el palo de canela los orejones troceados. Deja hacer suavemente durante unos 15 minutos. Escúrrelos y con el aceite y la mantequilla saltéalos. Flambea el conjunto con el licor de melocotón y ponlo a fuego lento dejando reducir a seco. Reserva.

Salteando los orejones

Para el puré de brécol

Cuece los ramilletes de brécol en agua hirviendo con sal y la patata pelada y troceada. Cuando estén blandas las hortalizas, tritura y cuela. Agrega el aceite y la nata o la leche y bate lo suficiente hasta que quede el puré cremoso y untuoso.

Final y presentación

Una vez reposadas las pechugas, trocéalas y deposítalas en cada plato. Caliéntalas durante un momento en el gril del horno. Nápalas con un poco de salsa. Coloca a su lado la guarnición de puré de brécol y los orejones salteados. Decora con una ramita de romero.

SI NO ENCUENTRAS

Pechuga de pato azulón, puedes suplirla por pechuga de pato común o de pollo
Pedro Ximénez, utiliza un vino dulce o moscatel
Vinagre balsámico, se sustituye por vinagre
Puré de brécol, utiliza puré de patatas preelaborado (de sobre)
Aceite de pepita de uva, usa aceite de girasol

Cociendo el brécol

MIS TRUCOS

El pato salvaje, azulón y joven, es el más valorado gastronómicamente. Es conveniente que tras el asado se deje reposar el pato.

Con el reposo se consigue algo muy eficaz: que la sangre del interior de la pieza refluya hacia las partes externas, quedando todo de un color uniforme, es decir, rosado o más rojo, dependiendo en este caso del punto de cocción dado al asado.

Aunque quede más decorativo presentar las pechugas de pato fileteadas en escalopes finos formando un abanico, es mejor en cuanto a jugosidad y mantenimiento del calor presentar la pieza de carne entera o, como mucho, en cortes algo gruesos.

Codornices con pimientos morrones y su salsa agridulce al vino tinto y tomillo

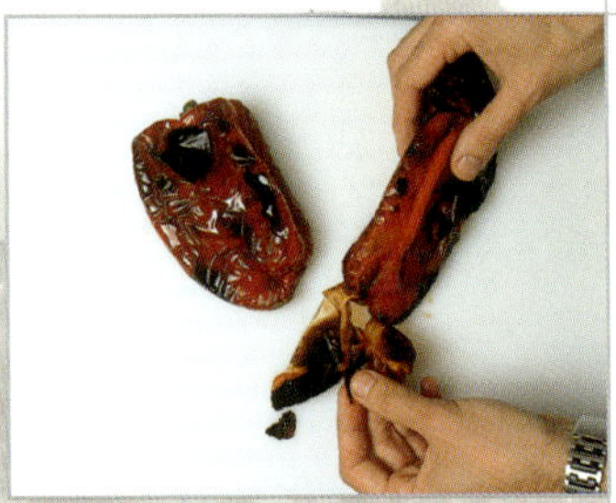

Pelando los pimientos asados

Ingredientes para 4 personas

Para las codornices con pimientos

4 pimientos morrones, 8 codornices, 8 lonchas de tocino, medio dl de aceite de oliva, sal y pimienta

Para la salsa

Carcasas y huesos de codorniz o de pollo, dos chalotas, 1 dl de vino tinto, 2 cucharadas de vino dulce, un cuarto de litro de caldo de ave, 3 cucharadas de vinagre de jerez, 1 dl de aceite de oliva, tomillo fresco, sal y pimienta

Envolviendo las pechugas en el pimiento

Elaboración

Para las codornices con pimientos

Despluma, vacía y limpia las codornices. Deshuesa las 8 codornices (puedes pedirle al carnicero que lo haga). Reserva las carcasas y huesecillos. Sazona por dentro y por fuera las aves, separando los muslos de las pechugas. Quita el pedúnculo de los pimientos, limpiando bien de semillas el interior.

Salpimenta los pimientos y ponlos en una placa de horno. Ásalos a 160° durante 45 minutos con un poco aceite. Cuando se enfríen un poco, pélalos.

Albarda o envuelve las pechugas de las codornices con las lonchas de tocino. Saltéalas a fuego vivo con dos cucharadas de aceite. Introduce dos pechugas de codorniz en cada pimiento asado y da un golpe de horno un par de minutos. Fríe a fuego vivo en el resto de aceite los muslos hasta que queden crujientes por fuera y jugosos por dentro.

Para la salsa

En una cazuela con el aceite correspondiente saltea a fuego vivo las carcasas y huesos. Cuando estén dorados, añade todas las chalotas bien picadas y una ramita de tomillo fresco. Pocha todo a fuego suave, añadiendo la cucharada de vinagre y el vaso de vino tinto y de vino dulce. Deja hacer así durante 20 minutos. Transcurrido este tiempo, añade el caldo y deja reducir durante 15 minutos más. Una vez pasado este tiempo, retira las carcasas y huesos y cuela la salsa por un chino. Da el punto de sal.

Friendo los muslos

Final y presentación

Saca del horno los pimientos rellenos de las pechugas de codorniz. Deja reposar durante un par de minutos. Coloca en el plato el pimiento relleno de las pechugas y a su lado los muslos fritos. Dibuja alrededor del mismo unas rayas con la salsa.

SI NO ENCUENTRAS

Codornices, puedes utilizar otro tipo de ave, incluso pollo
Chalotas, emplea cebolla y ajo
Caldo de ave, súplelo por cubitos solubles de caldo
Vinagre de jerez, usa cualquier tipo de vinagre
Tomillo fresco, puedes sustituirlo por tomillo seco o prescindir de él

Incorporando el vino a la salsa

MIS TRUCOS

Es fácil distinguir la codorniz de tiro de la criada en granja fundamentalmente porque ésta aparece en el mercado siempre desplumada. Por tanto, si se vende con plumas seguro que es salvaje. Además, la carne de la codorniz criada es de color rosado, mientras que la de campo tiene una tonalidad más oscura.

Al comprar codornices salvajes es conveniente escoger piezas jóvenes, que tienen el pico flexible y sus plumas firmemente agarradas a la carne, y por ello más difíciles de arrancar.

Si no quieres complicarte haciendo salsas para bañar a las codornices asadas, puedes conseguir un riquísimo jugo añadiendo un par de cucharadas de agua caliente a la fuente (aún caliente) donde las ha asado, poniéndola de nuevo al fuego; rasca bien la costra incrustada en sus paredes, recuperando así los jugos que han soltado durante la cocción.

Para pelar los pimientos morrones ya asados, utiliza un paño limpio, algo áspero, y arranca con paciencia la piel churruscada, pero en ningún caso utilices agua ya que, aunque facilita la operación, el pimiento pierde mucho sabor, quedando muy deslavado.

Lomo de corzo a las hierbas con puré de alubias blancas y alubias negras fritas

Ingredientes

Cociendo las alubias blancas

Salteando el corzo con las hierbas

Friendo las alubias negras

Ingredientes para 4 personas

Para el corzo

1,200 kg de lomo o carré de corzo, 150 g de tocino en lonchas, unas hojas de salvia, una ramita de tomillo, 1 ramita de perejil, una pizca de romero, 1 dl de vino blanco, 2 cucharadas de brandy, 4 cucharadas de agua, sal y pimienta negra molida

Para el puré de alubias blancas

200 g de alubias blancas previamente en remojo, un cuarto de litro de consomé de carne o de ave, media cebolla, 1 puerro, 1 litro de agua, 5 cucharadas de aceite de oliva, medio dl de nata líquida, pimienta blanca y sal

Para las alubias negras

100 g de alubias negras (de Tolosa, de Guernica o similar), un cuarto de litro de agua, aceite para freír y sal

Elaboración

Para el corzo

Deshuesa el corzo dejando el lomo limpio, salpiméntalo y envuélvelo en la loncha de tocino. En una sartén dora el lomo del corzo junto con las hierbas aromáticas. Hornea el lomo de corzo a 200° durante 12 minutos; transcurrido este tiempo, deja reposar fuera del horno unos 7 minutos, mientras desglasas la brasera donde se hizo el horneado añadiendo el vino blanco, el brandy y el agua. Reduce y cuela.

Para el puré de alubias blancas

En un puchero alto cuece las alubias con el agua fría correspondiente a punto de sal, una cucharada de aceite de oliva, la cebolla y el puerro a fuego muy lento, sin que se arrebate el fuego; al cabo de hora y media (puede ser más según el tipo de alubia, en todo caso, cuando estén blandas) escúrrelas y tritúralas añadiendo el consomé. Pon a calentar de nuevo, añadiendo la nata y dando el punto de pimienta; añade fuera del fuego el aceite de oliva restante.

Para las alubias negras

Pon a cocer las alubias en agua con sal. Cuando estén cocidas, pero no rotas, escúrrelas bien, sécalas y fríelas con abundante aceite caliente hasta que queden crujientes.

Final y presentación

Pon a calentar de nuevo el lomo del corzo unos instantes en el horno (salamandra o gratinador). Corta el lomo (o una parte de él) en rodajas y dispón en la base del plato unas cucharadas del puré de alubias y a su lado los filetes de corzo. Coloca las hierbas.

SI NO ENCUENTRAS

Corzo, puedes utilizar lomo de carne roja (vaca) o incluso de cerdo
Salvia y tomillo, emplea sólo perejil.
Romero, puedes prescindir de él
Consomé de carne o de ave, súplelo por agua
Pimienta negra, prescinde de ella

MIS TRUCOS

Es conveniente utilizar una marinada ligera para asentar las carnes de los cérvidos, sobre todo si se trata de un animal de bastante edad.

Si se utiliza una marinada, nunca debemos cocinar la carne nada más sacada de la misma. Tiene que reposar en el frigorífico, sobre una rejilla, a fin de que escurra perfectamente. Y es que la humedad en contacto con el calor forma una costra que endurece la carne, logrando así un efecto indeseado con la marinada.

Para hacer el puré de alubias blancas podemos utilizar distintos tipos de judía, como por ejemplo la variedad plancheta, típica de León, o la blanca redonda, también conocida como "manteca" de la Bañeza, también la de León y la misma variedad del Barco de Ávila. También es deliciosa la denominada "cuarentena" de Tudela (Navarra), por no hablar de las asturianas "granja fabada" y los judiones de La Granja de Segovia.

Postres

Tartaleta de queso de cabra con fruta de la pasión, con salsa de poleo y tomillo limón en infusión

Ingredientes para 4 personas

Mezclando los ingredientes de la pasta para la tartaleta

Para la pasta de la tarteleta

240 g de harina, 180 g de mantequilla a temperatura ambiente, una pizca de sal, 1 cucharadita de azúcar, 1 yema de huevo, 6 cl de leche o de agua (que no esté fría)

Para el relleno de queso

300 g de queso de cabra tierno (de los Ibores) de tres o cuatro semanas, 200 g de nata semimontada, 40 g de azúcar, 4 láminas de gelatina alimentaria, agua

Para la infusión

1 dl de agua, 2 cucharadas de azúcar, el zumo de medio limón, 10 g de poleo y unas hojitas de tomillo limón

Además

2 piezas de fruta de la pasión, 2 cucharaditas de azúcar y unas hojitas de tomillo limón o de tomillo

Elaboración

Estirando la masa

Para la pasta de la tarteleta

Corta la mantequilla en trocitos y ponlos en un bol grande. Aplástalos. Añade la leche (o agua), la sal, el azúcar y la yema sobre la mantequilla deshecha removiendo con una espátula de madera. Tamiza la harina y agrégala a la preparación anterior espolvoreándola poco a poco. Amasa esta pasta no demasiado tiempo con las yemas de los dedos. Amasa sólo lo suficiente para que tenga una cierta consistencia homogénea. Haz una bola y aplástala un poco entre las manos. Envuelve la bola en un film transparente de cocina y reserva durante unas 2 horas en el frigorífico. Transcurrido este tiempo, estira la masa con un rodillo hasta que tenga un grosor de 5 mm aproximadamente. Colócala sobre moldes individuales engrasados o antiadherentes. Recorta los bordes y pincha con un cuchillo encima de la masa. Coloca sobre la masa unos garbanzos o unos redondeles de metal (para que no se levante al cocer). Hornea 10 minutos a 200°. Retira los garbanzos o redondeles y deja que cueza 15 minutos más.

Batiendo la crema de queso

Para el relleno de queso

Deshaz el queso al baño maría y añade el resto de los ingredientes. Mezcla todo (previamente, disuelve la gelatina en agua tibia), batiéndolo bien hasta que quede una crema espumosa y uniforme. Deja enfriar un par de horas en el frigorífico.

Para la infusión

Haz un almíbar ligero con el azúcar, el zumo de limón y el agua. Ponlo en infusión con el poleo y el tomillo limón. Cuela.

Final y presentación

Corta las piezas de fruta de la pasión por la mitad y saca su pulpa con una cucharadita. Mézclala con el azúcar. Rellena las tartaletas ya cocidas con la crema de queso fría y cúbrelas con la pulpa azucarada de fruta de la pasión. Añade alrededor unas cucharadas de la salsa de poleo y tomillo limón en infusión. Decora con esta hierba aromática.

Sacando la pulpa

SI NO ENCUENTRAS

Queso de cabra de los Ibores, puedes utilizar otro queso tierno de cabra, oveja o vaca
Gelatina alimentaria, puedes prescindir de ella
Poleo natural (fresco), puedes emplear el seco que viene en bolsitas para infusiones

MIS TRUCOS

Las tartaletas se pueden comprar ya hechas, listas para hornear, bien de pasta quebrada o de hojaldre.

Esta masa quebrada se puede suplir por algo más sencillo y hogareño. Se consigue amasando galletas maría trituradas con mantequilla reblandecida. La pasta resultante se deja enfriar y adquiere una consistencia interesante como base o soporte material de la tartaleta.

La masa de la pasta quebrada admite bien la congelación. Cuando necesites utilizarla, déjala descongelar en la parte baja del frigorífico unas horas antes de su uso. Una vez descongelada la masa, no se puede volver a trabajar pues pierde textura.

El reposo en este tipo de pasta fría es muy adecuado pues hace a la pasta más maleable y, por tanto, se puede extender y trabajar mejor. Además, no se encoge tanto durante la cocción en el horno. Este reposo también favorece la soldadura de la pasta durante la cocción.

Bizcocho ligero con frutas asadas y sopa de chocolate blanco

Derritiendo el chocolate

Haciendo las frutas a la plancha

Montando el plato

Echando la sopa

Ingredientes para 4 personas

Para el bizcocho

220 g de azúcar, 110 g de harina, 8 huevos, 80 g de mantequilla

Para la sopa de chocolate blanco

150 g de chocolate blanco, 2 dl de leche, 1 dl de nata líquida, 1 rama de vainilla

Para las frutas

150 g de frutas variadas (kiwi, fresas, piña, sandía, uvas), una pizca de mantequilla, zumo de medio limón, 2 cucharadas de azúcar

Elaboración

Para el bizcocho

Separa las claras de las yemas. Monta con una varilla las claras a punto de nieve (merengue). Bate las yemas y el azúcar al baño maría hasta que adquieran volumen y color blanquecino. Añade la mitad del merengue y bate. Mezcla entonces cuidadosamente la harina (reserva una pizca para untar el molde), previamente tamizada, metiendo aire mientras mezclamos con una espátula. Añade la mantequilla (reserva un poco) a punto de pomada y el resto del merengue, sin trabajar, mezclando con sumo cuidado.

Hornea en moldes individuales untados con mantequilla y una pizca de harina a 180 °, dependiendo el tiempo del tamaño del molde (entre 8 y 10 minutos).

Para la sopa de chocolate blanco

Hierve la leche con la nata con el contenido de las vainas de vainilla (hay que rascarlas bien). Añade el chocolate picado, derritiéndolo a fuego lento. Una vez que la crema esté homogénea, reserva en un sitio frío.

Para las frutas

Pela y limpia las frutas, quitando cortezas, rabos, pepitas o pellejos. Trocea el kiwi, la piña y la sandía. Parte las fresas por la mitad. Haz las frutas a la plancha con un poco de mantequilla, sólo unos instantes por cada lado. Alíñalas con la mezcla de zumo de limón y azúcar.

Final y presentación

Coloca en el centro del plato el bizcocho. Empápalo por encima con la salsa de chocolate blanco y cúbrelo con las frutas a la plancha. Vierte alrededor del bizcocho más sopa de chocolate blanco.

SI NO ENCUENTRAS

Chocolate blanco, utiliza chocolate negro
Nata líquida, usa solamente leche
Vainilla, se puede suplir por canela
Moldes individuales, emplea un molde grande y después trocea el bizcocho

MIS TRUCOS

El horno es uno de los elementos más importantes en la repostería, y en particular para hacer el bizcocho. Hay que tener sumo cuidado con la temperatura, porque aunque muchos hornos modernos tengan ventilación uniforme, otros, los más vetustos, tienen unas partes más calientes que otras.

Por tanto, al existir diferencias entre la parte delantera y la trasera y la superior e inferior (que está más caliente), conviene colocar el molde en los estantes medios y darle la vuelta a mitad de la cocción, o sea, lo que está detrás ponerlo delante, para conseguir una cocción más uniforme.

Es importante, una vez cocido el bizcocho, desmoldarlo sobre una rejilla. Es necesario darle vueltas mientras se enfría para que no se pegue a la rejilla.

Lo ideal (cuando se usan moldes grandes de unos 22 cm de diámetro) es que sean de fondo movible y paredes flexibles, que se aflojan con mucha más comodidad.

Bizcocho integral con frambuesas y pesto dulce con albahaca y piñones

Mezclando sésamo, azúcar y yemas

La preparación del bizcocho montada para hornear

Pintando y emborrachando los bizcochos

Majando el pesto

Ingredientes para 4 personas

Para el bizcocho

20 g de sésamo tostado, 100 g de azúcar, 65 g de yemas, 60 g de harina integral, 170 g de claras de huevo

Para el pesto dulce

Unas hojas de albahaca, 40 g de azúcar, 30 g de piñones, 20 g de queso parmesano, unos granos de sal gorda, una pizca de ajo, un decilitro de aceite de girasol

Además

150 g de frambuesas, 1 cucharada de mermelada de frambuesa, 1 copa de licor dulce, 1 cucharada de piñones, 1 cucharada de agua

Elaboración

Para el bizcocho

Mezcla el sésamo con 50 g de azúcar, añadiendo también las yemas y unos 40 g de las claras. Por otra parte, monta con 130 g de claras y el resto del azúcar a punto de nieve. Añade con cuidado a la preparación anterior, agregando la harina y mezclando todo perfectamente. Hornea esta preparación extendida sobre una placa de horno (mejor en silpat) a 180º entre 5 y 7 minutos según el grosor. Transcurridos éstos, saca del horno y corta en trozos rectangulares.

Para el pesto dulce

Machaca en un mortero la sal, el azúcar con la albahaca y la pizca de ajo. Después, añade los piñones y el parmesano y sigue majando. Agrega por último el aceite, batiéndolo todo y ligándolo un poco, siempre en frío.

Final y presentación

Pon a calentar el agua con la cucharada de mermelada de frambuesas. Cuando hierva, retira del fuego y reserva. Pinta los bizcochos con el licor, emborrachándolos. Limpia las frambuesas y colócalas, una vez secas, encima del bizcocho. Píntalas con la mermelada aligerada y coloca en el plato. Dispón alrededor del mismo unas cucharadas de pesto dulce y decora el plato con los piñones.

SI NO ENCUENTRAS

Sésamo, prescinde de él
Albahaca, utiliza menta o hierbabuena
Piñones, usa cualquier otro fruto seco
Queso parmesano, emplea cualquier queso curado
Frambuesas, sustitúyelas por fresas u otro fruto rojo

MIS TRUCOS

La frambuesa es una fruta muy frágil. Hay que evitar ponerlas en remojo o lavarlas en exceso, pues pierden parte de su aroma y sabor. Retira siempre las mohosas o deshechas.

Pon los frutos elegidos en una sola capa; si se conservan en un recipiente hondo, el peso de los frutos de arriba aplasta a los de abajo.

La frambuesa es una de las frutas que mejor se congela; en todo caso, hay que conservarlas en un sitio muy frío.

La albahaca, que posee un sabor peculiar, suavemente picante con matices a clavo y a menta, le va muy bien al ajo y a los sabores ácidos como el del limón y los vinagres.

Pastelitos de bizcocho de chocolate con coquitos de Brasil y sopa de piña

Batiendo los huevos

Ingredientes para 4 personas

Para los pastelitos

125 g de mantequilla, 70 g de chocolate negro criollo (ocumare), 150 g de azúcar en polvo, 4 huevos, 60 g de harina tamizada, 80 g de nueces peladas

Para la sopa de piña

1 piña pequeña bien madura, 40 g de azúcar, 1 gelatina alimentaria y una ramita de vainilla

Para los coquitos caramelizados

100 g de coquitos de Brasil sin cáscara, 100 g de azúcar, 10 cl de agua, una cucharada de aceite de girasol

Además

Unas hojas de menta

Añadiendo el chocolate

Elaboración

Para los pastelitos

Derrite el chocolate en un cazo al baño maría y resérvalo en sitio tibio. Corta la mantequilla en trocitos y fúndela con cuidado al fuego. Mezcla los huevos con el azúcar y añade la mantequilla y el chocolate derretidos. Corta las nueces en trozos toscamente, mézclalas con la harina y añádelas a la elaboración anterior removiendo y mezclando perfectamente. Calienta el horno a 180º. Unta un molde cuadrado de horno con un poco de mantequilla y vierte la masa anterior. Hornea durante 15 o 20 minutos. Deja enfriar un poco antes de desmoldar. Desmóldalo y corta en cuadrados o rectángulos pequeños.

Para la sopa de piña

Pela la piña y licúala para extraer su jugo. (Si no tienes licuadora, puedes cortar la pulpa de la piña en trozos y pasarla por un pasapuré, o triturarla y colarla después por un chino o un colador fino, dejando sólo el jugo.) Una vez obtenido el jugo, añade el azúcar y la vainilla, caliéntalo, reduciendo ligeramente, y sácalo del fuego. Cuando esté a temperatura ambiente añade la gelatina alimentaria y métela en el frigorífico para que espese.

Licuando la piña

Para los coquitos caramelizados

Pon el agua, el azúcar y los coquitos en una sartén al fuego. Cuece sin dejar de remover hasta que el almíbar se espese y coja color. Continúa la cocción hasta que el azúcar desaparezca y los coquitos estén cubiertos. Vuélcalos sobre una superficie lisa untada con el aceite y deja que se enfríen.

Final y presentación

Sirve la sopa sobre el plato. Coloca encima el pastelillo y sobre él los coquitos caramelizados. Decora con la menta por encima.

SI NO ENCUENTRAS

Coquitos de Brasil, utiliza almendras, mejor si están garrapiñadas
Vainilla, usa en su lugar canela
Gelatina alimentaria, prescinde de ella
Chocolate criollo (ocumare), emplea cualquier tipo de chocolate negro

Preparando los coquitos para caramelizarlos

MIS TRUCOS

Antes de desmoldar el brownie (lo que es en realidad este pastelito de bizcocho de chocolate de nuestra receta) hay que esperar a que esté tibio. Si se sirve solo, queda muy bien colocarlo sobre un plato en moldes de papel rizado. Este pastel se puede guardar a temperatura ambiente, pero en una caja metálica herméticamente cerrada.

El chocolate también se puede derretir en un microondas o con un secador de pelo manual, que sólo usaremos en la cocina.

La elección de la piña hay que hacerla a peso, como el melón. Debe tener bastante peso en relación a su tamaño; también conviene palparla y ver si está blanda; si está muy dura es que aún está verde. No compres las que tengan golpes o manchas. Las hojas secas y amarillas de la parte superior de la fruta indican que está un poco pasada. Las hojas deben estar lo más verdes y jugosas.

Tarta tatín de plátano con salsa cremosa de limón y canela

Cortando el plátano en cuadrados

Colocando el plátano en el molde rectangular

Estirando el hojaldre

Haciendo la salsa

Ingredientes para 4 personas

Para la tarta

250 g de pasta de hojaldre (ya hecha), 700 g de plátanos bien maduros, 2 cucharadas de pulpa de fruta de la pasión, 120 g de azúcar moreno y 120 g mantequilla ablandada

Para la salsa de limón y canela

150 g de azúcar, 2 yemas de huevo, la ralladura y el zumo de 1 limón, 1 palito de canela y 50 g de nata líquida

Además

Unas hojas de menta

Elaboración

Para la tarta

Unta con la mitad de la mantequilla un molde de tarta rectangular y espolvoréalo con la mitad del azúcar. Corta los plátanos en cuadraditos para adaptarlos al molde. Una vez cortados, mézclalos con la pulpa de la fruta de la pasión y colócalos en dicho molde. Espolvorea por encima con el resto del azúcar y con los pequeños trocitos de la mantequilla que quedaban de forma homogénea.

Pon este molde a fuego muy lento unos 10 minutos, durante los cuales se caramelizarán los plátanos. Extiende la pasta con un rodillo hasta que tenga como máximo 3 mm de grosor y colócala sobre los plátanos, recortando los bordes de la pasta con una ruedecilla. Mete el molde en el horno a 200° y déjalo cocer unos 20 minutos aproximadamente, hasta que la pasta esté dorada.

Para la salsa de limón y canela

Bate las yemas con el zumo, la ralladura de limón y el azúcar. Hornea esta mezcla a 180° durante 12 minutos. Pon a cocer la nata líquida durante un par de minutos con la canela, deja enfriar; tritura la mezcla que habíamos horneado añadiéndole la nata a la canela y retira el palito de la misma.

Final y presentación

Dale la vuelta a la tarta sobre una fuente, quedando la pasta hojaldrada debajo, y corta cuadrados o rectángulos que depositarás en cada plato. Salsea alrededor y decora con la menta en hojas y picada formando una línea.

SI NO ENCUENTRAS

Fruta de la pasión, puedes sustituirla por zumo de limón
Un molde rectangular, hazlo en uno redondo
Nata líquida, la puedes suplir por leche entera
Menta, puedes prescindir de ella
La ruedecilla para recortar los bordes sobrantes de la pasta, utiliza tijeras o cuchillo

MIS TRUCOS

Para la tarta tatín, además de la pasta hojaldrada, se suele emplear una pasta más sencilla llamada pasta azucarada o dulce en la que se ponen unos 70 g de mantequilla en un cuenco, se añade 1 huevo, 125 g de harina y una pizca de sal. Hay que trabajarla bien hasta lograr una pasta homogénea; después, se pasa a una mesa y se aplasta con la palma de la mano dándole forma de bola, volviendo a aplastar hasta que quede bien lisa y elástica (así unos 3 o 4 minutos).

Mete esta bola de pasta en una bolsa de plástico y deja reposar en el frigorífico durante unas dos horas. Una hora antes de utilizarla sácala del frigorífico para que se atempere.

Esta pasta azucarada tiene una virtud: se puede cocer con su relleno sin que se estropee y ablande en exceso, ya que el huevo forma una capa impermeable.

Arroz con leche caramelizado y piña a la plancha

Removiendo el arroz

Gratinando el arroz con la pala de quemar

Partiendo la piña

Pasando la piña por la plancha

Ingredientes para 4 personas

Para el arroz con leche

110 g de arroz, 80 g de mantequilla, 1 palo de canela, 1 litro y medio de leche, 70 g de azúcar, corteza de limón, 1 cucharada de azúcar moreno mezclado con otra cucharada de canela en polvo para espolvorear y requemar

Para la piña a la plancha

150 g de piña natural, 1 nuez de mantequilla, unas gotas de zumo de lima, una cucharada de zumo de pomelo rosa, unos granos de pimienta verde

Además

Hierbabuena o menta fresca (opcional)

Elaboración

Para el arroz con leche

Pon al fuego una cacerola con la leche hasta que hierva. Después añade la canela y el arroz, removiendo con una cuchara de madera durante al menos dos horas y media a fuego muy lento hasta que el arroz esté muy cremoso. Pasado este tiempo, agrega la mantequilla y el azúcar y revuelve hasta diluirlos. Se deja hacer 10 minutos más, sin dejar de remover. Retira el palo de canela y la corteza de limón.

Para la piña a la plancha

Pela y corta la piña, quitándole el troncho central, en forma de rectángulos de unos 3 cm de grosor. En una plancha caliente con un poco de mantequilla pasa los trozos de piña, que deben dorarse uniformemente. Mezcla en un bol el resto de los ingredientes y aliña con este líquido la piña ya hecha a la plancha, justo antes de servir.

Final y presentación

Sirve en un plato el arroz, espolvoreando por encima canela en polvo y azúcar, y pasa a continuación una pala de quemar por encima hasta que se caramelice. En un costado del plato dispón la piña hecha a la plancha y aliñada. Espolvorea por encima con la menta o hierbabuena picada si se desea.

SI NO ENCUENTRAS

Azúcar moreno, emplea azúcar blanco
Pala de quemar, puedes suplirla por el gratinador del horno
Piña natural, usa en su lugar piña en lata o manzana ácida
Zumo de lima, utiliza zumo de limón
Pomelo rosa, emplea pomelo de piel y pulpa amarilla que es algo más amargo
Pimienta verde, se puede sustituir por pimienta blanca en grano

MIS TRUCOS

Es conveniente que la corteza de limón que se añade a la elaboración del arroz con leche no lleve apenas la parte blanca que tiene entre la piel y la pulpa para que no amargue al cocerla.

Cuando sobra arroz con leche, hay un aprovechamiento muy interesante y suculento. Se trata de elaborar con él unas croquetas. Para ello, el arroz con leche debe estar muy frío y algo compacto para poder moldearlo, pasándolo por huevo y pan rallado. Una vez fritas y escurridas las croquetas sobre papel absorbente, espolvorea por encima con azúcar glas. Se puede acompañar de una típica compota navideña tibia.

Parar hacer un helado con el arroz con leche basta con triturarlo (mejor en una Thermomix), añadiendo un poco de nata y jarabe o almíbar ligero y triturar, siguiendo los consejos del fabricante de la sorbetera.

Crema caramelizada con frutas estivales (melón, melocotón y ciruela)

Hirviendo la leche y la nata

Ingredientes para 4 personas

Para la crema caramelizada

Un cuarto de litro de nata líquida, tres cuartos de litro de leche entera, la piel de medio limón, 1 vaina de vainilla, 3 yemas de huevo, 150 g de azúcar

Para las frutas

Un cuarto de melón cantalupo mediano, 2 melocotones, 4 ciruelas claudias, una copa de vino dulce, unas hojas de menta, una pizca de mantequilla y 1 cucharadita de azúcar

Además

Unas hojas de menta

Añadiendo la mezcla láctea a la de las yemas

Elaboración

Para la crema caramelizada

Mezcla la leche y la nata líquida. Coloca esta mezcla en un cazo con la piel de limón y la vainilla raspada. Pon a fuego medio hasta que hierva, en ese momento retíralo del fuego, sacando la piel del limón. Por otra parte, bate las yemas de huevo con 60 gramos de azúcar hasta que espesen y queden blanquecinas y espumosas. Vierte sobre las yemas la preparación anterior caliente, removiendo sin dejar de hacerlo hasta que quede perfectamente integrado. Calienta esta mezcla en un cazo a fuego muy lento o, mejor aún, al baño maría y remueve hasta que espese un poco y se adhiera la crema a la cuchara de madera. Deja reposar y que se enfríe un poco. Después, coloca esta crema en cuatro platos. Cúbrelos ligeramente con una capa de azúcar.

Para las frutas

Pela el melón, retirando las pepitas y cortándolo en taquitos. Pela también los melocotones quitando el hueso central y cortándolos de idéntica manera, así como las ciruelas sin pelar pero deshuesadas.

Escalfa unos instantes los tacos de melón en el vino dulce calentado en un cacito. Deja reposar con las hojas de menta en infusión. Pon en una sartén la mantequilla y saltea los melocotones, añadiendo la cucharadita de azúcar. Mantén las ciruelas al natural y, finalmente, mezcla las tres frutas.

Vertiendo la crema sobre los platos

Final y presentación

Carameliza los platos en los que tenemos la crema con el azúcar hasta que presente un color caramelo oscuro. Coloca las frutas encima de la crema caramelizada, al gusto de cada uno, bien juntas o separadas, en el centro o en un costado. Decora con la menta picada sobre las frutas y sus jugos.

SI NO ENCUENTRAS

Nata, utiliza sólo leche
Vainilla, emplea en su lugar canela
Melón cantalupo, usa cualquier variedad de melón
Menta, prescinde de ella

Caramelizando la crema

MIS TRUCOS

Se puede caramelizar la crema haciendo pasar un hierro al rojo (hay uno especial para este menester) por encima del azúcar situado en la superficie de la crema varias veces.

Es conveniente servir esta crema en recipientes muy planos para que el hierro de quemar indicado pueda entrar en contacto con la superficie de la crema.

Asimismo, puedes dorar este azúcar en una gratinadora o en el gril del horno acercándolo bastante al fuego, siempre que el material de los platos resista altas temperaturas.

Hay un truco que también se suele emplear en muchos hogares catalanes para caramelizar su famosa crema catalana. Consiste en poner una hoja de papel de aluminio (engrasada con mantequilla) sobre la placa del horno, en la que se espolvorea azúcar, formando encima cuatro círculos de azúcar del mismo tamaño que el plato o cazuelita donde tengamos la crema.

Una vez que caramelizados estos círculos en la gratinadora del horno, se pasan, sujetándolos con cuidado y mejor con la ayuda de una espátula, sobre la citada crema.

Fresas en infusión al vinagre balsámico con yogur cremoso especiado

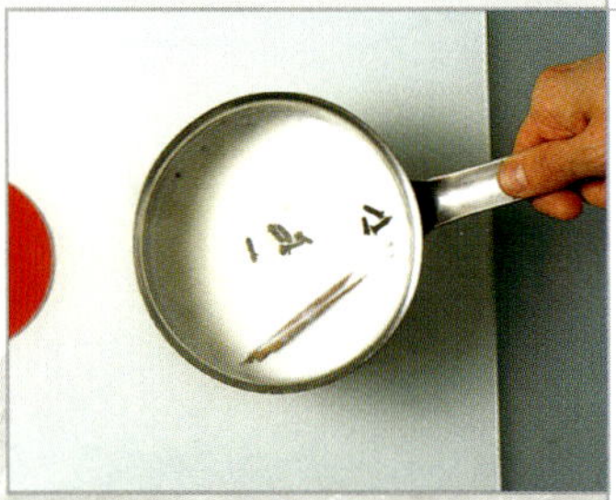

Calentado la leche especiada para el yogur

Preparando en la yogurtera los yogures

Limpiando las fresas

Vertiendo el jugo agridulce sobre las fresas

Ingredientes para 4 personas

Para las fresas

180 g de fresas o fresones, 60 g de miel de acacia, 40 g de azúcar, 4 cucharadas de vinagre balsámico de módena, 1 dl de agua de agua, 1 rama de canela

Para el yogur especiado

Tres cuartos de litro de leche entera, 2 cucharadas de leche en polvo descremada, 1 yogur natural, 2 clavos de olor, una pizca de pimienta, una pizca de anises

Además

Azúcar o miel y unas hojas de menta fresca

Elaboración

Para las fresas

Limpia las fresas y ponlas, aún húmedas, con el azúcar. Haz un almíbar con el agua, la miel y la canela. Cuando hierva, añade el vinagre balsámico y apaga el fuego. Pon en este líquido las fresas en infusión, hasta enfriar.

Para el yogur especiado

Se pone al fuego la leche (con las especias) y se deja calentar lentamente sin superar los 42°. Después, añade la leche en polvo y remueve perfectamente. Apaga el fuego y deja que la leche baje de temperatura, a unos 38°. Añade el yogur y remueve bien. Rellena con esta preparación (previamente colada) unos tarritos (mejor si son de cristal) individuales. Colócalos en la yogurtera y déjalos incubar el tiempo aconsejado (sigue las instrucciones de cada fabricante).

Final y presentación

Coloca en el fondo de un plato hondo la infusión de fresas con su jugo agridulce, y sobre ellas, unas cucharadas de yogur especiado, al que le añades un poco de azúcar o miel. Decora con las hojas de menta.

SI NO ENCUENTRAS

Una yogurtera, puedes comprar los yogures ya hechos
Miel de acacia, utiliza cualquier tipo de miel
Vinagre balsámico, emplea un vino dulce con unas gotas de limón o vinagre
Clavos de olor y menta, prescinde de ellos

MIS TRUCOS

Podemos preparar un yogur casero haciéndolo a partir de otro yogur natural puro, que no contenga frutas ni sea azucarado, pero que contenga "bacilo vivo" o algo similar (que suele constar en la etiqueta, entre sus ingredientes). Añadir a la leche fresca leche en polvo desnatada contribuye a dar mayor consistencia al yogur.

También se puede utilizar para la fermentación láctica fermentos frescos en polvo liofilizados, que se pueden comprar en algunas farmacias o en tiendas de dietética.

Las yogurteras se pueden comprar ya hechas; es un sencillo y útil electrodoméstico que incluso podemos hacer en casa: se prepara una caja de madera con una pequeña puerta y se hace un pequeño orificio por el que pase el hilo eléctrico en el que conectaremos una bombilla de 60 vatios.

Hay quien utiliza el horno, naturalmente sin encender, colocando una lámpara que dé calor suficiente para las 4 o 5 horas de incubación.

En este caso, es mejor que los recipientes donde se van hacer los yogures se pongan al baño maría en una cazuela con agua caliente que mantiene más constante la temperatura.

Natillas de chocolate con nata y cítricos

Hirviendo la leche
con la vainilla

Montando la nata

Añadiendo la leche
a las yemas y el chocolate

Rellenando las copas
con la nata

Ingredientes para 4 personas

Para las natillas de chocolate

Medio litro de leche, 1 rama de vainilla, 4 yemas de huevo, 180 g de azúcar, 150 g de cobertura de chocolate, unas cucharadas de agua

Para la nata con cítricos

100 g de agua, 100 g de azúcar,1 limón, media naranja, medio pomelo rosa (sólo utilizaremos las cortezas), 1 dl de nata, 2 claras montadas a punto de nieve

Además

Una cucharada de cacao soluble en polvo y unas hojitas de menta fresca o hierbabuena

Elaboración

Para las natillas de chocolate

Derrite el chocolate con el agua. Después, pon a hervir la leche con la vainilla (que habremos rascado para sacar los puntitos). Aparte, bate el azúcar con las yemas hasta que quede una crema espumosa y muy clara. Vierte la leche hirviendo sobre la crema de las yemas y remueve bien. Añade entonces el chocolate derretido y vuelve a mezclar todo perfectamente. Pon toda la mezcla en un cazo al fuego hasta que espese un poco, pero sin que llegue a hervir. Entonces, saca y rellena las copas o recipientes donde se vaya a servir y deja enfriar en el frigorífico.

Para la nata con cítricos

Haz un almíbar con el agua, el azúcar y las cortezas de los cítricos picadas. Cuela esta preparación y reserva las cortezas picadas (las usaremos después para decorar). Monta la nata añadiendo poco a poco el almíbar Por último, cuando ya esté montada la nata, agrega con mucho cuidado las claras montadas. Reserva en sitio frío.

Final y presentación

Saca del frigorífico las copas con las natillas de chocolate. Con ayuda de una manga o con una cucharita rellena las copas con la nata de cítricos, añadiendo las cortezas picadas y confitadas. Espolvorea por encima el cacao y decora con las hojitas de menta o hierbabuena.

SI NO ENCUENTRAS

Vainilla, puedes emplear canela en rama
Cobertura de chocolate, sustitúyela por un chocolate negro (sin leche)
Pomelo rosa, utiliza sólo naranja o limón
Cacao en polvo, puedes suplirlo por café soluble en polvo
Menta o hierbabuena, puedes prescindir de ellas

MIS TRUCOS

Cuando quieras derretir el chocolate, tanto para templarlo como para hacer una salsa, o sea, pasar de sólido a líquido, no lo pongas nunca al fuego directo. Puede quemarse o, al menos, coger un gusto muy desagradable. Una de las opciones es hacerlo al baño maría, eso sí, que sea muy suave (el agua del recipiente inferior del baño maría no debe pasar de 50º).

Hacer esta operación en el microondas es una de las mejores formas de deshacer y templar el chocolate, pero teniendo sumo cuidado: cada pocos segundos hay que sacarlo del horno, removerlo y volverlo a meter. Repite esta operación varias veces hasta que esté totalmente disuelto.

Y aunque suene un poco extravagante, hay un método curioso –y bien práctico– para derretir el chocolate. Se utiliza un secador de pelo manual y se aplica el calor sobre el chocolate troceado y puesto en un recipiente de porcelana o cristal. Siempre removiendo el producto para evitar que se queme.

En este caso, es aconsejable usar el secador sólo para este cometido.

Pera a la plancha con mousse ligera de tofe a la vainilla con salsa de chocolate negro

Haciendo el caramelo para el tofe

Añadiendo la nata

Emulsionando con una varilla

Haciendo la pera a la plancha

Ingredientes para 4 personas

Para las peras a la plancha

4 peras hermosas (de piel dura y bien prietas), 3 cucharaditas de aguardiente de pera, 2 cucharadas de aceite de nuez, una pizca de mantequilla, 2 cucharadas de azúcar moreno

Para la mousse de tofe

100 g de azúcar, 30 g de agua, 240 g de nata líquida, una rama de vainilla, una pizca de cardamomo

Para la salsa de chocolate negro

60 g de chocolate negro, 1 dl de agua, 2 cucharadas de azúcar, 1 rama de canela

Además

Unas hojas de menta fresca

Elaboración

Para las peras a la plancha

Pela las peras y quítales el corazón y el rabo. Córtalas verticalmente en cuatro partes, píntalas con un poco de aceite y mantequilla que habrás disuelto previamente. Pon una plancha (o sartén antiadherente) al fuego y coloca sobre ella los trozos de pera, dorándolos por todos los lados, añadiendo durante su cocción el azúcar; hay que tenerlos así hasta que se caramelicen; por último, añade por encima el aguardiente.

Para la mousse de tofe

Coloca en un cazo la nata líquida con la vainilla y el cardamomo y dale un hervor. Pon el agua y el azúcar a fuego lento hasta que se forme un caramelo, añade a éste la nata líquida ya hervida y que siga cociendo todo a fuego lento hasta que reduzca; una vez que tenga la consistencia suficiente sacar del fuego, y cuando esté tibio, bate hasta conseguir una consistencia espumosa.

Para la salsa de chocolate negro

Pon a cocer el agua con el cacao, el azúcar y la canela unos cinco minutos, después tritura y cuela hasta que quede una consistencia fluida y ligeramente espesa. Deja enfriar.

Final y presentación

Coloca en un plato hondo unas cucharadas de la mousse ligera de tofe, pon sobre ellas, con las puntas hacia arriba, las porciones de pera ya hechas a la plancha. Dibuja unas líneas con la salsa de chocolate y decora con las hojas de menta fresca.

SI NO ENCUENTRAS

Aguardiente de pera, utiliza en su lugar cualquier otro licor
Aceite de nuez, emplea aceite de girasol
Azúcar moreno, usa azúcar blanco
Vainilla y cardamomo, sustitúyelos por canela y pimienta
Chocolate negro, súplelo por cualquier tipo de chocolate

MIS TRUCOS

Para saber si una pera está en un grado óptimo de madurez nos debemos fijar en su tallo. Debe ser flexible y en el extremo no debe rezumar líquido. Rechaza las peras con manchas oscuras, que indican casi siempre una sobremaduración.

Hay que tener cuidado porque las peras maduran con gran rapidez; es bueno colocar un poco de cera o lacre en su rabillo, que es por donde más se pudren.

Algunas variedades, sobre todo las más invernales, ya vienen preparadas así.

Por medio de especias, usadas más habitualmente en platos salados, como la pimienta, el cilantro, el cardamomo o el azafrán, se suelen contrarrestar los aromas y el gusto de especias más dulces como la canela y la vainilla, sobre todo en postres que pueden resultar algo empalagosos.

La vainilla Bourbon, del nombre de la isla del océano Índico del que es originaria, actualmente llamada isla Reunión, es una de las mejores vainillas del mundo, aunque también es muy interesante la vainilla de Tahití por su peculiar sabor a anís y pimienta.

Torrijas de vino tinto con sopa de coco y corteza de cítricos

Reduciendo el vino con azúcar y canela

Torrijas empapadas en vino

Haciendo en un cazo la sopa de coco

Estrujando la tela con el coco rallado, colándolo

Ingredientes para 4 personas

Para la torrija

200 g de miga de pan (pan de mantequilla o brioche), cortado en cuadraditos, tres cuartos de litro de vino tinto, 200 g de azúcar moreno, una rama de vainilla, 1 rama de canela, una pizca de regaliz en polvo y cortezas en juliana de naranja y limón

Para la sopa de coco

200 g de pulpa de coco, 250 g de nata líquida, 200 g de azúcar, una pizca de sal

Además

Hojas de menta para decorar

Elaboración

Para la torrija

Hierve el vino con el azúcar moreno y las ramas de canela y de vainilla, así como las cortezas de los cítricos y el regaliz en polvo. Reduce a fuego lento unos minutos hasta que se muestre untuosa la preparación. Retira del fuego y pon el líquido ya reducido en una fuente algo honda, en donde colocarás los trocitos de miga. Ten así en remojo unas 12 horas, dejando que se empape perfectamente.

Para la sopa de coco

Ralla la pulpa de coco. Pon en un cazo la nata con el azúcar y la pizca de sal. Añade el coco rallado; pon a cocer a fuego lento hasta que espese un poco. Después, retira del fuego y deja reposar en infusión al menos una hora. Cuando esté tibio, cuela a través de un paño o estameña apretando con fuerza para extraer todo el jugo del coco. Reserva en sitio frío.

Final y presentación

Coloca en una batidora la sopa de coco y bátela enérgicamente hasta que esté espumosa. Coloca en cada plato dos o tres torrijas de vino. Vierte por encima con cuidado la sopa espumosa de coco y decora con unas hojitas de menta fresca y las cortezas de los cítricos.

SI NO ENCUENTRAS

Pan de mantequilla o brioche, utiliza cualquier tipo de pan

Azúcar moreno, se puede sustituir por azúcar blanco

Vainilla, emplea sólo canela

Regaliz en polvo, emplea palo de regaliz o regaliz en pastillas o prescinde de él

Menta, utiliza hierbabuena o prescinde de ella

Sopa de coco, puedes suplirla por unas natillas (se pueden comprar hechas)

MIS TRUCOS

El pan o bollo utilizado para hacer las torrijas, y para que éstas no se deshagan al empaparse, ya sea en leche o vino, ha de ser seco, es decir, asentado al menos dos o tres días.

Para hacer la torrija de nuestra receta de forma inmediata puedes utilizar bizcocho (cómpralo en la pastelería y emborráchalo al momento).

Me gusta introducir en platos tan ricos, pero algo pesados o densos, como las torrijas, contrastes frutales. Podemos preparar una sopa de melón, pero como es muy liviana, podemos completar este toque de frescor mezclándola con una verdura de la familia del melón, el calabacín, que le aporta naturalidad y frescura con un toque dulce.

También es interesante, para salirnos de la rutina en el caso de las torrijas, emplear pan de centeno o de otros cereales, así como especias como el sésamo, semillas de amapola o anises.

Canutillos fritos rellenos de nata con fruta de la pasión, piña y salsa de naranja

Haciendo la masa de los canutillos

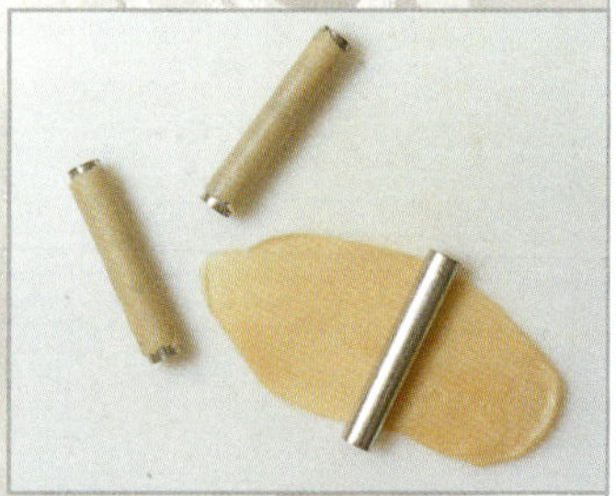
Estirando los canutillos

Friendo los canutillos

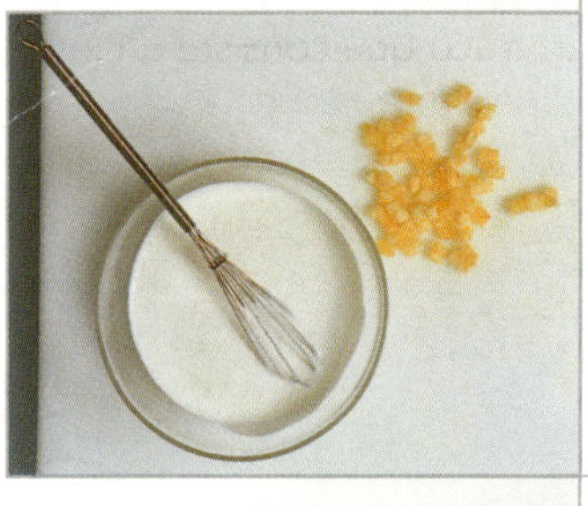
Montando la nata con la piña

Ingredientes para 4 personas

Para los canutillos

100 g de leche, 100 g de aceite de oliva, 185 g de harina, 1 cáscara de naranja, 2 dl más de aceite de oliva para freír

Para el relleno

1 dl de nata fría, 40 g de azúcar, 1 pieza de fruta de la pasión, dos rodajas de piña natural

Para la salsa de naranja

1 dl de zumo de naranja, 50 g de azúcar moreno, 5 cucharadas de agua, 1 copa de licor de naranja y 1 copa de brandy

Además

Unas hojas de menta fresca y azúcar glas

Elaboración

Para los canutillos

Pon en una cazuela al fuego el aceite con la cáscara de naranja hasta que hierva. Entonces, retira el aceite y colócalo en un bol grande quitando la corteza. Deja enfriar. Cuando esto suceda, añade a este aceite la leche y la harina. Remueve hasta formar una masa que se pueda extender sobre una mesa de mármol o similar.

Estira porciones de esta masa con la ayuda de un rodillo (o con una botella) hasta dejarlas muy finas. Recógelas un poco con la mano y envuélvelas sobre un molde metálico en forma de cilindro (hay uno especial para canutillos en las ferreterías). Fríelos en aceite caliente hasta que estén dorados. Escúrrelos. Retírales el cilindro. Reserva.

Para el relleno

Pon en una batidora la nata muy fría y bate con las varillas (o a mano con una varilla). Cuando adquiera consistencia, añade el azúcar y sigue batiendo hasta que espese más aún. Agrega con cuidado la pulpa de fruta de la pasión y mezcla con la nata. Pica la piña y añádela también a la nata montada.

Para la salsa de naranja

Pon en un cazo el agua y el azúcar a fuego lento, removiendo bien hasta que tome color. Agrega después el zumo de naranja, el licor y el brandy, sin dejar de remover, mantén la cocción a fuego lento. Reduce.

Final y presentación

Rellena con una manga o con una cucharita pequeña los canutillos de la nata con frutas. Espolvorea por encima el azúcar glas. Coloca en la base del plato la salsa de naranja. Sitúa sobre ella los canutillos. Decora con la menta.

SI NO ENCUENTRAS

Fruta de la pasión, puedes suplirla por limón
Piña natural, emplea piña enlatada
Licor de naranja, utiliza cualquier licor dulce
Azúcar moreno, utiliza azúcar blanco
Menta, prescinde de ella

MIS TRUCOS

Para muchas preparaciones de repostería, y en lo referente a las cantidades, es preferible indicarlas por su peso y no por su volumen, aunque sean líquidos. Así se ajusta con más exactitud, indicando los gramos o kilos y no los litros, decilitros o centilitros, etc.

La temperatura más adecuada para freír la masa debe oscilar entre 170° y 190°.

Si no tienes un termómetro especial para el control de la temperatura del aceite, hay un truco que consiste en introducir una cuchara de palo. Si a su alrededor se forman burbujas, habrás logrado la temperatura idónea.

Es conveniente escurrir primero los fritos en el colador y después depositarlos sobre un papel absorbente. Y no espolvorees el azúcar sobre ellos hasta que no estén bien escurridos y hayan soltado el aceite.

Para elaborar el azúcar glas puedes moler el azúcar normal en un molinillo de café hasta que quede pulverizado.

Castañas con anises, mousse de chocolate blanco y almíbar de hierbaluisa

Cociendo las castañas con anises

Disolviendo el chocolate blanco

Mezclando con la nata

Haciendo la infusión de hierbaluisa

Ingredientes para 4 personas

Para las castañas con anises

400 g de castañas, 2 piezas de anís estrellado, litro y medio de agua, 1 rama de canela, 50 g de mantequilla y 20 g de azúcar

Para la mousse de chocolate

400 g de nata montada, 200 g de chocolate blanco, 150 g de leche, 1 rama de vainilla, 2 g de gelatina alimentaria

Para el almíbar

1 dl de agua, 4 cucharadas de azúcar, unas hojas de hierbaluisa y unas cortezas de limón

Además

Canela en polvo y menta muy picada

Elaboración

Para las castañas con anises

Da un hervor a las castañas en agua hirviendo durante dos o tres minutos, sácalas y pélalas dejando el pellejo interior. Introduce de nuevo en agua hirviendo con el anís estrellado y la canela y tenlas cociendo entre 35 y 40 minutos, que estén blandas pero enteras. Sácalas y retírales el pellejo exterior. Pon en una sartén la mantequilla con el azúcar y saltéalas unos instantes, una vez que estén bien escurridas del agua.

Para la mousse de chocolate

Pon a hervir la leche con la vainilla. Añade el chocolate picado y derrítelo lentamente. Añade la gelatina; cuando se temple y esté el chocolate bien disuelto, añade la nata montada, que quede bien espumosa, y métela en el frigorífico durante al menos tres horas.

Para el almíbar

Pon a hervir en el agua la corteza de limón con el azúcar y reduce un poco, añade entonces la hierbaluisa muy picada, apaga el fuego y deja en infusión durante al menos media hora. Retira la corteza de limón y cuela el resto o deja los trocitos de hojas.

Final y presentación

Coloca sobre el plato las castañas salteadas, junto a ellas dispón unas quenefas o bolas del mousse de chocolate bien frío; junto a las castañas y sobre el plato dibuja una línea con el almíbar de hierbaluisa y espolvorea por encima de la mousse la canela molida y sobre el resto la menta muy picada.

SI NO ENCUENTRAS

Anís estrellado, puedes sustituirlo por los anises tradicionales
Vainilla, emplea en su lugar canela
Gelatina alimentaria, puedes prescindir de ella
Hierbaluisa, puedes usar menta o hierbabuena

MIS TRUCOS

Cuando se compran castañas frescas (entre los meses de diciembre y enero), éstas deben ser muy pesadas, duras, y su color marrón muy brillante. Las castañas conservadas al natural y enteras admiten muy bien la congelación.
Para pelar con facilidad las castañas se hace una incisión en toda su circunferencia y se blanquean en agua hirviendo de dos a tres minutos. Se pelan cuando están muy calientes: en este caso, conviene dejar el pellejo que tienen bajo la piel, que se quitará cuando estén cocidas.
El chocolate blanco es completamente distinto a los demás chocolates: la ausencia de pasta de cacao o de cacao en polvo cambia completamente el sabor, además del color. Siempre hay que tener en cuenta que en este tipo de chocolates la producción de azúcar es muy elevada, y su sabor recuerda en cierto modo al de la leche condensada. Este chocolate es delicado y su estructura, al ser más simple que otro tipo de chocolates, puede llegar a tener una fluidez no adecuada, por ello hay que trabajarlo con más cuidado.
El anís estrellado se suele utilizar entero y, dada su fuerza, hay que usarlo con mucha moderación.

Moras con merengue gratinado con salsa de menta y limón

Limpiando las moras

Montando las claras

Preparando la salsa de menta y limón

Mostrando el merengue gratinado

Ingredientes para 4 personas

Para el merengue

3 claras de huevo, 150 g de azúcar, medio dl de agua, zumo de medio limón

Para la salsa

75 g de hojas de menta fresca, 3 limones, un clavo de olor, 100 g de azúcar y 2 dl de agua

Además

200 g de moras, azúcar glas y cortezas de limón cortadas en juliana fina y confitadas

Elaboración

Para el merengue

En un cazo, si es de acero inoxidable mejor, calienta el agua y el azúcar a fuego medio. Cuando hierva, añade el zumo y deja hacer hasta que se obtenga un almíbar a punto de bola muy blanda.

Por otra parte, bate las claras. Si lo haces en una batidora eléctrica aumenta la velocidad progresivamente. Asimismo, siguiendo el proceso de batido, añade muy poco a poco el almíbar, que esté aún hirviendo, sobre las claras montadas no dejando de batir hasta que esté completamente consistente y ya frío el merengue, (a temperatura ambiente). Esta operación puede durar alrededor de 15 minutos.

Para la salsa

Exprime los limones colándolos perfectamente. Pon un cazo al fuego con el agua, el clavo y el azúcar, y que hierva durante 5 minutos aproximadamente. Corta la menta, límpiala bien y tritúrala e introdúcela en infusión en la preparación anterior, apagando el fuego y tapando el cazo. Deja en infusión durante media hora. Transcurrido este tiempo, cuela y reserva en frío.

Final y presentación

Limpia bien las moras. Coloca, con ayuda de una manga pastelera de boquilla ancha, una porción de merengue sobre cada plato, espolvorea por encima con azúcar glas y gratínalos en el horno hasta que cojan color dorado. Una vez sacados del horno, dispón al lado del merengue las moras y alrededor de las mismas la salsa ya fría. Pon por encima del conjunto las cortezas de limón confitadas.

SI NO ENCUENTRAS

Menta fresca, utiliza otra hierba aromática como hierbabuena

Clavo de olor, prescinde de él

Moras, puedes utilizar otro tipo de frutas rojas (frambuesas, arándanos, fresas)

Manga pastelera, recoge el merengue con dos cucharas, moldeándolo

MIS TRUCOS

El merengue de nuestra receta se puede decir que es el "merengue italiano".

En el caso del llamado "merengue francés", las claras se montan a punto de nieve con una mezcla de azúcar blanco y azúcar glas y después de formar porciones (con la manga pastelera) se colocan sobre papel sulfurizado y se cuecen durante una hora y media, aproximadamente, en el horno a 150º. En este caso, conviene colocarlos de forma muy espaciada para que al coger volumen con el calor no se peguen unos con otros.

Las cortezas de cítricos, de limón en este caso, cortadas en juliana fina y después confitadas son las que se denominan en los tratados franceses e internacionales "zestes".

Para hacerlos, hay que pelar las frutas (limones, naranja o pomelo) quitando sólo la piel y procurando que apenas contengan lo blanco que está bajo la piel.

Después, se cortan las pieles con un cuchillo bien afilado en finas tiritas. Posteriormente se blanquean en agua hirviendo y se confitan en un almíbar corto (mitad de azúcar y mitad de agua).

Cerezas salteadas con vainilla, cardamomo, crema de yogur y queso

Deshuesando las cerezas

Salteando las cerezas

Montando la mousse de queso y yogur

Dando forma (con dos cucharas) a la crema (forma de quenelle)

Ingredientes para 4 personas

500 g de cerezas, 1 rama de vainilla, una pizca de cardamomo, 100 g de azúcar, corteza de media naranja, una copa de kirsch, una pizca de mantequilla, 2 yogures tipo griego, 150 g de queso fresco batido (líquido), 1 dl de nata, unas hojitas de menta

Elaboración

Deshuesa las cerezas concienzudamente, valiéndote de un deshuesador mecánico o de un cuchillo pequeño bien afilado, hundiendo el mismo junto al hueso y rebañando sus bordes hasta que salga el hueso sin romper la cereza.

Coloca en un bol las cerezas deshuesadas con la copa de kirsch y 50 g de azúcar, mezclándolo todo muy bien. Deja macerando así un par de horas. Transcurridas éstas, escurre bien las cerezas y saltéalas con la pizca de mantequilla y la corteza de naranja a fuego vivo durante 1 minuto, añadiendo también la vainilla, el cardamomo y un poco del líquido de la maceración (no deben quedar muy líquidas, pero sí jugosas). Apaga el fuego y déjalas en infusión durante al menos 2 horas y, posteriormente, resérvalas en el frigorífico. Mientras se enfrían las cerezas, monta con una varilla la nata con el resto del azúcar y añade poco a poco, sin que se desmonte, el queso fresco líquido y los yogures sin dejar de batir. Cuando esté bien espumoso se guarda en un sitio frío.

Final y presentación

Coloca en un plato hondo las cerezas frías con su jugo, y con la ayuda de dos cucharas dale forma de quenelle a la crema de yogur y queso y ponla sobre las cerezas. Decora el conjunto con las hojas de menta.

SI NO ENCUENTRAS

Yogur tipo griego, puedes emplear cualquier otro yogur
Queso fresco líquido, tritura y bate queso fresco o requesón
Vainilla, sustitúyela por canela en rama
Cardamomo, prescinde de esta especia
Kirsch (aguardiente de cereza), utiliza cualquier tipo de aguardiente seco
Menta, prescinde de ella

MIS TRUCOS

Me gusta macerar las cerezas en kirsch (aguardiente de cerezas) genuino, nunca en uno sintético. El más destacado y elaborado en España es el de la agrupación de cooperativistas del Valle del Jerte, un excelente aguardiente de unos 42°, seco, frutal y muy aromático.

La cereza es un fruto en el que prima su consumo fresco, aunque se presta, y con gran éxito, para la elaboración de confituras, jaleas y mermeladas. Resulta paradójico que su fruto, de color rojo intenso, tenga que ser necesariamente mezclado con grosellas y otros frutos rojos para mantener su color al ser envasada.

El cardamomo, una de las especias más caras del mundo (tras el azafrán y la vainilla auténtica), sirve tanto para condimentar curris, embutidos o panes como para gran parte de la repostería. Añadiéndolo en cantidades mínimas, lejos de anular con su fuerza el sabor de las cremas, helados o salsas, realza sus sabores naturales, sobre todo si son frutales.

El cardamomo (cuando se compra en polvo) debe tener un aroma similar al del eucalipto. Si su olor le resulta parecido al alcanfor, es seguro que ha adquirido un sucedáneo, más barato. Además, hay que comprarlo en cantidades pequeñas pues pierde su sabor en muy poco tiempo.

Melocotones asados con helado de vainilla y salsa de frambuesas con vino tinto y pacharán

Partiendo los melocotones

Asando los melocotones

Añadiendo la reducción de vino a las frambuesas

Colando la salsa de frambuesas

Ingredientes para 4 personas

Para los melocotones asados

4 melocotones grandes, 1 copa de licor de melocotón 3 cucharadas de azúcar, 1 vaso de agua, 1 cucharadita de zumo de limón, unas hojas de hierbaluisa

Para la salsa de frambuesas, vino y pacharán

200 g de frambuesas frescas, 1 dl de vino tinto, 1 rama de canela, 3 cucharaditas de azúcar moreno, 1 copa de pacharán navarro

Además

Helado de vainilla y menta fresca

Elaboración

Para los melocotones asados

Limpia con agua los melocotones. Pélalos, reservando las peladuras limpias. Pon en un cazo el resto de los ingredientes con las peladuras y cuécelos a fuego lento durante 12 minutos. Reduce el líquido a menos de la mitad y después cuela y reserva.

Corta los melocotones por la mitad, quitándoles el hueso. Ponlos en una bandeja de horno, rociando ligeramente con el líquido anterior. Hornea durante 20 minutos a 170° (sigue rociándolos durante a la cocción y al final de la misma). Deja que se templen a temperatura ambiente.

Para la salsa de frambuesas, vino y pacharán

Coloca en un bol las frambuesas, añade el pacharán y deja macerar durante un par de horas. Transcurridas éstas, agrega el vino tinto que habrás reducido a la mitad al fuego junto al azúcar y la rama de canela. Tritura el conjunto y cuela. Reserva en sitio frío.

Final y presentación

Coloca en el centro del plato los melocotones asados con su jugo. Sitúa a su lado una bola o quenefa de helado de vainilla y salsea alrededor con la salsa de frambuesas, vino y pacharán. Decora con la menta fresca.

SI NO ENCUENTRAS

Licor de melocotón, puedes utilizar otro licor frutal
Hierbaluisa y menta fresca, puedes prescindir de ellas
Frambuesas frescas, sustitúyelas por mermelada o confitura de frambuesa
Azúcar moreno, súplelo por azúcar blanco
Helado de vainilla, se puede emplear en su lugar helado de yogur o de nata

MIS TRUCOS

Si tienes una sorbetera puedes hacer en casa el helado de vainilla. Empieza mezclando leche (tres cuartos de litro), rascando 4 vainas de vainilla sobre la misma y un cuarto de litro de nata líquida y ponlo a hervir. Por otro lado, bate 8 yemas con 200 g de azúcar. Cuando estén blancas y espumosas se agrega sobre ellas, sin dejar de batir, el líquido anterior. Calienta las natillas a 80° (máximo), que no hiervan. Deja enfriar y ponlo en la heladera para montar el helado (siguiendo los consejos de cada aparato).

Si las natillas, base del helado de vainilla, llegaran a hervir y se cortan se suele arreglar, simplemente, al montar el helado con el removido constante que ofrecen las heladeras o sorbeteras.

Hay que raspar bien las vainas de vainilla para que salgan eso puntos negros que tanto la caracterizan y que es donde está toda la gracia y sabor de esta especia.

Fresones a la pimienta verde con jugo de cítricos y flan de nata

Rellenando el molde

Cortando los fresones

Salteando los fresones

Desmoldando el flan

Ingredientes para 4 personas

Para los fresones

500 g de fresones, 70 g de azúcar, 1 dl de agua, 4 mandarinas, 2 naranjas, 1 limón verde, 1 cucharadita de pimienta verde, 1 rama de vainilla

Para el flan de nata

4 dl de nata para montar, 4 claras de huevo, 1 ramita de canela, 2 cucharadas de azúcar moreno para caramelizar las flaneras

Además

4 hojas de menta (opcional)

Elaboración

Para los fresones

Saltea a fuego vivo durante menos de un minuto los fresones con el azúcar, limpios y cortados por la mitad, añadiendo poco a poco el agua. Apaga el fuego. Cuece, por otra parte, los zumos con la ralladura de naranjas y limón, la vainilla raspada y la pimienta verde justo hasta que dé un hervor. Añade esto a los fresones preparados anteriormente y deja reposar todo junto durante unas cuantas horas en sitio fresco.

Para el flan de nata

Cuece a fuego muy suave la nata con la canela durante 10 minutos y déjala enfriar; retira la canela y agrega las claras montadas a punto de nieve. Viértelo en una flanera rectangular, previamente caramelizada, y pon a cocer este flan en el horno precalentado, al baño maría, hasta que esté cuajado (unos 20 minutos).

Final y presentación

Desmolda el flan y córtalo en trozos pequeños rectangulares, coloca cada uno de ellos en cada plato. Deposita a su lado las fresas con el jugo de cítricos y la pimienta verde; puedes decorar con una hoja de menta.

SI NO ENCUENTRAS

Pimienta verde, puedes sustituirla por pimienta negra (en menor cantidad)
Mandarinas, utiliza sólo naranjas y limón
Limón verde, emplea limón común
Rama de vainilla, puedes suplirla por canela
Azúcar moreno, sustitúyelo por azúcar blanco

MIS TRUCOS

Debemos lavar los fresones justo antes del momento de su elaboración, sin que estén en remojo en agua fría ni manoseándolos demasiado; hay que conservarlos en lugar fresco ya que se amustian con facilidad.
Para conservar todo el sabor de la fresa es mejor no quitarles el rabito con las hojas cuando se lavan, porque el agua penetra por esa abertura y pierden textura y gusto.
Aunque los fresones se vayan a introducir posteriormente en un líquido o saltear o poner en infusión como en este caso, es conveniente secarlos bien después de lavados para que suelten solamente el agua propia de esta fruta.
Los cítricos y algunas especias como la pimienta verde, lejos de matar su sabor, le dan una relevancia especial, siempre y cuando se añada el azúcar preciso para compensar la alta acidez de las fresas.

Sopa cremosa de chufas y coco con torrijas caramelizadas

Cortando el pan de molde

Vertiendo la leche sobre las torrijas

Remojando las chufas

Preparando las torrijas para caramelizarlas

Ingredientes para 4 personas

Para la sopa de chufas

200 g de chufas, 1 litro de leche, un cuarto de litro de nata, 1 dl de leche de coco,180 g de azúcar y agua

Para la torrija caramelizada

150 g de miga de pan de molde cortada en cuadraditos, tres cuartos de litro de leche, medio litro de nata, 180 g de azúcar, una rama de vainilla, 40 g de azúcar moreno

Además

Hojas de menta y jugo de mango licuado

Elaboración

Para la sopa de chufas

Ten las chufas en remojo de agua unas 8 horas. Lávalas después con varias aguas, tritúralas hasta formar una pasta, y júntalas con la leche, nata y leche de coco. Deja reposar en frío durante media hora. Después añade el azúcar, disolviéndolo perfectamente, y a continuación cuela (mejor con un paño). Reserva en el frigorífico.

Para la torrija caramelizada

Pon a hervir la leche con la nata, la vainilla (rascada) y el azúcar. Coloca los trocitos de miga de pan en una fuente, vierte el líquido anterior hirviendo y mantén así unas 12 horas en remojo. Transcurridas éstas, sácalos y escurre el líquido sobrante. Espolvorea por encima el azúcar moreno y, poco antes de servir, caramelízalos con una pala de quemar.

Final y presentación

Deposita en el fondo de un plato hondo un cacito de sopa cremosa de chufas bien fría. Coloca encima y en un costado del plato dos torrijas caramelizadas. Dibuja sobre la sopa unas rayas de jugo de mango licuado y espolvorea por encima menta picada. Decora con una hoja de la misma.

SI NO ENCUENTRAS

Chufas, puedes sustituirlas por almendras tostadas y peladas
Leche de coco, emplea leche de vaca
Vainilla, usa canela
Azúcar moreno, utiliza azúcar blanco
Hojas de menta, prescinde de ellas
Jugo de mango licuado, puedes sustituirlo por zumo de naranja

MIS TRUCOS

La horchata o las sopas de chufas son elementos muy perecederos que no resisten, una vez elaboradas, más de 48 horas sin agriarse. Colócala en la parte más baja de temperatura del frigorífico, y hay que procurar que el envase (el mejor es una botella o un tarro de cristal) esté en posición horizontal, procurando removerlo de vez en cuando para evitar los posos.

Para elaborar estas atípicas torrijas (puesto que no se fríen), además del pan de molde, resultan muy apropiados, e incluso más delicados, los bollos de leche, el bollo suizo o, mejor aún, el brioche, si bien resulta más difícil de manipular una vez que se embebe de la leche y la nata.

Lo ideal para caramelizar las torrijas es utilizar una pala, bien eléctrica o bien de las que se calientan al fuego de las brasas. Si no la tienes, puedes hacerlo en el gratinador del horno, acercando mucho el alimento que se va a caramelizar.

La leche de coco de esta receta no es el jugo que contienen los cocos frescos: se puede encontrar envasada en tiendas especializadas. También se puede hacer en casa preparando una infusión de coco fresco triturado en agua o en leche caliente (200 g de pulpa por litro de agua o leche) y después colándola a través de un paño, apretando mucho para extraer todo el jugo del coco.

Cítricos con dulce de leche ligero

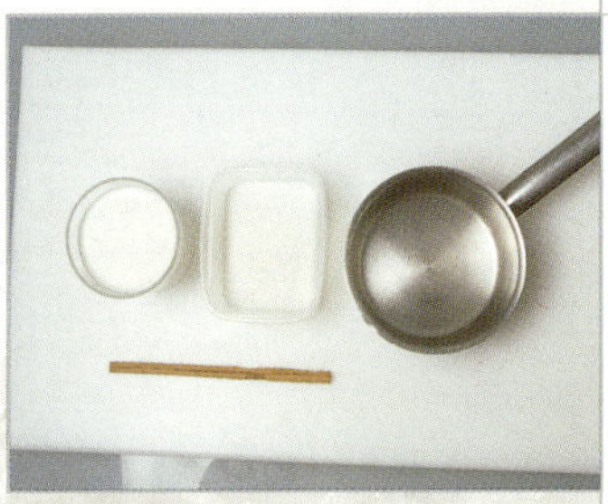

Ingredientes del dulce de leche

Removiendo el dulce de leche

Exposición de los cítricos y sus cortes

Confitando las pieles

Ingredientes para 4 personas

Para el dulce de leche

1 l de leche, 100 g de nata líquida, 1 rama de vainilla, 1 rama de canela, 250 g de azúcar moreno.

Para los cítricos y los confitados

1 naranja y su corteza, 1 limón y su corteza, 1 pomelo rosa, una cucharadita de pulpa de fruta de la pasión, un cuarto de litro de agua, 150 g de azúcar

Además

Menta en hojas y picada

Elaboración

Para el dulce de leche

Pon a hervir la leche con la nata, la canela y la vainilla (ráspala para sacarle los granos) y pásala a otra cacerola más grande. Agrega el azúcar y pon a fuego lento (mejor al baño maría), removiendo constantemente con una cuchara de madera para evitar que se pegue. Cuando el dulce espese lo suficiente, retira la cazuela del fuego. Deja enfriar (lo mejor es introducir la cazuela en un recipiente mayor con hielos) y retira las especias en rama. Mientras se enfría, es necesario seguir removiendo el dulce con la cuchara de madera.

Para los cítricos y los confitados

Corta "en vivo" las frutas formando gajos y reserva las pieles de la naranja y el limón. Alíñalas con la pulpa de la fruta de la pasión batida. Haz una juliana fina con las pieles. Pon a fuego lento un cazo con agua y el azúcar y cuando se forme un almíbar ligero, deposita allí las pieles en juliana y deja hervir todo a fuego lento de 5 a 7 minutos.

Final y presentación

Deposita en el fondo del plato unas cucharadas del dulce de leche y sobre el mismo sitúa los gajos de cítricos de forma irregular. Pon encima las pieles confitadas y espolvorea sobre todo ello la menta picada, decorando con las hojas de la misma hierba.

SI NO ENCUENTRAS

Nata líquida, emplea solamente leche
Vainilla, prescinde de ella
Azúcar moreno, usa azúcar blanco
Pomelo rosa, utiliza en su lugar pomelo amarillo

MIS TRUCOS

Si se quiere evitar el engorro de remover constantemente el dulce de leche, añade una canica de cristal (tan popular en nuestros juegos infantiles) a la leche, ya que el hervir ésta la canica va "saltando" y de esta forma no se pega en el fondo ni se forman grumos.

Para hacer el dulce de leche es conveniente añadir a la leche una cucharadita pequeña de bicarbonato.

Para cortar "en vivo" los gajos de los frutos cítricos empieza cortando la base y la parte superior de la pieza de fruta, rebañando un poco de la pulpa. Después, coloca la fruta de pie, apoyada en uno de sus extremos, y con un cuchillo afilado pélala, clavando la hoja del cuchillo en su pulpa. Una vez pelada en vivo (sin la parte blanca de la pulpa), corta los gajos, cogiendo la fruta con una mano y con la otra cortando de arriba abajo, recorriendo la piel que los separa.

Índice